高职高专大学生成长系列规划教材

大学生成长辅导

主　　编◎ 刘凤姣　李虹霞

副 主 编◎ 陈燕妮　蔡蕙心

参编人员◎ 蔡胜男　李清良　陈欣欣　夏　敏
　　　　　　郭文清　陈海霞　饶　昕　胡弄娥
　　　　　　朱　婷　谭思晴　宋　芳　武　娜

中南大学出版社
www.csupress.com.cn
·长沙·

图书在版编目(CIP)数据

大学生成长辅导 / 刘凤姣, 李虹霞主编. —长沙:
中南大学出版社, 2019.8(2020.8 重印)
ISBN 978 - 7 - 5487 - 3539 - 7

Ⅰ.①大… Ⅱ.①刘… ②李… Ⅲ.①大学生—人才
成长 Ⅳ.①G645.5

中国版本图书馆 CIP 数据核字(2018)第 300923 号

大学生成长辅导
DAXUESHENG CHENGCHANG FUDAO

刘凤姣　李虹霞　主编

□责任编辑	陈应征	
□责任印制	易红卫	
□出版发行	中南大学出版社	
	社址:长沙市麓山南路	邮编:410083
	发行科电话:0731 - 88876770	传真:0731 - 88710482
□印　　装	长沙雅鑫印务有限公司	

□开　　本	787 mm×1092 mm 1/16	□印张 16.25	□字数 416 千字
□版　　次	2019 年 8 月第 1 版	□2020 年 8 月第 2 次印刷
□书　　号	ISBN 978 - 7 - 5487 - 3539 - 7	
□定　　价	36.00 元	

前言 Preface

　　当代大学生满载着家庭的殷切期望和对未来生活的美好憧憬来到大学校园，渴望通过努力不断成长，实现自己的人生价值和理想。成长成才是大学生最主要的需求点和关注点，也是高校立德树人的落脚点。当前，我国大学生成长成才现状主流是好的，但在一些大学生身上也不同程度地存在着政治信仰迷茫、理想信念模糊、价值取向扭曲、诚信意识淡薄、社会责任感缺失、人际关系紧张、学业就业困难等问题。这些问题的存在既妨碍了大学生个人的健康成长成才，也给学校的教育和管理带来了困难。

　　如何根据新形势，为大学生成长成才提供既易于接受又具有正确导向的教育引导，是高校和学生思政工作者应该认真思考的问题。湖南工艺美术职业学院高度重视大学生思想政治教育和健康成长成才，经过多年探索实践，创造性地开设了"大学生成长辅导"课程，让日常思政教育进教材、进课堂。在教材的编写中坚持正确的教育方向；坚持理论联系实际，贴近实际、贴近学生；坚持开拓创新，不断改进教育教学内容、形式和方法。教材在编写时充分考虑学生实际，做到观点准确、文字简明、广泛适用。每章节均按照"学习地图""案例分享""知识之窗""寄语广场""分享园地"和"邀约成长"六大板块进行编写，集理论性、实践性、操作性和趣味性于一体，符合学生"认识、实践，再认识、再实践"的认知规律。

　　"大学生成长辅导"课程的建设契合了从"成才"教育转变为"成人"教育的当代教育理念，是对高校学生日常思想政治教育的创新与突破。第一，课程教学通过辅导员集中学习、研讨和集中备课后，采用案例导入、知识传授、探讨交流、课后实践等环节实施教学，符合学生的认知规律，提高了日常思政教育的科学性；第二，课程根据大学生身心发展规律，创造性地提出了25个专题，依据大学生不同成长阶段学习、生活和工作的重

1

点难点问题进行辅导、讨论和实践，将思政教育内容内化为学生成长过程中的感悟和需要，提高了思政教育的针对性；第三，集中授课更有效率地解答了大学生中普遍存在的同质性问题，提高了日常思政教育的实效性；第四，辅导员通过讨论授课主题、研究课程脉络、拟定教学环节、课前集体备课、相互听课评课、课后交流整理，在育人过程中逐步实现了专业化、专家化。

在课程建设和教材编写过程中我们得到了很多领导和老师的指导、帮助，学校党委书记余克泉教授亲自为本教材命名并予以指导，学生处、教务处、思政课部等相关处室密切配合，各院系总支书记指导辅导员参与讨论和撰写初稿，为课程建设和教材撰写付出了辛勤的劳动，在此一并致谢。

本书编写组

2018 年 10 月

目录 Contents

入 学 篇

安 全 篇

德 育 篇

拓 展 篇

入

学

篇

第一章

我的大学我做主

【学习地图】

终于来到了梦寐以求的大学，同学们内心激情澎湃。美丽的校园、丰富多彩的活动、最新的知识理念，令人心驰神往；自由安排的时间，可以逛街、神聊、玩网游、泡图书馆，真是惬意；上课时，老师挥洒自如的引导式教学方法，让人既欣喜又忙乱；校园的男孩帅气、女孩漂亮，也令人泛起了心头的涟漪，"不谈恋爱等于没上大学"，很多同学有着赶赶潮流的想法……十年寒窗的努力就是为了能够考上喜欢的大学，进入梦想中的象牙塔，但很多同学却又迷茫：大学生涯到底应该如何度过？本章将带你走进新环境，认识新角色，适应新生活。

【案例分享】

新生心中的"魅力学长"

李伟，大一新生。入学时，他一个人提前背着行李从甘肃来到学校学习。办理报到手续的过程中，他阳光、独立、礼貌的性格特征给辅导员老师留下了深刻印象。虽然没有父母的陪伴，但凭借着一张学院的Q版地图，他很快就妥善地安顿了自己。第二天，他主动向辅导员申请接待新生，被新生误认为"学长"，体验到了满满的成就感。军训期间，他主动与同学们交流，热心扛矿泉水，队列训练更是一丝不苟，成为同学们口中的"人气王"。军训结束后，在班干部竞选中他以绝对的优势赢得了全班同学的认可，顺利当选为班长。在之后的学习中，他认真好学，针对自己文化生美术功底不足的特点，制订了详细的学习计划，定时定量地在工作室和寝室勤练基本功。作为班级带头人，他学习务实严谨，工作认真负责，真诚服务同学，成为辅导员的得力助手。他感慨说："以前高中主要是学习，现在大学不一样了，除了学习还有许多的活动，我现在过得很充实，也很开心，觉得自己更自信了！"

虚度三年 青春留悔

晓宇，来自一个偏远的小山村，当年以优异的专业成绩考入大学。入校以后，他总是抱着自己是全校第一的心态，认为其他同学都不如他，他不需要花一丝一毫的时间在学习上也能超过别人。慢慢地，他放松了对自己的要求，上课不是旷课就是迟到，不是在寝室玩游戏就是在外面看电影，既不加入学校的社团，也不参加校园文化活动，对于老师和同学的劝导，丝毫不以为然……最后，因为挂科，毕业证没拿到；因为没准备，职业资格证也没考取，大学三年的美好时光就这样白白地挥霍了。临近毕业了，看着同学一个接一个地找到了好工作，而他却毫无着落，只有整天待在寝室唉声叹气：如果时光能够倒流，我绝不会再……

上面的案例给了你怎样的启发？你觉得大学时光应该如何度过？

【知识之窗】

学会学习

一、认识大学学习新特点

（一）明确指挥权——学习的自主性

作为大一新生我们都有这样的感受：一节课老师可以上十多页的内容；每一门课都有很多参考书目；下课后很难找到老师；没有老师专程指导、督促学习；也没有硬性安排自习……刚开始时会感觉很轻松，但长此以往，我们内心更多的只会是迷茫、无聊和惶恐。

他山之石

成功者重在自救

某人在屋檐下躲雨，看见观音正撑伞走过。这人说："菩萨，普度一下众生吧，带我一段如何？"

观音说："我在雨里，你在檐下，而檐下无雨，你不需要我度。"这人立刻跳出檐下，站在雨中："现在我也在雨中了，该度我了吧？"观音说："你在雨中，我也在雨中，我不被淋，因为有伞；你被雨淋，因为无伞。所以不是我度自己，而是伞度我。你要想度，不必找我，请自找伞去！"说完便走了。

第二天，这人遇到了难事，便去寺庙里求观音。走进庙里，才发现观音的像前也有一个人在拜，那个人长得和观音一模一样，丝毫不差。

这人问："你是观音吗？"

那人答道："我正是观音。"

这人又问："那你为何还拜自己？"

观音笑道："我也遇到了难事，但我知道，求人不如求己。"

对于大一新生而言，要想尽快抓住学习的自控权，首先要有意识地中断中学学习模式的惯性，而代之以全新的大学学习模式。中学时学习内容固定，学习方式单一，学习时间的安排由老师确定，学生对教师有很大的依从性，学生只要按照规定完成学习的任务就可以了。而大学的学习，在学习时间、学习目标、学习内容、学习方法等方面都更加强调大学生个体在学习活动中的自主性。在大学里，可以自由支配的学习时间增多，学习的目标需要自己制定，学习的内容可以自主选择，学习的方法需要自己摸索，这就是大学学习的自主性。大学生要适应自主学习，而独立性是自主学习的核心品质。如果说自主性表现为"我要学"，那么独立性则表现为"我能学"。

(二)锁定主调——学习的专业性

大学生的学习是在确定了基本的专业方向后进行的，因此，学习的职业定向性较为明确，即为将来走上工作岗位、适应社会需要而进行的知识积累和技能训练。为此，在大学期间，一旦选定了自己感兴趣的专业就要围绕专业建立自己的知识结构，为未来的职业做准备。大学学习的专业性决定了我们在课程学习之外，还要通过专业的体验、实践提升自己的能力，全面了解本专业的行业特点和要求。

(三)发现宝藏——学习的开放性

他山之石

七种学习

经验学习：从经验教训中不断提高、完善自己。

榜样学习：三人行，必有我师焉。

阅读学习：阅读可以丰富学识，可以激发想象力与创造力。

对话学习：对话学习可以启发智慧，碰撞出思想的火花。

网络学习：在信息网络化的时代大潮中，要学会网络学习的方式与方法。

实践中学习：纸上得来终觉浅，绝知此事要躬行。

向古人学习：站在前人的肩膀上，可以让我们看得更远。

信息时代，学习、获取知识的多元化带动了学习方式的变迁。课堂教学虽然是大学生学习的主要途径之一，但不再是唯一的途径。除了课堂学习外，大学生还要完成各种实践教学环节的学习，还可以参加各种学生社团活动以丰富自己的知识和生活内容，提高自己的能力。除了校内的多种学习途径外，走出校门进行社会实践等也是大学生学习的重要途径。通过多样化的学习途径，大学生不仅可以锻炼自己的实践能力和社交能力，而且可以为日后走向社会获得职业成功打下坚实的基础。

二、把握大学学习三节奏

(一)开启学习发动机

学习动机是推动学生学习的一种驱动力，是指激发学生的学习活动朝着一定的学习目标前进的心理动因和心理倾向。

学习动机的主要成分是学习自觉性与学习兴趣。一个人清晰地意识到自己的学习目的或学习的社会意义，通常称作学习自觉性。学习自觉性是学习动机中的重要成分。而学习动机中最现实、最活跃的成分是学习兴趣，又称为求知欲。学习兴趣是指力求认识世界、渴望获得文化知识和不断探求真理而带有情绪色彩的意向活动。学习自觉性和学习兴趣的紧密结合便成为激励学生学习的极大推动力。

他山之石

学习动机缺乏的主要表现

1.懒惰行为：表现为不愿上课、不愿动脑筋、不完成作业、贪玩；学习上拖拉、散漫、怕苦怕累，并经常为自己的懒惰行为找借口。

2. 容易分心：动机不足的学生注意力差，不能专心听讲，不能集中思考，兴趣容易转移。学习肤浅，满足于一知半解。行动忽冷忽热，情绪忽高忽低。

3. 厌倦情绪：动机缺乏的学生对学习冷漠、畏惧，常感厌倦，对学校与班级生活感到无聊。学习中无精打采，很少享受学习过程带来的快乐。

4. 缺乏方法：动机不足的学生把学习看成是奉命的、被迫的苦差事，因此不愿积极寻求一些适合自己的学习方法，满足于死记硬背，应付考试。由于缺乏正确的、灵活的学习策略和方法，所以往往不能适应新的学习情景。

5. 独立性差：动机缺乏的学生，在学习上没有明确的学习目标，学习行为往往表现出从众与依附性，随大流，极少有独立性和创造性。

对大学生而言，学习动机在学习中发挥着重要作用。它决定着我们的学习方向和学习过程，影响着我们的学习效果。学生是否能持之以恒地学习，差异在学习动机。学生学习动机的强弱直接影响着学习进程的稳定性和持久性，一个有着适度学习动机的学生在学习过程中会表现出坚强的意志和认真的学习态度，能最大限度地帮助我们提高学习效率。

（二）扫描学习资源库

大学学习是多方面的，正如戈登·德莱顿在《学习的革命》一书中指出"我们所看、所听、所尝、所触、所嗅、所做"均为学习。叶圣陶先生也说，"从生活中学，从工作中学，从书本中学"。大学就是要通过各种各样的途径，利用各种丰富的资源来提高自身的修养。那么，我们的大学到底有哪些可资利用的学习资源呢？放眼望去，同学、老师、图书馆、网络、讲座、学校内外的活动等，都是可用的学习资源库和学习途径。

（三）掌控学习智慧门

1. 制定合理的学习目标

正确认识学习的价值与大学的目标，重新规划学业与人生。目标太高容易使自己在学习过程中产生挫败感，太低则达不到学习的效果，只有难易度适中的学习目标才能激起我们强烈的学习动力。

2. 了解自己擅长的学习风格

学习风格就是学习者在学习的过程中经常采用的学习方式。每个人在学习时总有一些个人的偏好或习惯。了解自己的学习风格，适应自己的学习风格，对于提高学习的兴趣和效率具有非常重要的作用。学习风格诸如：清晨型、上午型、下午型、夜晚型；视觉型、听觉型、动觉型、安静型、背景声音型、适度噪音型；独立型、依赖型；左脑型、右脑型等，你了解自己的学习风格属于哪种类型吗？

3. 掌握学习方法

成长故事

无效学习

新生张某，学习勤奋刻苦，每天早晨五点半起床，晚上10点多才回到寝室。他经常最先到达教室，上课十分用心。期中考试以前，同学们都认为他的成绩会在班级中名列前茅。但结果出人意料，张某竟然有几门成绩不合格。同学们十分惊讶，他也泄气，不知道自己的毛病出在哪里。

张某上课时虽然态度认真，但精力不集中，老师讲课时总是走神，想着课外的事情。比如学生会招新了，社团面试了，班级还要准备什么材料，等等。他的功课落下了很多，可一到教室就不能集中精力写作业，感觉很苦恼。

好的学习方法可以让学习达到事半功倍的效果。能考入大学，应该说智商都正常，有的学生学习很努力，而学习成绩却不理想，这其中的主要原因就是没有找到并掌握与自己对路的学习方法。

一般而言，大一新生不能适应大学学习生活主要有以下原因：第一，学习方法沿袭高中的老套路，认为搞题海战术就能把知识掌握得很好。第二，团队协作意识不强，自己独来独往，不善于与同学交流，死抠问题，往往在一个问题上浪费很多时间。第三，上课的时间没有利用好。大学的课堂教学往往是提纲挈领式的，课下需要学生花大量的时间去研读、理解和掌握，确保所学知识融会贯通。第四，缺乏学习的积极性和主动性。

4. 培养创造性思维

对于大学生尤其是艺术设计类专业的大学生，创造性思维显得尤为重要。入学后要有意识地培养自己的创造性思维。

学会生活

一、学会合理消费，确立绿色消费观

随着社会经济的发展和消费观念的变革，大学生的消费观念和行为也发生了重要的变化，尤其是大学生高消费已成为比较普遍的现象，这对大学生健康成长造成了不利的影响。对于时尚的追赶自古就有，当代大学生作为社会发展的未来，更是成为时尚的宠儿。然而在时尚面前，学生却显得缺乏主见，盲目消费、攀比消费、超前消费等不合理消费现象比比皆是。正确认识时尚，建立合理消费、绿色消费的观念成为大学生学习的任务之一。

合理消费是指在尽量满足基本的生存发展需要、尽量避免资源浪费的基础上来消耗物质财富而获得生产生活需要的行为。合理消费的评价标准主要表现为四个方面：一是经济标准，即消费要符合自己的经济条件，符合国家的经济发展水平，这是一种基本满足型和节约型的消费；二是法律道德标准，即消费要遵从法律规范和社会道德规范；三是可持续发展标准，即消费必须有利于生态平衡和环境保护；四是需求层次标准，即消费应尊重人的不同需求层次，并在自身和社会条件允许的前提下，努力朝着更高层次的需求发展。

二、学会管理时间，正确处理学习与兼职的关系

俗话说，时间就是金钱，时间就是效率。一个人要想获得成功，管理好自己的时间是一个很重要、很关键的因素。从某种意义上说，一个人的成就与他时间管理能力成正比。时间管理得好的人，是时间的主人，他每天虽然很忙，但忙而有序，忙而有效。他能每天合理安排时间，有效利用零碎时间，因而他每天的时间是可以增加的，当然不是说一天变成了25个小时，而是指他比别人拥有的"有效时间"增加了。

那么我们应该如何合理有效地管理时间、实现时间的相对增值呢？

1.要有明确的目标和良好的习惯

如果你没有明确的目标，那么你的时间是无法管理的。应要有好的习惯，如不乱放东西、勤奋、办事不拖拉等，这是高效利用时间必备的行为。

2.做事要有技巧

首先要树立时间成本的概念，任何事情争取一开始就把它做对、做好；能一次做完的事情一定要一次做完，绝不拖拉，重复和反复做同一件事情非常浪费时间。其次要学会分出轻重缓急，有主有次，确定优先次序，在所要做的事情中，先做最有价值的事情。具体而言，重要紧急的事马上做；然后是做重要而不紧急的事；紧急但不重要的事，要学会放弃，能放就放；对于不重要也不紧急的事，尽量不去做。

3.控制好休闲时间

娱乐活动不经意中最容易耗费时间的。在电脑上做事，没必要时不要打开QQ，以防别人不知情时的干扰，有时尽管你是"隐身"的，但在好友登陆时也会让你分心。

4.学会向他人学习

学会向知名人士学习，向专业内的顶尖人士学习，向师长、学长学习，吸取他们成功的经验和失败的教训，保存自己值得学习的地方，改正不适合自己的方面，这也是一种节省时间的学习方法。

5.正确处理学习与兼职的关系

许多大学生在校学习期间，从事着各种兼职活动，例如参加学生社团工作，在校内勤工俭学，在校外兼职打工，有的同学还自主创业。兼职活动作为一门实习课程，有助于提高大学生处理实际问题的能力，提升其综合管理个人事务的能力，有利于增加他们对社会的了解从而促进顺利就业。

成长故事

正确处理学习与兼职的关系

1.根据课程安排来确定兼职时间

一般来说，低年级大学生的理论课程安排较多，为了学好基础的理论课程，建议在一、二年级时，兼职活动安排得少一些，而到了高年级后，可以安排更多的时间做兼职工作。

2.根据个人的职业规划来选择兼职活动

大学生应该根据自己的专业特长、职业规划来选择适当的兼职活动。如打算毕业后从事教学工作，则可选择从事家教、到其他学校做兼职助教等，不仅能争取劳动报酬，而且能积累教学经验，提高教学水平，为就业提供助力。

3.根据个人兴趣来选择兼职活动

兴趣是最好的导师，把兴趣、专业、课程、兼职、将来的工作和人生拧成一股绳，才能获得最大的合力。

三、远离不良生活方式，树立健康生活观念

大学生是祖国的未来，肩负着建设祖国的重任。大学生不仅要有良好的思想道德修养，

掌握丰富的科学知识，还要具备健康的体魄和成熟的心态。这一切都是建立在健康生活方式的基础上的。一名大学生连自己的健康都无法顾及，怎能实现自己的远大抱负，又何谈建设祖国呢？所谓大学培养人才，指的是培养身体健康、德才兼备、全面发展的人才。所以大学生要建立健康的生活理念，自觉养成健康的生活方式，成为社会主义现代化所需要的健康的人才、健全的人才。

目前，大学生中存在不少不良生活习惯，如：不少大学生白天是瞌睡虫，晚上是冲浪龙；有的同学起居饮食无常，甚至抽烟和酗酒。熬夜、黑白颠倒、饮食不规律、长时间上网、抽烟喝酒等不良生活习惯，都危害着大学生的身体健康，他们的生活、学习、工作也随之受到了不利影响。如何养成健康生活方式呢？

第一，树立健康意识。健康意识与健康行为之间存在着互动关系，健康意识决定健康行为，健康行为强化健康意识。改变不良的生活行为和生活方式，确信通过行为的改变可以保障生命健康。

第二，建立个人时间表，合理安排学习和生活。把要做的事先记录下来，用科学的方法安排时间，并且严守自己的时间表。

第三，培养良好的饮食习惯，戒烟限酒。合理膳食，均衡营养，少吃或不吃垃圾食品。同时，以意志力遏制身体里的各种"瘾"，要戒烟、戒酒、戒网瘾。

第四，增加运动，养成体育锻炼习惯。医学之父希波克拉底提出了一句名言："阳光、空气、水和运动，是生命和健康的源泉。"体育锻炼是现代健康生活方式中不可缺少的重要内容，它调节并改善着人们由于饮食、营养、体重、作息等方面长期不合理的积习所造成的生活方面的健康效应。事实证明，体育锻炼是治疗亚健康状态的一种最积极、最有效的手段，而且是最方便、最廉价的手段。因此，我们需要用适量的运动来改善身体状况，增强身体素质。在运动中能找到生活的乐趣，让生理、心理都保持积极愉快的状态。只有这样，我们才有足够的精力去面对学习，面对一切有利于提高自己能力的社会活动。

第五，心理平衡，保持稳定心态，培养自己积极向上的心态和乐观的生活态度。正确自我定位，了解自我，悦纳自我。学会接纳、宽容、了解别人。学会调节自己的情绪，学会正确处理人际关系。

他山之石

做六件事让大学生活充实快乐

走进大学，离开了"唠叨"的父母和手把手教学的老师，大学生们难免感到茫然，甚至无所事事。但做到下面六件事，能让大学生活充实快乐。

一是阅读大量的书籍。学校图书馆是离大学生最近的知识宝库，除了阅读跟所学专业密切相关的各种书籍外，大学生还应多读一些历史书籍、名人传记，从成功人士身上吸取各种经验。

二是找一个优秀的学长或学姐当自己的参照目标。每年学校都会组织各院系优秀毕业生等向新生"指点迷津"，新生可从中寻找与自己成长经历、兴趣爱好相近的学长学姐作为榜样，研究他们的成功轨迹，借鉴他们的学习方法、生活习惯等。

三是跟专业教师做一次深入沟通。与专业教师交流，是了解自己所学专业最直接、最有效的办法。因此，有问题请教老师时要克服羞涩心理，主动出击。

四是坚持在一个阶段内记日记或周记。写日记能帮助生活更有规划，目标更明确。一段时间后回顾这些日记，是沉淀自己的思想、认知自我的最好方式。

五是争取代表班级或学院在公开场合展示自己的机会。在大学，要时刻做好融入社会的准备，在公开场合演讲、辩论，哪怕是大合唱，都是锻炼自己、增强信心的好机会。

六是承担一份社会职务。无论是在校内勤工俭学、帮各科教师做辅助工作，还是在校外兼职打工，都能帮助大学生更多地了解社会、提高动手能力和沟通能力等。

四、建立良好人际关系，构建和谐美丽校园

在大学里每个人都要接触来自不同地方、不同习俗、不同性格的人，而能否与不同的人相处融洽就得取决于个人的人际交往能力。在人的成长过程中，大学是人际关系走向社会化的一个重要转折时期。从你踏入大学开始，就会遇到各方面的人际关系：师生、同学、同乡之间，个人与班级、学校之间等。面对如此众多的人际关系，有的同学因为处理不当，整日郁郁寡欢，心情沮丧；有的同学因为人际关系紧张，精神压力很大，导致程度不同的心理病症；有的同学由于不知如何处理复杂的人际关系，经常为苦闷、烦恼的情绪所困扰。

如何处理好人际关系，对于几年大学生活和未来事业的成就，是有着至关重要的意义的。那么，在大学期间，怎样才能建立良好的人际关系呢？

1. 要热情交往

人际关系是互动的，不要总是消极地等待别人来主动关心自己，而要主动地与周围的人交往沟通。开放自我是有感染性的，你对别人开放，别人也会对你开放。当对方走出故步自封、自我封闭的死圈子的时候，你不仅会对对方有更深一层的认识，更重要的是对自己也会有新的认识和体验。

2. 要理解尊重

每个人都有自己的气质和性格特点，有不同的成长背景和生活习惯，所以在与同学交往的过程中，如果能互相理解尊重，关系就容易融洽，也会减少不必要的摩擦。

3. 要以诚相待

人与人的交往，最重要的是真诚和善意，这也是做人的根本原则。口是心非，虚伪傲慢的人是很难有朋友的。

4. 要宽容谅解

俗话说："人无完人，金无足赤。"我们周围的同学都还处于成长的阶段，处理问题会有很多不妥之处，在许多问题上同学间也会有不同见解，要能够从对方的角度考虑问题，相互谅解从而减少敌意。

5. 要消除依赖感

在人际交往中还有一种不健康的心态，就是依赖感过强的人总是希望别人像父母兄姐一样关心自己，凡事都要别人替自己拿主意，这是缺乏独立意识的表现。过强的依赖感还会发展成为控制欲，他们强求别人和自己一起学习，一起复习功课，向自己通报行动计划，甚至限制别人同其他同学的交往。

大学是一个打造自我、完善自我的良好平台，只要积极努力、磨炼自己，就一定会有所收获。

学会做人

一、做个有志的人

美好的前途来自自强、自立、自信，不达目的不罢休、咬定青山不放松的韧性。打垮自己的往往不是别人而是自己，不要把一次失败看成是人生的终审。逃是懦弱的，避是消极的，退就显得更加无能。成功的道路须靠自己闯，做人有困惑，做事有困境，世上没有一帆风顺的事，只有具有坚强不倒的信心与毅力，敢于干大事，揽难事，立志向，树目标，人生才有前行的方向。

他山之石

目标永远是你将来生活的底片

一个美国人、一个法国人和一个犹太人即将被关进监狱三年，监狱长说可以答应他们每人一个要求。

美国人爱抽雪茄，要了三箱雪茄。法国人最浪漫，要了一个美丽的女子相伴。而犹太人说，他要拥有一部能与外界沟通的电话。

三年过后，第一个冲出来的是美国人，他嘴里、鼻孔里塞满了雪茄，大喊道："给我火，给我火!"原来他忘了带火了。接着出来的是法国人，只见他手里抱着一个小孩，美丽女子手里牵着一个小孩，肚子里面还怀着第三个。法国人正愁眉苦脸地想着如何让孩子们长大成人。最后出来的是犹太人，他紧紧握住监狱长的手说："感谢你让我拥有一部电话，这三年来我每天与外界联系，我的生意不但没有停顿，反而增长了200%，为了表示感谢，我送你一辆劳施莱斯!"

这个故事告诉我们，什么样的选择决定什么样的生活，什么样的目标导致什么样的结果。今天的生活现状就是由三年前我们的目标决定的，而今天我们的目标将决定我们三年后的生活。

二、做个有德的人

"立德、立功、立言"被古人视为人生的"三不朽"，而其中的"立德"即道德修养、成为道德的榜样更是人生的最大之"不朽"。有德之人，是大家乐于并认为值得交往的人。在现代社会，怎样才算是个有德之人呢？"德"中有真、有善、有诚、有信。

善良是人性光辉中最温暖、最美丽、最让人感动的一缕。所谓善良，无非就是拥有一颗大爱心、同情心，不害人、不坑人、不骗人。有了善良的品性，才有真心爱父母、爱他人、爱自然的基础和可能。一个善良的人，就像一盏明灯，既照亮了别人，又温暖了自己。善良无须灌输和强迫，只会相互感染和传播。

诚实守信，是中华民族的传统美德。中国以礼仪之邦、信用之邦而著称于世。诚实守信是指能够履行承诺而取得他人信任。诚实守信是个人立身处世的标准，是一个人的立足之本。一个不诚实守信的人是很难融入现代社会的，在一个单位里领导会把什么事情交给一个信不过的人？在同事之间又有谁会与一个不诚实守信的人交往过深？

三、做个有法的人

谈到"法"这个字，大家都不会陌生。"法"是现代文明的象征，21世纪的中国正进入一个法治社会。法是安全的眼睛，懂法就能辨明正邪，认清是非；法是智慧的窗口，对人的思想进行点拨，对人的行为加以制约。

有人说大学是自由的王国，"在大学里，可以尽情享受你的自由，想怎样玩就怎样玩。"但自由不是无限的，自由是有度的，越过了这个"度"即法的度就变成了不自由，或自己违法而丧失自由，或他人违法而让自己失去自由。法是自由的保障。大学生在享受自由的同时，要学法、知法、守法，进而用法、护法，只有这样才能获得真正的自由。让我们从现在开始，培养法律意识，养成学法、知法、守法、用法、护法的良好习惯，遵纪守法，让法律永存心中，做一个知法、懂法、守法并会用法、会护法的大学生。

【寄语广场】

我的大学我做主

思想是人之所以为人的存在条件之一。有人说思想的成熟才标志着一个人真正的成熟。长大成人，包括身体的成熟、心理的成熟，更包括思想的成熟。进入大学，我们要学会做思想的主人，不人云亦云，不随波逐流，不复制粘贴。一个问题，一种现象，一件事情，一段言论，耳闻到的，目睹到的，要深入分析、评论，形成自己独到的看法和见解，做个有思想的人。这思想当中也包括理想，大学梦想是自己的，不是老师确定的，也不是父母选定的。踏进大学的校门，不妨先放慢脚步，好好琢磨琢磨：我到底要成为一个什么样的人？

光说不做，是无法获得成功的。在大学里，我们很容易成为理想的大个子、行动的小矮子。梦想总是很丰满，而现实却依然那么骨感。理想确定了，接下来要看的就是你如何行动了。从"有了理想"到"理想的实现"之间，有一条很长、很曲折的路要走，"路漫漫其修远兮，吾将上下而求索"，朝着既定的目标，再苦再难也要坚持，不轻易改变方向，理想就在这条路的尽头等着你。不停地前行，总有一天，你会和理想见面、拥抱。

【分享园地】

"我的大学"意象画

要求同学用纸和笔将自己的大学梦描绘出来，并上传到个人学习空间跟大家分享。

【邀约成长】

寻找家的温暖

【目的】尽快融入新环境、新集体。

【时间】15分钟。

【操作】首先，让学生围成一个圆圈（尽量和陌生人站在一起），充分体会这种大家在一起的感觉。然后，请全体成员向右转，播放背景音乐，成员按逆时针方向行走，老师说："马兰花开，马兰花开。"学生问："开几朵？"老师说："开 N 朵（N 小于学生人数）。"此时，根据老师的口令，成员须迅速围成几个人的小圈，组成一个临时小家庭，那么落单的人就"无家可归"了。老师可以多次变换人数，让成员有机会去改变自己的行为，积极融入团体，让成员体验有家的感觉，体验团体的支持，从而更加愿意与团体在一起。

【分享】

1. 当你听到口令时，你最希望的是什么？

2. 当你成为"无家可归者"时，你的感受是什么？

3. 当你在团体中时，你的感受是什么？

4. 怎样才能让自己成为团体中的一员？

第二章

良好班风共建设

【学习地图】

随着我国高职教育的蓬勃发展和教育环境、生源质量的不断变化，一些学生的价值取向、学习目的、学习态度、学习习惯等都发生了变化，表现出一些特有的行为特征。如：自我意识过强，强调个性发展，表现出散漫性和较大的随意性。主要表现有：集体荣誉感不强，对班级活动没有热情；在生活、学习上喜欢独来独往，作风懒散，寝室脏、乱、差；上课迟到、早退、旷课等。这些问题的存在，严重影响到了班风和学风建设，导致有的学生因违纪或考试不及格而不能拿到毕业证书，不仅影响了个人的发展与前途，还影响了学校的人才培养质量。本章将和大家一起探讨如何建设良好的班风、学风，为自己和同学营造良好的学习、成长环境。

【案例分享】

优秀的班级是这样炼成的

某艺术设计专业 1101 班，共 31 人。该班 2012 年、2013 年连续荣获校级"优秀班级"称号；其中预备党员 7 名，党员比例达 22.6%；先后有 10 名同学获得国家励志奖学金，有 8 名同学荣获校级奖学金，1 名同学荣获学院"三好标兵"称号，2 名同学荣获学院"优秀团干"称号，有 9 名同学荣获院、系"优秀干部"或"优秀十佳干部"称号。那么，如此优秀的班级是怎样炼成的呢？原来，进校之初，该班就制定了详细的班规，明确了建设学院优秀班级和良好的班风、学风的奋斗目标，要求每位同学都严格遵守并为之努力。在执行过程中，班团干部争做行为表率，团结带领全班同学共同努力，相互督促激励，有效实现了争创优秀班级和优良学风的目标。

警惕糟糕的蝴蝶效应

王某，经常在网吧上网、玩游戏或外出游玩，晚上回宿舍很晚，学习纪律松弛，学风散漫，组织纪律观念差。白天上课萎靡不振，厌学情绪严重，迟到、早退、旷课等现象更是时有发生。渐渐地，王某的这种行为开始蔓延，很多同学开始不自觉地仿效起来。经辅导员多次教育,该班的班风、学风都没有得到有效改善。期末考试后,该班有 55 人考试不及格,经补考后仍有 3 名同学 4 科(含)以上不及格,被学院给予留级处分。

辅导员通过深入了解,发现该班不良风气的原因有:一是班级没有明确的班风学风建设目标,班规不够严谨;二是辅导员和干部对个别同学迟到、旷课等不守纪律的行为处理不及时,从而影响了班级其他同学,滋长和蔓延了不良的风气;三是个别班团干部对自己要求不严,管理其他同学时不能理直气壮;四是没有有效的手段方法凝聚人心,以激励全班同学努力建设优良班风和学风。

结合上述两个案例,请同学们思考:班风、学风对学生的影响是什么? 如何建设良好的班风、学风?

【知识之窗】

认识班风、学风

一、班风、学风的内涵

班风,即一个班级的风气,是由班级成员共同营造的一种集体氛围,反映了班级成员的整体精神风貌与个性特点,体现出班级的内在品格与外部形象,引领着班级未来发展的方向,对于班级建设具有重要的导向作用。

学风有两种含义,一指学校的治学精神、治学态度、治学原则;二指学生的行为规范和思想道德的集体表现,是学生在学习过程中所表现出来的精神风貌,有时也特指学生的学习态度和学习风气。我们一般意义上所讲的学则是"狭义的学风",即学生在长期的学习过程中所形成的一种相对稳定的学习风气与学习氛围,是学生总体学习质量和学习面貌的主要标志,是全体学生群体心理和行为在治学上的综合表现。

二、班风、学风建设对学生成长的意义

(一)班风引领班级发展方向

班级是每个院系的基本组成单位,是同学们共同学习、生活的基本组成形式,它既是学校向学生实施教育与管理活动的基层组织,也是学生进行自我教育、自我管理的基层群体。班级建设关系着整个学校的建设,关系着每个同学的成长与发展。

良好的班风将为班级学生的成长、发展提供一种有效的动力和压力。同学们共同遵守班集体行为规范,维护班集体荣誉,容易使班级内形成亲切、和睦和互助的关系,营造勤奋进取、文明礼貌的氛围,为每个个体的成长提供良好的团体动力。

良好的班风,有助于弘扬正气,形成团结奋进与和谐的育人氛围,促使同学们相互学习、相互竞争,推动班内成员积极上进。一个班级班风的好坏直接关系到班级建设和个人的发展,是整个班级建设的"奠基石"。

优良的班风,是一种无形的教育力量,可以潜移默化地影响全班同学的思想和行为,对巩固和发展班集体起着举足轻重的作用。

（二）学风促进个体成长

学风是读书之风，治学之风，更是做人之风，是学生学习目的、学习态度、学习纪律、学习方法和学习效果的综合反映。学风建设既是学习方面的基本建设，也是学生人格塑造的重要内容。

扎实有效的学风建设的意义在于：一是能够增强学生学习的主动性和积极性，规范学生的学习行为；二是能够建立教师与学生之间教学相长的良性互动关系，即所谓的"抓学风，促教风"；三是能够在抓学风建设的过程中促进大学生的思想政治教育。一个良好的班集体如果具有了浓厚的学习氛围、强烈的竞争意识和集体荣誉感，则每个个体也容易养成自主学习、合作学习的良好品质。

他山之石

两群鸭子的故事

有两群鸭子，其中一群特别会下蛋，每天每只鸭子可以下一只大大的蛋；而另外一群则非常懒得下蛋，每只鸭子两天或三天才下一只普通大的蛋。这两群鸭子各自生活、互不干扰，各有各的池塘和草地，各下各的蛋。

一天，懒鸭子群当中的一只鸭子来到了勤奋鸭子群当中，这里的一切让它非常惊奇，鸭子们竞相下蛋的场面非常热烈，每只鸭子对下蛋都非常有激情，非常有积极主动性，恨不得生出一个吉尼斯纪录的鸭蛋来好让人刮目相看、赞不绝口。这给新来的鸭子留下了非常深的印象，于是它决定留下来，并决心像别的鸭子一样天天勤快地生蛋。一个月以后，它成功了。它每天也可以生下一个又大又白的鸭蛋来。

又一天，勤奋鸭子群里的一只鸭子出来散步时不小心走失了，却意外碰上了那群懒鸭子。这里的鸭子对生活没有什么向往，不会去勤快地寻找食物，对下蛋也没有什么兴趣，如果吃得不好或者没找到食物就根本不下蛋，懒懒散散的，高兴的时候今天下一个蛋，不高兴时过几天才下一个蛋。所以这群鸭子的鸭蛋产量非常的低。看到这一切，那只勤奋鸭子心凉了，可是它一时又找不回原来的集体，于是它暂时留了下来，和这群懒鸭子们住在了一起，时间久了，也就渐渐地习惯了它们的生活。可是一个月以后，曾经每天能下一个大鸭蛋的鸭子居然不会下蛋了。

构建良好班风、学风

班风、学风建设关系到学校人才培养的质量，关系到学生的成才和就业。培养优良学风既是推进素质教育的客观要求，是保证教学质量的前提，同时也是营造健康向上的校园文化、弘扬刻苦学习、顽强拼搏的精神和求真务实、明礼诚信的道德风尚之关键所在，对于引导大学生树立正确的人生观、价值观以及学会做人、做事都有着积极的作用和深远的影响。构建良好的班风、学风，需要学校、老师和全体学生共同为之努力。具体建设方略如下：

一、以共同的目标凝聚人

人没有目标将丧失理想、信念，团队没有目标将没有战斗力。事实证明，制定科学、合理、宏观的目标，在给大家施加压力的同时，也能激发潜能和动力。确定明确的班级奋斗目标是班风建设的一大支柱和主要导向，要得到全班同学的认同和支持，目标一旦确定，就要使之成为全班同学的自觉的行为、努力的方向和工作的目标。

高职艺术设计教育的培养目标一般定位为：面向广大中小企业和一般服务行业的一线设计岗位，培养适应我国地方设计行业发展需求，既有必要的设计专业基础理论知识，又受到良好的设计职业技能培训，综合素质和职业能力协调发展，既能运用现代高新设计技术解决实际工作中的相关技术问题，又有一定创意的实用型和技能型人才。

围绕这一目标，要把职业理想教育贯穿高等学校思想教育的始终。通过学术报告、就业指导、职业生涯规划指导等各种方式增强学生对艺术设计专业的认知度，让学生认识到理想在人生历程中的价值和意义，进而引导学生树立自己的目标，并决心为实现这个目标而不懈努力。

学生作为班风、学风建设的主体，班风、学风的好坏直接体现在学生的学习目的是否明确，学习动机和态度是否端正，学习兴趣是否浓厚，学习毅力是否持久，学习求知欲和竞争意识是否强烈等方面上。教师可以通过开展各种活动，激励和鼓舞学生争创优良班风、学风，对学生个人提出"升学有门路，就业有渠道，创业有本领，毕业有出路"的奋斗目标，对班级提出"当系部先进，争院级先进，建和谐班级、平安班级、优良班级，为将来相聚时人人为班级自豪而努力、努力再努力"的奋斗目标，达到"以培养目标引导人，以团队精神凝聚人"的目标，使班级的每个个体在奋进中成长，在成长中进步。

二、以先进的榜样激励人

一个良好的班集体要形成正确的舆论和树立良好榜样。榜样的作用会影响每个学生的心理，引导每个学生的行为。正确的舆论是一种巨大的教育力量，对班级每个成员都有约束、感染、熏陶、激励的作用。因此，班内要注意培养正确的集体舆论，善于引导学生对班级生活中的一些现象进行议论、评价，形成"好人好事有人夸，不良现象有人抓"的风气。倡导"班级为我，我为班级"的理念，大力表彰先进，树立榜样，积极利用各种媒介对纪律好、学习好的同学公开表扬，号召全班同学以他们为榜样，努力学习。鼓励学生积极参加学校的各类课外活动，及时表彰奖励成绩优秀和在各项活动中表现突出的积极分子，让班级与班级之间、学生与学生之间创先争优，比学赶超蔚然成风。

三、以完善的制度约束人

他山之石

班级日常管理制度

一、学习

大学生的主要任务是学习，大家必须充分重视，努力做到：

1. 按时上课，不迟到、不早退、不逃课。

2. 有事不能上课时要按照有关程序向辅导员请假，获得批准。

3. 积极配合学习委员的工作，认真完成作业并按时上交。

4. 遵守课堂纪律，尊重老师，体现出大学生应有的风度。

二、卫生

宿舍是大学生活动的重要场所，宿舍卫生状况直接影响同学们的生活环境。

1. 宿舍内部要制定相应的卫生制度，实行值日制，寝室长及班干部负责监督。

2. 值日生须尽职尽责，认真对待宿舍卫生，为同学们创造整洁舒适的生活环境。

3. 切实执行宿舍管理中心的各项规定，做好卫生打扫工作，认真对待卫生检查。

4. 注重个人卫生。

三、活动

因为班级、院、校会开展各种各样的活动，故有以下规定：

1. 对于班级组织的各项活动，同学们要积极参与，共建团结奋进的班集体。

2. 对于院、校组织的活动，同学们要敢于挑战自我，为班级和个人的荣誉而拼搏。

3. 同学们要积极为班级发展献计献策，争取让班级活动有特色、有意义。

班级是学校的基层组织和教育的基本单位，学校的很多教学和实践活动都是以班级为单位进行的，因而良好的班风、学风对促进学生的管理具有非常重要的作用。针对大多数高职学生的行为特点，有针对性地制定各项规章制度就显得尤为重要。同时，制度建设作为班风、学风建设的基础，只有具备了完善的规章制度，才能认真落实学校的各项安排和部署，以管理促班风、学风，使班风、学风建设取得实实在在的效果。

在班级制度建设过程中，要注重加强班委执行力，提高班级管理效率，做到分工明确、责任到人、加强协调，确保制度有效落实。在拟定具体的班级制度时，要统筹规划学习管理制度、班会制度、纪律考勤制度等。首先，把学习成绩作为重要指标考察，充分发挥评奖评优工作的激励、评价和导向功能，在评优、发展党员、选拔任用学生干部、评定奖学金、勤工助学、助学贷款等方面，同样条件下学习成绩好的优先，优秀学生干部的学习成绩必须在班级前列。其次，完善学生综合测评考核制度，对迟到、旷课等违反纪律的同学予以相应的惩罚，在评奖评优时充分考虑学生的纪律遵守情况。同时还要切实维护制度的权威性和严肃性，有"规"必依，执"规"必严，违"规"必究，对不为、不公、不严等行为进行毫不留情的惩罚和处理，使有损班风、学风建设的行为得到有效遏制和消除。

他山之石

班规七条

某班制定了非常简约的七条务实、有效的班规，得到了同学们的认同与遵守，有效规范了全班同学的思想和行为。

一是守时，守信，守纪；

二是自尊，自立，自强；

三是爱校，爱系，爱班；

四是支持班委，监督班委；

五是违纪必究，知错必改；

六是热心活动，积极贡献；

七是班级尊严神圣不可侵犯，班级利益人人必须维护。

四、以党团建设塑造人

《亮剑》中赵刚政委总结说:"一个战斗部队是有气质有性格的,而这种气质和性格与其首任的军事主官有关。他的性格强悍这支部队就强悍,就嗷嗷叫,这支部队就有了灵魂,从此以后这支部队不论换了多少茬人,它的灵魂仍在。"用这句话来描述大学班级班委对班风、学风的作用和影响再恰当不过了。

(一)党团干部建设意义重大

党团干部是班风、学风建设的领跑者,是班集体的中坚,是班集体建设的核心,是辅导员的得力助手,在班级中能有效起到骨干作用、引领作用和桥梁纽带作用。

1. 班干部的骨干作用

从学生素质上看,骨干都是班级里的班长、支部书记、班委会、团支部干部、共青团员等,这些学生干部和骨干是大家推荐选拔出来或者竞争上岗的,他们素质较高、能力较强、为人诚实、乐于奉献,在各个方面都能起模范带头作用,他们的一言一行,在同学中都有一定的影响力和号召力;从工作优势看,他们是同学的一分子,与其他学生朝夕相处,起点相同,身份一致,同学之间放得开、谈得来、心相通,彼此之间能敞开心扉、倾诉真情。老师了解不到的情况,他们能够了解到,老师想不到的事情,他们想得到,辅导员解决不了的思想问题,通过他们可能能够得到圆满解决。所以说,一支过硬的学生干部队伍,可以让班级工作如虎添翼,事半功倍。

成长故事

学生干部培训语录

1. 舞台是自己争取的,但舞台的大小是自己定的,要么缩手缩脚,要么大显神通,心有多大,舞台就有多大。

2. 把时代的脉搏,立超前的思想,做卓越的工作。想人之所想,先人一步,为人所不为,胜人一筹。

3. 我喜欢今天的自己,早起、奋进、拼搏。

4. 如果你想克服恐惧、建立自信的话,那就做你害怕的事吧,直到收获成功的经验。

5. 人不要满足于现状,但也不要抱怨现状。

6. 我深信生活的 10% 是它本身,90% 则是我对它采取的态度。

7. 用激情和热情点燃生活,拿拼搏和斗志舞动人生。

8. 诺不轻信,则人不负我;诺不轻许,则我不负人;诺一出口,则全力以赴。

9. 如果总是给自己留余地的路和底线,你永远不会有什么突破和挑战。

10. 成功并没有想象中的那么难,只要你能做别人不想做、不愿意做的事情,或者能一如既往地坚持了别人没有耐心做的事。

11. 除了我们自己,没人会为我们负栋梁之责。

12. 所谓大人物就是不断努力的小人物。

2. 班干部的引领作用

一个优秀的班干团队还必须能够起到引领广大同学一起进步的作用，因此，这就需要班干部们不仅要自身学习好、素质高，而且还必须有能够帮助他人、服务他人的精神，以及与他人交流、影响他人行为的能力，这些都构成了班干部的基本素养。

3. 班干部的桥梁纽带作用

班干部是老师和同学之间的桥梁，他们能代表老师及时地向学生传达信息，又能及时地向老师反映同学中发生的一些情况，以及同学们的思想和诉求。

(二)党团干部管理要从严

班级建设得好不好，与班干部在班级建设中的作用发挥得怎么样直接相关。首先，辅导员和班主任要选拔那些德智体全面发展，能起模范带头作用，在学生中有一定威信，具有一定工作能力的学生担任干部，组建一个强有力的班委会。他们在班级中应该以"带"字当头，做践行的楷模；以"帮"字当先，做服务的楷模。应该具备较强的沟通能力、组织能力和合作能力，能准确地上传下达，做好与老师和同学的交流沟通工作；能推动班级各项文体活动丰富、顺利地开展；能团结班级同学，凝聚班级力量。同时，辅导员要鼓励和支持他们大胆创新地开展工作，通过对班团干部、学生党员的培养，使其在班风、学风建设中发挥核心和榜样的作用，起到以点带面的效果。

他山之石

党团干部如何发挥好自身的作用？

1. 做班级建设中的支持者

党团干部首先应该是班级建设的支持者，作为党团干部首先必须站在一定的高度来理解并拥护学校的各项方针政策，支持班级建设中的各项措施的实施。

2. 做班级建设中的开拓者

班级建设不能流于呆板形式，缺乏变化，否则会产生"有怎么样的环境，就有怎么样的学生"，使学生的思想缺乏创新。因此，作为21世纪新时期的党团干部，理应承担起新时期班风学风建设中的开拓者角色，不断地变革、不断地创新。

3. 做班级建设中的协调者

优良学风的建设需要全校师生员工的共同努力，而党团干部则是架设在广大同学与老师之间的一座桥梁。因此，党团干部必须给自己以正确定位，在学风建设这个系统工程里，党团干部对下要极力做好"传、帮、带"的工作，对上更要做主动沟通与联系的工作，及时反映并处理广大同学学习中存在的问题，主动协调校方、老师与学生之间的关系，共同促进优良学风的形成。

4. 做班级建设中的领跑者

一个良好学习风气的养成要靠每一个人的努力，每个人的行为都在潜移默化地影响着每个宿舍和班级风气的形成。因此，作为一名合格的党团干部，他应该是以自己优良的品行、优秀的成绩、良好的学习方式来引导周围同学共同进步的良好表率，从小处着手、以点带面，逐步扩大其影响。

五、以丰富的活动锻炼人

大学生实践活动是促进良好班风、学风建设的一个重要载体,能够充分调动学生的积极性,激发学生的潜能。丰富的班级活动能凝聚人心、温暖人心、提振信心和强化责任心,从而推动良好班集体的建设。

教师可以充分发挥高职学生活泼、好动的特点,定期组织开展形式丰富的班级活动。如通过举办共庆中秋、端午、元旦晚会、开展困难帮扶等活动增强学生向心力,让学生感受到家的温馨,感受到同学、老师的关爱;通过举办运动会、文体竞赛等活动,极大地提升他们对自己、对老师、对班级的信心,更清晰、更强烈地感受到班级带给他们的快乐与荣耀;通过举办主题班会活动、专题讲座、社会公益活动、专业素质拓展训练活动、朋辈心理辅导教育活动和支教活动等,发挥学生的主体作用,让学生体验成功、分享快乐,在实践、锻炼中提高个人的综合素质,增强团队合作意识和班级凝聚力,进一步促进优良班风和浓厚学风的形成。

【寄语广场】

班风、学风建设是关系到高校人才培养质量,关系到学生成长成才的重要途径,优良的班风、学风是提高人才培养质量的前提和基础,是我们战胜学习困难的不竭动力,是指引我们迈向成功的光辉灯塔,也是我们实现学习目标和人生目标的根本保证。自觉地参与班风、学风建设,我们责无旁贷。让我们携起手来,从点滴做起,从我做起,用我们的热情和实际行动共创优良班风、学风,共同成长成才。

【分享园地】

话题讨论:营造班级良好风气,需要你我"添砖加瓦"

如何建设良好的班风、学风?你有什么好的建议与想法?

1.联系本班实际,谈一谈目前所在班级在班风和学风上存在的问题有哪些?

2.不同班级出现不同班风、学风的原因是什么?加强班风、学风建设的必要性和重要性是什么?

3.你认为应该如何进一步加强班风、学风建设?还可以开展哪些促进班风、学风建设的第二课堂活动?

4.班风、学风建设在实施的过程中遇到的困难有哪些?

集思广益:请每位同学认真填写班情意见书,真实反馈班风、学风建设情况,并提出合理的意见和建议。

班情意见书						
	优秀	良好	一般	合格	不合格	意见与建议
班风建设						
学风建设						
班委情况						
个人情况						

【邀约成长】

坐地起身

【目的】促进人际关系，加强团队合作精神

【时间】约 25 分钟

【操作】

1. 每组先派 2 个人背靠背、臀部贴地、双臂相互交叉地坐在地上。

2. 当指导者发出"开始"的指令时，两人合力使双方一同站起。要求在站起的过程中，手不能松开，也不能触碰地面。

3. 如果成功站起，则该小组继续增加一人，三人一起手挽手地坐地起身。如果失败则重新再来一次，直到成功方可再增加一人。如此类推，小组成员全部成功地一起坐地起身者为胜方。

【分享】

1. 描述一下你们组刚刚是用什么方法做到的？

2. 在遇到困难的时候感受是什么？当成功的时候感受是什么？

3. 之前有没有过这种感受？联系实际生活对你有什么启示？

第三章

资助感恩助我行

　　随着招生规模的扩大和学费的逐年提高，高校学生家庭经济困难问题日益突出。家庭经济困难学生不仅面临着生活上的困窘，还要承受精神和心理上的压力，学习生活都会受到不同程度的影响。国家为了帮助困难学生实现人生梦想，建立了较为完善的家庭经济困难学生资助体系，但有部分学生对此不太了解，部分学生因自尊或自卑心理"漏报"了家境信息，极少数学生则出于个人享乐的动机而"谎报"了困难，助学金评审过程中的拉帮结派行为，受助学生在毕业后不偿还助学贷款等问题时有发生。家庭经济困难学生如何申请奖助学金完成学业？不困难的学生如何诚实守信不去抢占困难学生的有限资助金？受助学生在完成学业后如何反思自己所得的来之不易并及时归还贷款、回报社会，引人深思。本章节将一一解答这些疑问。

【案例分享】

捐资助学图报恩

　　校友王立向学校捐资 100 万元设立"王立"励志奖学金。王立校友回顾大学生活，在大学读书时，因家境贫困没有学费以完成学业，是国家和学校的贫困资助政策使他顺利地完成了学业。为表达对母校对国家的感恩之情，他向学校捐资 100 万元设立了"王立"励志奖学金以资助并鼓励像曾经的自己一样的寒门学子努力学习，发奋图强，将来更好地回报母校，回报社会。王立的这种大爱无痕，爱得慷慨无私，爱得挚诚纯真，爱得荡气回肠，爱得洒脱从容。这大爱，不用矫饰，无须做作；润物无声，来去无痕，激励着莘莘学子薪火传承，实现"受助"到"自助"再到"助人"的转变。

志愿服务献爱心

　　在校学生李毅然，家境贫寒，还雪上加霜遭受家庭的大变故，这让品学兼优的他险些辍学，是国家和学校的及时资助让他得以继续学业。李毅然大一、大二时利用暑假为乡下的孩子补课，课余还经常到敬老院义务照顾老人，力求用自己的所学回报社会，将爱心传递下去。

有人问他坚持做这些的初衷，李毅然说："中国人都说滴水之恩，必将涌泉相报。我接受了别人的爱，我有责任将它化作我传承奉献精神的动力，做一个对社会有用的人！"

以上两个案例对你有什么启发？作为一名普通的大学生，我们如何以正确的心态看待贫困生资助服务呢？

【知识之窗】

资助政策　温暖你我

一、国家高等学校学生资助体系

党中央、国务院高度重视家庭经济困难学生资助工作，建立健全了家庭经济困难学生资助政策体系。国家资助学生解决学费、住宿费问题，以国家助学贷款为主，以国家励志奖学金等为辅；解决生活费问题，以国家助学金为主，以勤工助学等为辅。此外，国家还积极引导和鼓励社会团体、企业和个人面向高校设立奖学金、助学金，共同帮助家庭经济困难学生顺利入学并完成学业。

（一）国家奖学金

国家奖学金旨在激励学生勤奋学习、努力进取，在德、智、体、美等方面全面发展，奖励特别优秀的二年级以上（含二年级）的全日制普通高校本专科（含高职、第二学士学位）在校生。国家奖学金每年奖励5万名学生，每生每年8000元。国家奖学金的名额由财政部协商有关部门确定。地方高校国家奖学金的名额由各省（自治区、直辖市）根据财政部、教育部确定的总人数，以及高校数量、类别、办学层次、办学质量、在校本专科生人数等因素确定。

（二）国家励志奖学金

奖励资助品学兼优、家庭经济困难的二年级以上（含二年级）的全日制普通高校本专科（含高职、第二学士学位）在校生。国家励志奖学金资助面平均约占全国全日制普通高校本专科（含高职、第二学士学位）在校学生总数的3%，每生每年5000元。

同一学年内，申请国家励志奖学金的学生可以同时申请并获得国家助学金，但不能同时获得国家奖学金。

（三）国家助学金

主要资助家庭经济困难的全日制普通高校本专科（含高职、第二学士学位）在校学生的生活费用开支。国家助学金资助面平均约占全国全日制普通高校本专科（含高职、第二学士学位）在校学生总数的20%。全国平均每生每年3000元。一等助学金每年4000元，二等助学金每年3000元，三等助学金每年2000元。

同一学年内，申请并获得国家助学金的学生，可同时申请并获得国家奖学金或国家励志奖学金。

（四）国家助学贷款

国家助学贷款是由政府主导，由金融机构向高校家庭经济困难学生提供的信用助学贷款，帮助其解决在校期间的学习和生活费用。贷款学生在校期间的国家助学贷款利息全部由财政部支付，毕业后的利息则由借款人全额支付。国家助学贷款是信用贷款，学生不需要办理贷款担保或抵押，但需要承诺按期还款，并承担相关法律责任。

其贷款方式主要为生源地信用助学贷款。家庭经济困难的全日制本专科生（含高职、第二学士学位学生和研究生），向户籍所在县（市、区）的学生资助管理机构提出贷款申请（有的地区直接到相关金融机构申请）。借款人每学年申请的贷款金额原则上不超过6000元。学生在校及毕业后两年期间为宽限期，宽限期后由学生和家长（或其他法定监护人）按借款合同约定，按年度分期偿还贷款本息。

（五）应征入伍服义务兵役学费补偿、贷款代偿及学费资助

从2009年起，国家对应征入伍服义务兵役的高等学校毕业生在校期间缴纳的学费或获得的国家助学贷款及其产生的利息实施一次性补偿或代偿。从2011秋季学期起，国家对应征入伍服义务兵役的高等学校在校生在校期间缴纳的学费或获得的国家助学贷款实施一次性补偿或代偿，补偿或代偿最高金额不超过6000元；对退役后复学的原高校在校生实施学费资助，学生每学年实际缴纳学费高于6000元的按6000元资助，低于6000元的按实际缴纳的学费资助。

（六）学费减免

国家对公办全日制普通高校中家庭经济特别困难、无法缴纳学费的学生，特别是其中的孤残学生、少数民族学生、烈士子女和优抚家庭子女等，实行减免学费政策。具体减免办法由学校制订。

（七）绿色通道

📖 **他山之石**

三种途径可申请资助

1. 通过区县教育部门学生资助管理中心，可申请生源地信用助学贷款等助学项目。

2. 与高校学生资助管理中心对接，申请相关困难补助、奖助学金和勤工助学资金。

3. 与区县民政、妇联、团委等捐赠项目实施单位联系，申请"西部开发助学工程""教育扶贫基金""少数民族青年才俊成长工程"等资金。

为切实保证高校家庭经济困难学生顺利入学，教育部、国家发改委、财政部规定各全日制普通高校都必须建立"绿色通道"制度，即对被录取入学但无法缴纳学费的家庭经济困难的新生，学校批准暂缓缴纳学杂费，一律先办理入学手续，然后再根据核实后的情况，分别采取不同办法予以资助，如帮助学生申请国家助学贷款、勤工助学等方式来解决其经济上的困难。"绿色通道"是确保普通高校家庭经济困难新生顺利入学的最直接、最有效的措施。

二、学校学生资助体系及相关制度

（一）学校资助机构

学校设立家庭经济困难学生资助管理中心，学校校长任中心主任，分管学生工作的副院长任副主任，资助中心办公室设学生工作处，学生处长任办公室主任，资助中心全面负责学院学生资助工作，包括家庭经济困难学生的认定、学生奖助学金的审定等。

（二）学校资助制度

1.《家庭经济困难学生认定工作实施办法》

开展家庭经济困难学生认定工作，是学院建立健全困难学生档案和做好家庭经济困难学生资助工作的基础和主要依据。

家庭经济困难学生认定程序为：学生本人申请（提供村委会、社区或民政部门开具的家庭经济困难证明和家庭经济情况调查表）—班级民主评议（班级同学根据学生困难证明和平时生活水平等公开评议）—辅导员组织班团委干部评议核实—系院学生资助工作办公室审查—系院公示—学院学生资助办公室审核—全校公示—学院学生资助管理中心审批—确认家庭经济困难学生名单—建立家庭经济困难学生档案。

2.《学校国家奖、助学金管理办法实施细则》

学校应对国家奖学金、国家励志奖学金和国家助学金的申请条件和评审办法予以细化，便于学生申请和审核。

评审程序为：学生本人申请（励志奖学金必须为学校认定的家庭经济困难学生）—班级民主评议（班级同学根据学生家庭经济情况、学生表现和学业成绩等公开评议）—辅导员组织班团委干部评议核实—系院学生资助工作办公室审查—系院公示—学院学生资助办公室审核—全院公示—学校学生资助管理中心审批—确认获奖学生名单—上报省级学生资助管理中心—审批通过—发放奖助学金。

3.《学校国家助学贷款管理办法》

国家将助学贷款由高校贷款改为生源地助学贷款后，学校对国家助学贷款的管理主要是协助办理手续、进行诚信教育、督促学生还款等事项。

4.《学校学生勤工助学管理办法》

勤工助学是指学生在学校的组织下利用课余时间，通过自己的劳动取得合法报酬，用于改善学习和生活条件的社会实践活动。

校内勤工助学岗位申请程序为：学生根据学院资助管理中心公布的勤工助学岗位—提出申请—面试—上岗—考核—发放津贴。

校外勤工助学岗位申请要根据学生资助管理中心公布的岗位和要求办理。

5.《学校奖学金评定办法》

学校对在籍在校学生设置的综合和单项奖学金，每学年度评选一次。

人人共推 阳光资助

一、奖助学金评审中出现的主要问题

奖助学金是国家、学校和社会机构鼓励优秀学生，帮助家庭经济困难的优秀学生顺利完成学业的重要措施。高校资助工作通过对大学生外在因素的刺激，能够进一步鼓励、激发、调动学生的内在动力，为促进学生全面成长成才形成正面的强化作用。但是，由于资助工作直接涉及学生的切身利益，大学生在奖助学金评审过程中也会出现一些不和谐的音符。

（一）开出贫困假证明，挤入贫困生队伍

有的学生家里并不困难，但是为了获得评选助学金的资格，采取到村委会、居委会、民政局开出家庭经济困难的假证明，故意夸大家庭经济的困难状况，大幅缩减家庭收入，夸大家庭受灾的事实，将本来独立的其他家人列为家庭成员以减少人均收入等手段，将自己的家庭弄成困难家庭，使自己也被认定成为家庭经济困难学生，以获取助学金评审资格。

成长故事

得不偿失的"决定"

小王进入大学后，了解到国家资助政策，内心动起了"小心思"。他虽然家境殷实，生活无忧，但也提交了贫困证明。由于开学初同学之间了解不深，小王顺利拿到了助学金。但在后续的生活交往中，自己的实际情况逐渐为人知晓。越来越多地听到别人议论："'贫困'是省吃俭用、发愤读书的学生形象；是艰苦朴素、半工半读的学生形象；是把一块钱掰成两半花，节省下生活费贴补家用的学生形象。可他手机、电脑一样都不少，还心安理得地拿着奖学金，这太不公平了！"

小王感觉到同学对自己的疏远和排斥，和大家交往总是心虚，看到真正贫困的同学的生活状况，更是良心不安，焦虑不安的日子让他学习很受影响。

(二)拉帮结派、请求关照，用不正当手段获取奖助学金

有的学生为了获取奖助学金，拉帮结派，互相投票，或在班级民主评议过程中拉取选票，许诺请同学吃饭，给辅导员打电话请求关照，利用担任学生干部职务的便利为自己大开方便之门。评定过程中，同学间的友情在金钱面前"变了质"，温馨的寝室氛围被打破了，纯洁的友情也罩上了一丝阴霾。这些行为都严重影响了资助工作的公正性和公平性。

(三)奖助学金用途不当，用来高消费

设立奖助学金的初衷是为了鼓励和帮助大学生刻苦学习，奋发成才。然而，少部分大学生对奖助学金的认识和使用存在误区。据一些同学反映，有少数获得奖助学金的学生用于请客吃饭，或者是高档服装、手机、电脑等时尚物品的消费。

成长故事

名不副实的"贫困生"

"我们班有个贫困生，他生活比我们还要幸福呢！他把银行申请助学贷款和学校的助学金拿去买手机，又经常去大吃大喝的，哪有这样的贫困生？"

这类学生大多性格外向、好强、爱面子、图虚荣、好攀比、追求享乐与高消费，待人不真诚、虚伪。他们虽然也属于贫困生，但却由于图虚荣、爱面子，往往打肿脸充胖子地挤入阔人之列，期待大家对他刮目相看，实在令人痛心！

(四)助学贷款，毕业以后拖欠不还

助学贷款助力家庭经济困难学生完成了学业，在校期间的利息全部由国家负责，这应该是一件大好事。可是有些受助学生在毕业后却如"黄鹤一去不复返"，不按期归还贷款本息，不和学校和银行联系，学校资助老师和辅导员主动联系他，也不予理睬，致使承办高校助学贷款的商业银行难以为继，无力再为后面的困难学生提供贷款，学校也因为自己的毕业生拖欠贷款而影响资助工作。

成长故事

大学生拖欠助学贷款　信任污点影响大

2005 年年底到 2006 年年初，建行昌平支行一次性将拖欠国家助学贷款不还的中国石油大学的 42 名大学生起诉到昌平法院。这 42 名大学生先后在 2001 年与银

行签订助学贷款借款合同，约定由银行向这些家境困难的学生发放助学贷款，最高的发放额度为 3 万元，以资助他们完成学业。合同约定借款学生毕业之后，开始按季等额归还借款本息。没想到，这些学生顺利完成学业后，却没人再理偿还国家助学贷款这回事。无奈之下银行将 42 名大学生起诉。

银行工作人员指出，就助学贷款来说，大学生任何一次未按还款承诺还款都会被视为不正常记录，并标注备注信息，如迟还、未还。一旦信用记录上出现以上不正常记录，那么就会影响个人的融资类业务，比如贷款业务，甚至是办信用卡等。

(五)受助学生缺乏对国家、学校的感恩之心

面对国家和学校的资助，有的贫困学生对这些无私的援助视作理所当然，产生强烈的依赖感，抱着"我贫困所以就应该受到资助"等消极的、依赖的心理，伴随着这些依赖心理的就是品格上的不自立、不自强。甚至出现了"不知恩、不感恩、不报恩、忘恩"的现象，有的学生对学校催交助学贷款表示不满，甚至因此憎恨母校。

成长故事

不感恩取消受助资格

2011 年 8 月，襄樊市总工会与该市女企业家协会联合开展"金秋助学"活动，19 位女企业家与 22 名贫困大学生结成帮扶对子，承诺 4 年内每人每年资助 1000 元至 3000 元不等。入学前，该市总工会给每名受助大学生及其家长都发了一封信，希望他们抽空给资助者写封信，汇报一下学习生活情况。

但受助一年多，部分同学没有主动给资助者打过一次电话、写过一封信，更没有一句感谢的话，受助大学生的冷漠，逐渐让资助者寒心。最后 5 名学生被取消了受助资格。

二、大学生如何正确看待困难资助

(一)诚信申报家庭经济状况，诚实获得相关资助

诚信是中华民族的传统美德，是公认的道德规范，是做人的根本道德。对社会而言，没有诚信就无以进步；对个人而言，没有诚信就无以立身。当代大学生是国家未来的建设者和接班人，应该做诚信的典范。要考虑到非诚信行为获取资助，让真正需要资助的同学不能获得应有的资助，是自私的不光彩的行为，让每一位大学生都成为诚信之人。

(二)自立自强、求实上进，增强自信心和责任心

经济上的贫困其实并不可怕，可怕的是心灵的贫困。家庭经济困难学生要认识到贫困其实也是一笔财富，关键是要对未来充满希望，要努力学习，参与实践，锻炼提高自己的能力，用优异的成绩和表现赢得尊重，赢得奖学金和助学金。参与勤工助学的学生要增强责任心，认真负责地对待岗位工作，按质按量地完成工作任务。

(三)礼让宽容，奖助学金获之有道

在评定奖助学金时，同学之间要相互礼让，让真正需要资助的同学获得资助。不要在班级民主评议时拉帮结派，不向辅导员索要资助，不利用职务之便"近水楼台先得月"，更不能因为奖助学金影响班级团结，影响同学友谊。

成长故事

请把助学金让给学弟学妹！

"今年的助学金请帮我取消吧，我已经在大学里找到了一份打扫宿舍楼梯的工作，每个月生活费可以解决了。"大二学生于宗达将电话打到贵州省青基会，表达了自己的想法。

2012 年贵州茅台集团资助了当年 700 名考上大学的寒门学子，5000 元的助学金分两次资助，大一期间资助 3000 元，大二期间资助 2000 元。新学期开始前，贵州省青基会工作人员反馈，共接到了 26 个希望取消资助的电话。26 名"90 后"大二寒门学子主动放弃社会资助，愿将助学金让给新入学的学弟、学妹们。虽然他们中大部分人的家境并没有好转，自己在食堂依然吃馒头咸菜，一件运动服穿三个季节，但他们坚信自己已经迈过了最艰难的一步，开始自立。

（四）滴水之恩，涌泉相报

感恩是中华民族的优良传统，是做人的起码修养，是个人必备的基本道德素质。"滴水之恩，当涌泉相报"不仅是一种传统美德，同时也是健全人格的体现。受助学生要深刻体会读书和生活的不易，父母艰辛付出的不易，国家、学校的无私付出，感恩自己良好生活的来之不易，勤俭节约。完成学业以后，要表达对父母养育之恩的感激，对国家资助培养的感激，对老师培养关爱的感激，及时归还助学贷款，回报国家与社会。

【寄语广场】

怀有一颗感恩的心

《本草纲目·禽部》载："慈乌：此鸟初生，母哺六十日，长则反哺六十日。"乌鸦是一种外貌丑陋的鸟，因为人们觉得它不吉利而遭到人类的普遍厌恶，但他们在感恩方面却堪称动物中的楷模。据说这种鸟在母鸟的哺育下长大后，当母鸟年老体衰、不能觅食或者双目失明飞不动的时候，它的子女就四处去寻找可口的食物，衔回来嘴对嘴地喂到母鸟的口中，回报母鸟的养育之恩，并且从不感到厌烦，一直到老乌鸦临终，再也吃不下东西为止。

乌鸦有反哺之义，羔羊有跪乳之恩。中国当代大学生在求学之路上遇到困顿时，国家、政府、学校、他人通过不同途径给予了形式多样的关爱和资助。在受哺的同时或之后，我们也当思反哺和感恩。当我们带着感恩的心，我们的生活会像魔方一样神奇；当我们带着感恩的心，我们的贫穷会成为另一种财富。让我们带着感恩的心去感受生活，去回报社会、回报党，成为国家屹立于东方的顶梁柱。

【分享园地】

话题讨论：

1. 家庭经济困难的学生可以通过哪些途径完成自己的学业？

2. 为了获得助学金，有的学生开取假"贫困证明"，在助学金评审时拉取"选票"，在领到奖助学金后购买高档手机、电脑、名牌服装……对于这种现象你如何看？

3.大学生毕业参加工作后违贷逃贷现象时有发生，你如何看待？

感恩回馈：

参与"助学活动""党员一对一"困难学生的帮扶、献爱心等活动至少一次，将参加活动的感受和照片上传至学习空间。

【邀约成长】

信任圈

【目的】建立信任感，培养团体感恩的气氛。

【时间】约25分钟。

【操作】

准备宽敞的场地，按照8～12人给学生分组。每组围圈，邀请一位成员到中间，其他成员手拉手围圈。活动开始时，圈内人闭上眼睛，自觉舒适地倒向任何一方，其他成员必须手挽手，形成保护圈给予保护，不能让圈内人摔倒。他往哪里倒，团体就往哪里去接住他，给予保护，并将他推到中间的位置。如此倒下、接住，使中间的成员从紧张到很放松。随后可以换人到圈内去体验。

【分享】

1.圈内人摔倒时，你想到了什么？

2.圈外人成功接到圈内人时，有怎样的感受？

3.请分享生活中你感恩和信任别人的时刻。

安

全

篇

第四章

遵纪守法好公民

【学习地图】

当代大学生的法律意识有了很大程度的觉醒和增强，但由于人生体验浅、自我控制能力较差、做事情欠缺考虑等特点，"知"与"行"存在较大反差。一方面，大学生拿起法律武器维护自身合法权益的事例层出不穷；另一方面，大学生违法犯罪的事例也屡见不鲜，如盗窃、赌博、抢劫，以及打架斗殴、毁坏公物等违法行为时有发生。本章我们一起学习如何培养法律意识，做到知法、懂法、守法、用法，更好地适应社会，创造幸福美满的人生。

【案例分享】

碎小玻璃引发大悲剧

"只是一地碎玻璃而已，没想到会出人命，我真的不想。"2012年7月6日上午，唐某因涉嫌故意伤害罪站到了长沙市中级人民法院的被告席上。被告人唐某说，他跟低一年级的高某住在一间宿舍。唐某和高某因为性格不合，经常为琐事争吵，甚至动手打架。2011年11月27日晚上，他和高某又发生了争吵，并打翻了墙角的热水瓶，后经室友劝说而得以平息。第二天早上，高某起床后见到地上的玻璃碎片，叫唐某收拾。唐某不愿意，两人再次争吵并发生肢体冲突，室友何某上前劝阻，不料唐某挣脱后，拿起桌上一把尖刀刺向何某和高某。学校保卫部老师闻讯赶来将两名伤者送往了医院，可没能挽救高某的性命。

因为唐某法律意识淡薄，只因一地碎玻璃就与室友发生口角、引发打斗，最终导致了一死一伤一囚的悲剧，如果同学们能多一点法纪观念，少一点莽汉习气；多一点忍让，少一点冲动；能够学会控制自己的情绪，这样的悲剧就不会发生了。

小偷小摸构成盗窃罪

北京某重点大学工科学生孙某，聪明好学，尤喜"钻研"侦探小说。为了检验与警察较量的结果，他开始盗窃学生宿舍的财物（孙某家庭经济条件很好）。每次作案，他都要"把握"两条"原则"：一是控制盗窃财物的价值量，不能达到法律规定的"数额较大"的标准，以免构成盗窃罪。他认为只要不达标，即使被抓住了，也只能算小偷小摸，大不了被关几天。二是

33

不在现场留下指纹和足迹。他认为警察找不到指纹和足迹就破不了案，因而每次作案他都不忘戴上手套，并在退出房间时用拖把抹去足迹……

当他多次作案后被以盗窃罪判刑时才"如梦初醒"！

上述两个案例值得大家深思。在当今法治时代，大学生不单要学好科学文化，更要知法守法，严以律己，从小事做起，从自己做起，争当文明的新时代大学生。

【知识之窗】

知法懂法　争做现代法治公民

当代大学生是中国特色社会主义事业的建设者和接班人，是推动"依法治国"方略顺利实施的重要力量，要肩负起历史赋予的这一神圣使命，站在全局的高度做到知法、懂法，做现代法治公民。

一、认识社会主义法律

（一）法律的内涵

法律是社会规则的一种，通常是指由社会认可、国家确认、立法部门制定规范的行为规则，并由国家强制力（即军队、警察、法庭、监狱等）保证实施的，以规定当事人权利和义务为内容的，对全体社会成员具有普遍约束力的一种特殊行为规范（社会规范）。法律是维护人民权利的工具，也是统治者统治被统治者的工具。一般而言，法律有以下几个方面的特征：

1. 法律是一种概括、普遍、严谨的行为规范。法律面前人人平等，一旦触犯法律，便会受到相应的惩罚。

2. 法律是国家制定和认可的行为规范。所谓国家制定和认可是指法律产生的两种方式。国家制定形成的是成文法，国家认可形成的通常是习惯法。

3. 法律是国家确认权利和义务的行为规范。法律所规定的权利和义务，不同于其他社会规范的权利和义务，它是由国家确认或认可和保障的一种关系。

4. 法律是由国家强制力保障实施的行为规范。法律所规定的权利和义务是由专门的国家机关以强制力保证实施的。

5. 法律是调整社会关系的行为规范。

他山之石

"违法"与"犯罪"

违法包括不履行法律规定的义务（如赡养老人、纳税等），或者做出法律禁止的行为，包括影响社会公共秩序、侵犯他人权利（如偷东西、聚众斗殴、赌博、吸毒等）。犯罪一般指刑事违法行为。两者受到的处罚不一。

违法应受到以下处罚：1. 治安拘留（1日至15日）；2. 罚款（200元至1万元，涉赌、毒、卖淫嫖娼较高除外）；3. 警告（口头批评不属于治安处罚）。

犯罪应受到以下处罚：1. 有期徒刑（六个月至十五年）；2. 无期徒刑；3. 死刑；

4.拘役(一个月至六个月);5.管制(三个月至两年)。附加刑:剥夺政治权利,比如剥夺选举权和被选举权,罚金,没收财产等。

(二)我国社会主义法律的本质

我国社会主义法律,是在中国共产党领导的新民主主义革命时期孕育,在社会主义国家建立后确立,并在社会主义建设中不断向前发展的。目前已经初步形成了以宪法为核心、具有中国特色、相对比较完备的社会主义法律体系。我国社会主义法律具有以下本质:

1. 从法律体现的意志来看

我国社会主义法律是工人阶级领导下的广大人民意志的体现。我国社会主义法律具有鲜明的阶级性,又具有广泛的人民性,体现了阶级性和人民性的统一。

2. 从法律的实施内容来看

我国社会主义法律是社会历史发展规律和自然规律的反映,具有鲜明的科学性和先进性。体现在它与工人阶级和广大人民的根本利益与社会发展的客观规律是一致的。

3. 从法律的社会作用来看

我国社会主义法律是中国特色社会主义事业顺利发展的法律保障,体现了国家强制执行与人民自觉遵守的统一。社会主义法律从经济、政治、文化、社会建设和对外交往等方面为中国特色社会主义事业保驾护航,保证人民享有广泛的民主权利和自由,镇压敌对势力和敌对分子的反抗和破坏活动。

我国社会主义法律的本质规定性,要完全转化为活生生的法律实践,需要全民族和全社会长期的共同努力,大学生肩负着义不容辞的责任。

他山之石

易错法律常识

1."父债子还,夫债妻还"的古训不合法。如果负债人有超过他遗产数额的债务,则可以不还。

2.被公安机关传唤或拘役的最长时间是 24 小时。

3.别人借你的钱,一定要到期催还;到期之后两年内未催要,你将失去自己的权利。

4.如果你遭遇飞来横祸,如被从楼上掉下来的花盆或路边的广告牌砸伤或是你掉进了没有盖好且没有设警示牌的井而受伤,你可以将它的管理者告上法庭。

5.如果获得了赠品或者奖品,但赠品或奖品存在质量问题,照样可以向销售者提出维修,调换,或者赔偿。

6.如果想写遗嘱,一定要注明年月日,并亲手签名。让人代书,一定要有两个以上的见证代书人,见证人和遗嘱人都要签名。

7.劳动合同的试用期不得超过 6 个月。

8.试用期内劳动者可以随时解除劳动合同。如果您正在患病规定的医疗期间,或者在孕期、产期、哺乳期,或者患职业病、因工伤并被确认为丧失或者部分丧失劳动力的,单位不能解除合同。

（三）我国社会主义法律体系

法律体系通常是指一个国家现行的各个部门法所构成的有机联系统一整体。中国特色社会主义法律体系以宪法为核心，由行政法、民商法、经济法、刑法、诉讼与非诉讼程序法等法律部门组成。每一法律部门均由一系列调整相同类型社会关系的众多法律、法规所构成。

1. 宪法

宪法是国家的根本法。宪法规定国家的根本制度和根本任务，具有最高法律效力，是其他法律的立法依据，其他任何法律都不得与宪法相抵触。

2. 行政法

行政法是调整行政活动的法律规范的总称，分为一般行政法和特别行政法两个部分，一般行政法是指有关行政主体、行政行为、行政程序、行政责任等一般规定的法律、法规，如《公务员法》《行政处罚法》《行政复议法》，特别行政法则指适用于各专门行政职能部门管理活动的法律法规，包括国防、外交、人事、民政、公安、国家安全、民族、宗教、侨务、教育、科学技术、文化、体育、医疗卫生、城市建设、环境保护等行政管理方面的法律法规。

3. 民商法

民商法是调整民事和商事活动的法律法规的总称。我国目前尚无一部较完整的民法典，而是以《民法通则》为核心法律，并辅之以其他单行民事法律，包括《物权法》《合同法》《担保法》《拍卖法》《商标法》《专利法》《著作权法》《婚姻法》《继承法》《收养法》等。商法是民法中的一个特殊部分，是调整公民、法人之间商事关系和商事行为的法律规范的总和。目前我国商法主要有《公司法》《保险法》《证券法》《信托法》《企业破产法》等。

4. 经济法

一般认为，经济法是调整国家在监管与协调经济运行过程中发生的经济关系的法律规范的总称。主要包括两个部门，一是创造平等竞争环境、维护市场秩序方面的法律，我国现已制定《反不正当竞争法》《消费者权益保护法》《产品质量法》《广告法》等。二是国家宏观调控和经济管理方面的法律，我国已制定《预算法》《审计法》《会计法》《中国人民银行法》《价格法》《税收征收管理法》《个人所得税法》《城市房地产管理法》《土地管理法》等。

5. 社会法

社会法是调整有关劳动关系、社会保障和社会福利关系的法律规范的总和。我国已制定的社会法有《劳动法》《劳动合同法》《就业促进法》《矿山安全法》《残疾人保障法》《未成年人保护法》《妇女权益保障法》《老年人权益保障法》《工会法》《红十字会法》《公益事业捐赠法》等。

6. 刑法

刑法是规定犯罪、刑事责任和刑罚的法律。我国目前的刑法法律部门以1997年3月14日修订后的《刑法》为核心法律，还包括此后的刑法修正案以及全国人民代表大会常务委员会制定的有关惩治犯罪的决定等。

成长故事

以案说法来识法

大学生张亮酷爱上网无心学习，经常旷课。有一次为了上网，他向同学李凯借了500元钱，事后李凯多次要求张亮返还但遭到拒绝。张亮在校外结交了很多社会上的"哥们儿"，和他们一起拦截低年级学生，以威胁、恐吓等手段索要钱财。由于经常上网，吃喝花销大，张亮把父母给的学费生活费都花光了。一天夜里，张亮到隔壁宿舍，拿走该宿舍同学手机1部、笔记本一台、现金800元。

张亮的行为分别违犯了什么法律？他的行为属于哪种违法行为？

1. 欠债不还违犯了《民法通则》，欠债不还的行为属于民事违法行为。

2. 向低年级学生索要钱财违犯了《治安管理处罚法》，这是社会行政管理方面的一部重要法规，因此张亮的这一行为属于行政违法行为。

3. 入室盗窃的行为触犯了《刑法》，是刑事违法行为，即犯罪。

7. 程序法

程序法是规定保证权利和义务得以实现或职权和权责得以履行的法律规范的总称。我国目前的诉讼与非诉讼程序法主要有《刑事诉讼法》《民事诉讼法》《行政诉讼法》《海事诉讼特别程序法》《引渡法》《仲裁法》等。

二、大学生为什么要学法

1. 做一个合格的公民

当今中国是法制社会，学法、知法、懂法是对每一位中华人民共和国公民的最基本要求。因不懂法，被追究刑事判刑、被行政拘留、被没收非法所得、被没收财产、被要求赔偿他人财产、给他人赔礼道歉、赔偿精神损失等严重后果在现实中比比皆是。

他山之石

过失型犯罪

2008年，上海商学院一女生宿舍602室违章使用"热得快"引发火灾，两名女生从门口出去呼救，回来时门已关闭，另四名女生躲到阳台，火势越来越大，四人先后从阳台跳下，当场身亡。

1. 行为人应当预见自己的行为会发生危害社会的结果，因为疏忽大意而没有预见，或者已经预见但轻信能够避免，因而发生危害结果的，是过失犯罪。法律规定构成过失犯罪的，应负刑事责任。

2. 失火致公共安全损害的，处3到7年有期徒刑，情节较轻的，处3年以下有期徒刑或者拘役。

冲动型犯罪

大学毕业季，深夜中，北京某大学一宿舍内音响打开，噪音肆虐，导致很多还要准备期末考试的非毕业生很是反感，于是某大二学生前去阻止，但双方因言语不和扭打起来，之后双方同学都加入其中，最终演变成群殴事件，直到110到场，将双方带走。

根据中华人民共和国《治安管理处罚法》第26条规定"结伙斗殴的，处五日以上十日以下拘留，可以并处500元以下罚款；情节较重的，处十日以上十五日以下拘留，可以并处1000元以下罚款。"

2. 做一名高素质大学生，维护自己的合法权益

大学生应积极学习相关的法律知识，了解合法与违法的边界，区分罪与非罪的行为，运用掌握的法律知识维护自己的合法权益，包括生命权（生存权）、健康权（不受伤害）、财产权（合法财产不容侵犯）、其他基本权利（如，人身自由、言论、选举、信仰、结社、受教育等）。在权利受到侵犯时，只有掌握法律这个武器，才能够积极正确合理地维护自己的合法权益，使我们体面地工作与生活。

3. 为他人提供必要的法律援助

由于大学生知识素养高，不免会有亲戚朋友在遇到麻烦时向你寻求帮助，比如：与同事发生口角怎么办？假如你懂得法律知识，给予他们合理化的建议与指导，对他们而言，可谓雪中送炭。

他山之石

从昆山龙哥事件看"正当防卫"

2018 年 8 月 27 日 21 时 30 分许，昆山市刘海龙醉酒驾驶宝马轿车强行闯入非机动车道，与正常骑自行车的于海明险些碰擦，双方遂发生争执。经双方同行人员劝解，交通争执基本平息，但刘海龙突然下车，上前推搡、踢打于海明。虽经劝架，刘海龙仍持续追打，后返回宝马轿车拿出一把砍刀连续用刀击打于海明颈部、腰部、腿部。击打中砍刀甩脱，于海明抢到砍刀，并在争夺中捅刺、砍击刘海龙 5 刀，刺砍过程持续 7 秒。刘海龙受伤后跑向宝马轿车，于海明继续追砍 2 刀均未砍中。于海明被同行人员拉阻。事后，刘海龙后经送医抢救无效于当日死亡。

9 月 1 日下午，昆山市公安局和检察院相继发布通报，认定于海明的行为属于正当防卫，不负刑事责任。

新《刑法》在对待严重危及人身安全的暴力犯罪方面对正当防卫放宽了限制。对正在进行行凶、杀人、抢劫、强奸、绑架及其他严重危及人身安全的暴力犯罪，实施防卫行为的，不论采取何种手段，不论造成什么后果，均不负刑事责任。此举旨在鼓励人们更好地运用法律武器，与严重暴力犯罪做斗争，以捍卫自己的生存权利。

4. 为依法治国、建设民主法制的国家做贡献

依法治国是党和国家的基本方略，有法可依，有法必依，执法必严，违法必究，是社会主义法制的基本要求。在校大学生学法懂法用法可以加速我国民主法治的进程，促进社会主义文化道德的发展。

守法用法　积极捍卫个人权益

一、当代大学生法律意识的现状和存在问题

由于有某些社会风气、传统道德和法制教育的不足，致使大学生在法律素质方面存在如下缺失：

（一）法律知识不足或对法律一知半解，没有正确的法律观念

当代大学生从中小学教育中了解了一些法律的基本概念，知道了一些比较贴近生活的法律规范，比如《宪法》《义务教育法》《消费者权益保护法》等，而对其他法律的了解却不多。就其对法律的了解深度来说，他们往往一知半解，纯粹靠死记硬背，目的是为了应付考试，而不是掌握法律的理论和精神实质，往往未经深层次的理性分析与思考，仅仅根据事件的表象就情绪化地得出"权大于法""情重于法"的结论。所以当需要他们在现实生活中按正确的法律意识去处理矛盾时，他们又表现出"知""行"脱节，知法而不能守法、用法。

成长故事

"刘海洋泼熊事件"的启示

2002 年 1 月 29 日和 2 月 23 日，清华大学学生刘海洋先后两次把掺有火碱和硫酸的饮料，倒在北京动物园饲养的狗熊身上和嘴里，造成多只狗熊受伤。刘海洋在被拘留后说，自己学了法律基础知识，知道民法、刑法等，但却不知道伤害狗熊是违法犯罪。现在知道了，自己很后悔。

由此可见，刘海洋并未将法律知识转化为法律意识，用以指导自己的行为，从而不知道自己的行为是否正确。

（二）法律工具主义价值取向严重

在对法律的社会效用的理解上，绝大部分大学生把法律理解为对人的行为的约束，是掌握政权的统治阶级用以统治社会使人臣服的工具或手段，是统治阶级意志的玩偶。这种工具主义价值取向，使大学生们在内心深处认为他们的遵纪守法行为只是迫于国家和学校的强制，而偷偷进行的违法违纪行为只要没有被学校或司法机关抓住证据就是与强制力对抗的"伟大胜利"。有了这种错误思想，在大学生的心理底层，就形成了对正确的现代法律意识教化的潜意识抵制。

（三）强调权利，忽视义务、责任

大学生一般对我国法律规定的权利有正确的认识，并强烈要求维护自己的正当权利，却消极回避个人对社会应尽的义务和责任。经常把自己的人身自由权利、人格尊严权利、物质帮助权利、受教育权利、恋爱自由权利、参与社会活动权利等放到了自己的首要位置上，要求国家、社会、他人为其实现权利和自身价值提供条件并加以保障，而在行使权利、实现自我价值的过程中，却不考虑是否侵害了他人权利，是否对国家、社会造成危害，甚至根本不清楚自己应承担哪些法律义务，从而使权利与义务发生了严重的偏差，责任心不强。

（四）法律意识淡薄，崇尚权力，对法治没有信心

当代大学生由于过分追求书本知识，法律意识十分淡薄，没有法律的思维习惯，一切强调以自我为中心，追求个性和自我发展，看问题往往主观偏激，缺乏足够的明辨是非的能力，故常常发生因一时冲动而不计后果的现象，导致违法和犯罪行为的发生，他们往往对法治缺乏信心，认为法治建设是政府的事情，因而那部分学生学习目的不明确，态度不端正，视读书为日后追求名利地位和享受的"阶梯"。

二、当前大学生违法犯罪的现状、特点及成因

有研究表明，改革开放以来，大学生违法犯罪现象明显增多，占社会刑事犯罪的比例持续上升，可以用"数量多、危害大、蔓延快"九个字来概括。从数量上看，全国约2.5亿学生，其中违法犯罪青少年约占青少年总数的万分之六，大城市更高，达到万分之二十点六，其中青少年犯罪占刑事犯罪的比例达70%左右；从危害性看，由于青少年生理尚未成熟，思想单纯，易于冲动，不计后果，其犯罪危害极大。

青少年犯罪的原因是复杂的、多方面的。既有社会环境方面等客观的原因，又有青少年自身生理、心理方面的主观因素。从主观上看青少年正是长身体、长知识，人生观和世界观正逐步形成的时期。在这个时期，他们在思想认识上渐趋成熟，敏感好奇，富于想象，喜欢模仿，但辨别能力差，以致在追求新奇刺激面前，极易受不良影响而导致违法犯罪；从客观方面的原因分析，改革开放以来，社会、学校、家庭环境发生了很大变化，出现了许多影响青少年成长的新情况、新问题，其中家庭教育的失误、学校教育的偏差和社会上各种不良或腐败风气的影响等，都会使青少年走上违法犯罪的道路。

他山之石

他们离违法行为近一些!

1. 没有远大的理想，缺乏奋斗目标
2. 自我控制能力差，好奇心过强
3. 以自我为中心，心理素质差
4. 易沾染不良行为习惯
5. 法制观念淡薄

三、增强大学生法律意识，提高法律修养

(一)培养社会主义法律思维方式

改变传统的思维方式，即改变用政治、经济、道德方式分析解决问题的习惯；而发展法律思维方式，即按照法律的规定、原理和精神去思考、分析、解决法律问题的习惯和取向，即具有运用法律解决法律问题的习惯。在通常情况下，法律问题往往还包含着政治、经济或道德问题。例如：艾滋病人提出的结婚要求是否应当予以批准？科学家进行的克隆人试验应否禁止？地方政府对本地企业超过法律范围以外的保护措施是否应当取缔？这些问题同时也是道德问题、经济问题或政治问题，可以从道德的、经济的、政治的角度来思考和处理。但一旦这些问题被纳入法律调整的范围，就应当按照法律的规定、原理和精神来思考和处理。

一般而言，法律思维方式有讲法律、讲证据、讲程序、讲法理等四个特征。

第一，讲法律。法律思维首先要求以法律为准绳来思考与处理法律问题。某种行为是合法行为，还是违法行为；是一般违法行为，还是犯罪行为；是否应当承担法律责任，应当承担什么样的法律责任，都应当以法律为标准做出判断。如果脱离法律来思考与处理问题，就谈不上什么法律思维了。其次，当遇到法与理、法与情的冲突时，要遵守相关法律。一项法律规定，只要它没有被修改或废除，就是有效的，人们就有义务遵守或执行。如果人们觉得某项法律规定不合理，可以向有关国家机关提出修改或废除的建议，由有关国家机关修改或废除该项法律规定。但在国家修改或废除之前，我们必须遵守或执行。

他山之石

认识不同的"法律责任年龄"

法律责任年龄，通俗地讲就是能够独立承担法律责任的年龄。我国有三种不同的责任年龄规定。

1. 民事责任年龄为18周岁，未满18周岁给别人的人身和财产造成了损害的，受害人须向未成年人的父母，也就是法定监护人主张赔偿；

2. 行政责任年龄为14周岁，已满14周岁未满18周岁的人违反治安管理的，从轻或者减轻处罚。

3. 关于刑事责任年龄，完全的刑事责任年龄是16周岁，不完全的刑事责任年龄是14周岁。已满14周岁不满16周岁的人，犯故意杀人、故意伤害致人重伤或者死亡、强奸、抢劫、贩卖毒品、放火、爆炸、投毒罪的，应当负刑事责任。

第二，讲证据。法律思维要讲证据，以证据为根据思考与处理法律问题。正确地分析与处理法律案件，要抓住两个关键问题：一是查清案件事实；二是正确运用法律。其中首要问题就是证据问题。只有收集到充分的证据，才能查清案件事实。一般来说，证据就是以法律规定的形式表现出来的、能够证明案件真实情况的事实。讲证据，意味着思考与处理法律案件时，既不能捕风捉影，更不能主观臆断。

第三，讲程序。法律思维要讲程序，从程序出发思考与处理法律问题。程序问题在法律领域居于非常重要的地位。法律是通过规定明确的程序来约束人们的行为的。可以说，与其他类型的思维方式相比，法律思维更关注行为的程序问题。

第四，讲法理。法律思维思考与处理法律问题，要运用法律原理和精神。法律思维要讲法理，为法律结论提供充分的法律论证与法律理由。法律思维的任务不仅是获得处理法律问题的结论，更为重要的是提供法律结论的理由。当然，任何理性的思维都应当用适当的理由来支持所获得的结论。而法律思维对理由的要求有特殊之处：理由必须是公开的，而不能是秘密的；理由必须有法律上的依据；理由必须具有法律上的说服力。

(二)加强大学生社会主义法律修养

社会主义法律权威的树立，既有赖于国家的努力，也有赖于公民个人的努力。从国家角度来说，应当采取各种有效措施消除损害社会主义法律权威的因素。如进一步提高立法质量，保证法律的科学性、合理性；改善法律实施的状况，树立起法律的尊严；深入开展法制宣传教育，增强全社会的法律意识等。从个人的角度来说，应当通过各种方式努力维护社会主义法律权威。对大学生来说，至少应当作到以下三个方面。

1. 努力树立法律信仰

一个人只有从内心深处真正认同、信任和信仰法律，才会自觉维护法律的权威。大学生应当通过认真学习法律知识，深入理解法律在现代社会中的重要作用，深刻把握我国社会主义法律的精神，从而树立起对我国社会主义法律的信仰。

2. 积极宣传法律知识

大学生在自己学习和掌握法律知识的同时，还要向其他人宣传法律知识，特别是要宣传社会主义民主与法治观念，帮助人们彻底根除"权大于法""要人治不要法治"等封建残余思想，宣传我国社会主义法律的优越性，使人们了解、熟悉和认同我国社会主义法律，从而推动全社会形成尊重和维护社会主义法律权威的良好风尚。

3.敢于同违法犯罪行为做斗争。

大学生不仅要有守法意识，自觉遵守国家法律，而且要有护法精神，敢于同违法犯罪行为做斗争。违法犯罪行为既是对社会秩序的破坏，也是对法律权威的蔑视，要维护法律权威，就要敢于和善于同违法犯罪行为做斗争。同违法犯罪行为做斗争的方式是多种多样的，既包括事前采取有效措施预防违法犯罪行为的发生，也包括事中和事后制止、检举、揭发违法犯罪行为。

成长故事

知法守法"五箴言"

1.慎交友。"近朱者赤，近墨者黑"，切忌与习气不良的社会人员称兄道弟，是非不分，良莠不辨，以至胆大妄为，以身试法。

2.立大志。每个青少年都应加强思想品德修养，不仅学会做学问，学本事，更重要的是要学会做人，苦学成才，用劳动所得改善自己的生活。

3.善慎独。要有独立思考的能力，遇事该怎么做，不该怎么做，要有自己的主见，不可盲从。

4.敢维权。每一个青少年都应学法、知法、懂法、用法，学会用法律武器保护自己的合法权益。

5.要坦白。一旦做错了事，甚至犯了法，就要坦白地向老师、学校、有关机关把事情讲清楚，争取从宽处理。

【寄语广场】

在法治社会的今天，法律常识在大部分人中得到了普及。但是仍然存在某些盲点，部分大学生对法律常识了解匮乏。像上述案例中大学生们的表现，就影射了社会的一个侧面——有些人在某些法律知识上存在盲点，在面对法律制约的时候存有侥幸心理，最终导致"赔了夫人又折兵"，还得不到法律的保护。

让我们用法律法规筑起一道防线，学法、守法、用法、增强法制观念，用"火眼金睛"分辨香花毒草，明辨是非黑白，严于律己，防止因小过而失足成千古恨。反思自己的行为，彻底革除不良习气，做懂法、守法的新时代公民，力争将病菌与黑暗邪恶压在五行山底。让每一个人都能在公正而有序的空间里施展自己的才华，青年的梦想才会重新焕发新生。

【分享园地】

1.课外阅读《民法》《民事诉讼法》《物权法》《婚姻家庭法》《继承法》《公司法》《劳动法》。

2.课外收看《今日说法》《法治在线》《中国法制报道》《拍案说法》等电视节目，并将心得与体会分享至学习空间。

3. 以小组为单位进行案例探讨，并将探讨过程及结果分享至学习空间。

案例一：某年 10 月，某高校一女生宿舍被盗，丢失东西包括：小哲的 MP4 一部以及笔记本电脑一台，价值人民币 5000 元；小洁的 MP4 一部，价值 400 元；小兰的耳机 1 副，价值人民币 25 元，而同宿舍的小芸则未丢任何东西。警方接案后，迅速展开调查。很快，小芸发现事态严重，主动投案认罪，并将所有物品归还失主。事后，经调查得知，小芸父母均为国家干部，家庭条件很优越。但因为与室友相处不和，小芸便"想教训她们一下"。于是趁室友上课之机，盗得以上物品。

案例二：某大学学生胡某因与另一学院学生张某发生矛盾，便找来两位同学，打了张某一顿。张某同学徐某得知后，叫上十几个同学，去帮张某出气。其带着木棒等工具，冲进胡某寝室，殴打胡某及其同学。在打斗中，徐某持木棒打击胡某头部，致胡颅脑损伤，成植物人。徐某以故意伤害罪被判处有期徒刑 6 年。另有三名同学分别被判处 1 到 4 年不等的刑罚。

案例三：昆明某大学大二学生何某，有一高中同学马某，由于没考上大学，工作也没有着落，在别人的影响下，参与了毒品贩卖。马某到昆明后找到何某，并住在何某寝室。何某在得知马某贩卖毒品后，仍然容留马某，并帮助马某藏匿毒品。马某被捕后供出了何某和藏毒地。马某被判死缓，何某也以贩卖毒品罪共同犯罪被判处有期徒刑 14 年。法律规定：贩卖、运输毒品的，处 3 到 10 年有期徒刑，如果达到海洛因 50 克，处 10 年以上有期徒刑、无期徒刑或死刑。

【邀约成长】

心中的塔

【目的】

1. 让学生在团体合作中体验领导、配合、服从等角色。

2. 培养学生学会悦纳自己、欣赏他人的态度。

3. 帮助学生开拓思维，积极创新。

【时间】

约 30 分钟

【操作】

给每组准备大报纸 4 张、透明胶带纸 1 卷、剪刀 1 把等活动道具。

1. 将全班学生分成若干组，每组以 7 ~ 8 人为宜。每组领取材料一份：报纸 4 张、透明胶带纸 1 卷、剪刀 1 把，在 20 分钟内完成建"塔"任务，并取好"塔"名。

2. 各组推荐一名同学在全班内交流，介绍"塔"名和设计创意。游戏过程中选出 2 个观察员，全程观察各小组的建"塔"过程，特别注意组内人员的角色确定过程。交流结束时作观察报告。在建"塔"过程不许用语言交流，请观察员提醒督促。

报纸的用量可根据时间长短、场地大小来确定，各组的用量基本相同，但要备有余量允许各组适量添加。

【分享】

1. 游戏过程中最难的地方是什么？

2. 成员之间会遵守规则吗？如何避免破坏规则的现象发生？

第五章

如花生命切珍惜

【学习地图】

　　大学时代既是青年大学生学习科学文化知识的重要时期，也是其心理日益成熟的关键时期，更是其扩大人际交往、丰富社会经验、踏上社会舞台的准备期。随着社会的发展进步，大学生的生活空间逐渐扩大，交流领域不断扩展。大学生不仅要在校园内学习、生活，而且要走出校园参加各种社会活动，危及人身安全的危险因素也随之不断增多。比如：大学生在学习、生活中因小摩擦而引发的伤害事件；校外社交活动、公共场所中发生的纠纷；其他意外伤害事件如溺水、交通事故等。人身安全是人们赖以生存和发展的首要条件，历来受到高度重视。通过本章的学习探讨，引导学生强化安全意识，丰富安全常识，确保人身安全，提升自救自护能力。

【案例分享】

一时冲动留下的人生污点

　　2010年6月2日，江苏某学院学生陈某与邓某在宿舍区清理宣传栏里的广告内容。王某、郑某等从校外饮酒回来，经过此处，王某想起上学期因打篮球曾经和陈某打过一次，顿时来火，上前责骂并动手殴打陈某和邓某，后被同学拉开。在同学的劝说下，王某与另一同学李某共两人来到陈某和邓某的宿舍道歉。后又因语言不和，双方再次发生斗殴，王某和李某被打。被拉开后，王某回到宿舍纠集了20多人并持菜刀再次返回，将陈某背上砍伤。双方都有人员参与，陈某立即打电话报警。

　　派出所做出如下处理：王某一方：王某行政拘留15日，罚款1000元；郑某行政拘留10日，罚款500元；李某行政拘留7日，罚款500元。陈某一方：陈某行政拘留5日，罚款500元；邓某行政拘留7日，罚款500元。

"热得快"引发的惨案

　　2008年11月14日下午5时30分左右，上海警方就上海商学院学生宿舍起火事故发布调查结果：经消防部门勘查，11月14日10分许发生在上海商学院宿舍楼的火灾原因已初步查明，系 602 宿舍学生使用热得快时出现电器故障，并引燃周围可燃物所致。此次火灾是由于该宿舍女生夜间违规使用热得快时，正好是学校夜间拉闸时间，突然停电使得她们忘记拔热得快。清晨公寓恢复供电后，热得快烧干壶中水，引发火灾。因火过大，燃烧凶猛，宿舍门已无法打开，4 名女学生只好跑到阳台。但此时大火已经烧到了她们的身体，4 名女学生慌乱中分别从六层阳台跳下逃生，造成当场死亡的悲剧。

以上两起危害生命安全的案例，对你有何启发？作为当代大学生我们该如何珍爱自己的生命，珍爱他人的生命？

【知识之窗】

杜绝打架斗殴　勿触法律警戒线

打架斗殴是对立双方或多方在相互矛盾发展到极点时，以对他人造成身体伤害为目的的一种主观意识行为。不管这种行为起因为何或出于什么目的，都是一种不理智、不文明的行为，严重者甚至会触犯刑法。

一、打架斗殴的危害和不良后果

1. 打架斗殴违背社会道德规范

大学生打架斗殴不仅损害他人人身健康，侮辱他人人格，而且妨碍社会秩序，一旦矛盾激化，极易导致严重的斗殴、伤害和杀人案件的发生。有的同学脾气暴躁，同学之间往往因一点小事就发生争吵，为几句话就可能大打出手甚至持械伤人，最后给自己或他人以及家庭造成无可挽回的痛苦和伤害。

2. 打架斗殴导致经济损失

打伤人除要负相应的法律责任外，还要承担一定的民事责任。生命无价，健康第一。随着人们对生命价值的认识的深化，危及生命及健康的附带民事赔偿金额也越来越高，数十万元乃至上百万元的赔偿金已是司空见惯。

3. 打架斗殴影响亲人、朋友之间的交往

有施暴倾向的大学生，由于经常惹是生非，其家庭成员往往为其担惊受怕，一有风吹草动就怕其出事，无端让亲人长期生活在焦虑不安的环境之中。对有暴力倾向的大学生，大多数同学都采取惹不起就躲远点的做法，个别同学怕被欺负，表面上称兄道弟跟屁虫似的鞍前马后，私底下也存有较强的防范心理。这种交往受阻现象将延续至大学生步入社会之后，甚至伴随其终生。

4. 打架斗殴影响身心健康

打架斗殴是一种典型的故意伤害行为。因此打架斗殴的结果往往是受害者身体遭受损伤和痛苦的折磨，甚至造成残疾。对加害者来说，可能会引起无尽的自责和仇恨的加深，有的甚至会自暴自弃走上一条自我毁灭的道路。科学家经过研究得出结论：经常帮助别人有利于自身的身体健康。因为帮助别人时心情舒畅，人体会分泌出一种有利于身体健康的物质，身体长期拥有这种物质就能延年益寿。相反，有施暴倾向的同学经常动不动就和人打架斗殴，除了身体容易受到伤害外，精神也会时常处于高度紧张状态，这显然不利于其身体健康。

二、打架斗殴的预防措施

打架斗殴的发生，总有一个或长或短的过程。在此期间，学生如果能很好地控制自己，及时化解矛盾纠纷，就能防止打架斗殴事件的发生，从而避免一失足成千古恨。具体的预防措施有以下几点：

（一）从自身做起，拒绝暴力

1. 首先要注意的是语言文明，防止祸从口出。
2. 注意相互谦让，学会换位思考。
3. 注意心态修养，切记冷静克制。
4. 遵守国家法律和学校的校纪校规，遵守公共秩序，遵守社会公德。

成长故事

切莫让暴力语言变成凶器

罪犯马某因做事"笨手笨脚"，从小被父亲骂"猪脑子"。长大后，他因为赌钱欠下巨款，当他还债时，被债主骂"猪脑子"，勾起小时候被骂的痛苦回忆，自尊心受到了极大的侮辱，最后用手枪将对方杀害。

罪犯曹某小时候父母离异，母亲经常将怨气撒在他身上，骂他"怎么不去死"。后来，他在发廊给人洗头，将顾客烫伤，被理发店店主骂"怎么不去死"，点燃了他埋藏在心底的恨意，最后他用匕首将店主杀害。

罪犯张某因成绩不好，经常被母亲骂"就知道吃"。后来，因为补习班上认识的女友被他的同学抢走，并遭到对方辱骂"就知道吃"，他积压许久的怨气爆发了，最后用指虎将对方眼睛打瞎。

罪犯刘某幼时母亲身患重病，欠下许多债务。父母因为酗酒，时常骂他"废物"。之后，他外出打工，被车间主任骂"废物"，让他回想起父亲的无端责骂，他怒火中烧，用弩射伤对方，致其瘫痪。

心理学家武志红说："语言暴力真的会变成一把凶器。"语言暴力不会在人身上留下伤痕，却会在心里投下永不磨灭的阴影。语言暴力，或如心底的腐肉，时不时散发出阵阵恶臭；或如内心阴暗面的恶魔，不知会在哪天冲破禁锢又向谁伸出魔爪。

（二）要学会正确处理同学之间的矛盾

同学之间没有根本的利害冲突，到你工作之后，你会感到最值得怀念的就是自己的学生时代，同学之间的关系是最纯真、最美好的。

（三）遇上别人打架斗殴时的正确处理方式

1. 不围观、不起哄、不介入，更不要火上浇油。
2. 如果你想劝解，应当先问明情况，站在公正的立场上做好双方的工作。若劝解无效，应迅速向学校有关领导或保卫部门报告，以防事态扩大。
3. 打架的一方如果是你的同学或熟人，在劝解时要主持公道，不可偏袒。在采取隔离措施时，应当首先拉自己的同学或朋友，以免被对方误解为"拉偏架"，或者将你当成对方的

"同伙"而受到无辜伤害。

4.见义勇为是每一个公民都应当具有的社会公德。当学校有关部门调查打架真相时，现场目击人要勇敢地站出来向有关部门提供线索和证据，以保护受害人的合法权益，使肇事者受到惩处。

三、如何应对与同学之间的矛盾

1.如果和同学发生矛盾，要懂得谦让。以诚恳的态度，主动向对方检讨自己行为的不妥之处，即便自己有理，也要先把双方矛盾缓和下来，等对方情绪平稳时再细论各方对错。如果对方的矛盾已无法调和，应马上将情况报告给老师或家长，避免矛盾加深，引发斗殴。

2.注意自身修养，杜绝不文明行为。当受到别人的无理嘲笑、起哄、谩骂或批评时，要心胸豁达，切忌因情绪激动，过分生气而失去理智和他人争吵，进而激化矛盾。同学之间难免有摩擦，自己也会有被误解的时候，会"吃亏"。有的人认为吃亏是福，退一步海阔天空；有的人则绝不让步，甚至诉诸武力，最终导致矛盾激化，害人害己。

3.遵守大学生日常行为规范，牢固树立人身安全意识。自觉参加教育性较强的班级活动，像"心中有集体，心中有他人"的这类活动，增强团队意识，懂得友爱互助，懂得热爱集体。通过这种潜移默化的影响，渐渐使学生认识到集体和他人的重要性。

他山之石

宽恕是人生难得的佳境

有一位要远行的小沙弥，刚一出门就被一位身材高猛的大汉撞了个趔趄，不仅被撞得鼻青脸肿，还被旁边的树枝划破了手掌。

大汉怕小沙弥赖上他，就先开口埋怨说："谁让你走路这么匆忙？我这么大块个人，没长眼睛吗？"

小沙弥没说话，也没有归罪于这位大汉，只是笑了笑。

大汉仿佛有了惭愧之心，不好意思地问道："我撞了你，你怎么一点不生气？"

小沙弥很平静地说："既然已经这样了，生气有什么用呢？生气又不能让手上的疼痛减轻半分，也不能让伤痕愈合，相反，生气只能激化心中的怨气。如果我对你恶言相向，或动用武力，即便打赢了你，也会种下恶缘，到头来输掉的还是我自己呀。"小沙弥还为大汉开脱说："若是我选择走别的路，或是早出来或是晚出来一分钟，都会避免相撞。又或许这一撞就化解了一段恶缘，还要感谢你帮我消除业障呢！"此刻大汉惭愧地低下了头。

心胸开阔是人生的一笔财富：反躬自省，说一句"对不起"；心存宽容，道一句"没关系"。简单的一句话体现的是人格的高修养和自身的高素质。做错了事敢于承认，敢于道歉，才是"大将"风度。

消防知识进校园　自防自救保平安

大学校园里，火灾也是威胁人身安全的因素之一。中华人民共和国成立以来，在我国1000余所全日制高校中，从未发生过火灾的几乎没有。有的学校整座教学楼、试验楼、礼堂被烧毁，损失了许多珍贵的标本与图书，严重影响了教学科研活动的正常进行，甚至师生伤亡的事例也时有发生。

一、不容忽视的大学校园消防安全隐患

引发校园消防安全隐患的原因一般有以下四种：

1. 明火引燃。如学生在学生宿舍的床上（床头）点蜡烛，吸烟者乱扔未熄灭的烟头和火柴，或在宿舍内焚烧杂物等均会引发火灾。

2. 乱拉乱接电线和保险丝。如因电线短路或因接触不良发热而引起火灾；有的私自在宿舍乱接电源线，甚至用铜丝或铁丝代替保险丝，使电路过载发生故障时不能及时熔断而造成电线起火。

3. 使用电器不当。如台灯靠近可燃物长时间烘烤起火；使用电热器无人监管而烤燃起火；长时间使用电器不检修，电线绝缘老化，漏电短路而起火等。

4. 在宿舍使用大功率电器。学生宿舍内的线路是按日常照明等小功率电器设计的，如使用电炉、电饭煲、电热杯、热得快等电器就会使电线过载发热而起火。

二、消防事故发生后的安全逃生技巧

火灾中人的生存与死亡往往只是一念之差，冷静应对和掌握火场逃生技巧是面对熊熊烈火和滚滚浓烟时成功逃生的关键。从众多火灾案例来看，掌握科学、合理的逃生方法极其重要。

1. 保持冷静，不要慌张

在烈火和浓烟的环境中，受困者会表现出高度紧张、极度恐惧和急切求生等心理和行为，对受困者来说，烈火不是最强大的敌人，真正强大的敌人是受困者本人的惊慌。因此，火灾现场一定要保持镇静，克服恐惧心理，用理智来支配自己的行为。

2. 寻找出口，切忌闯撞

冷静观察，积极寻找逃生出口，如"紧急出口""安全通道""安全出口"等标志、逃生方向的箭头、事故照明灯等，不盲目跟随他人乱跑，防止疏散堵塞或被踩压、走进死胡同等。

3. 舍财保命，迅速撤离

切忌贪恋钱财而耽误了逃生时间。火场中人的生命是最珍贵的，时间就是生命，逃生是第一要务。

4. 注意防烟，切莫哭叫

烟气是火场上的第一杀手。实验证明，烟气的蔓延速度远远快于火焰的传播速度。因此，当火灾发生时，在已准确判断火情的前提下，必须冷静机智地运用各种防烟手段进行防护，想尽办法冲出烟火区。

5. 互相救助，有序疏散

在灾难面前，大家应有组织、有秩序地快速撤离火场。切不可盲目乱跑，互相拥挤，甚

至互相踩压，否则必会酿成苦果。

6. 紧急求救，设法逃生

在无法自救时，应立刻向外界或他人发出求救信号，使自己获救。白天，可向窗外挥动颜色鲜艳的物品，晚上，可用手电筒不停地晃动，或敲击东西，或往外抛掷显眼物品，或大声呼叫，向外界发出求救信号。

他山之石

拨打"119"火警电话"四要领"

1. 报警时，首先要沉着冷静，不要心慌；

2. 要讲清楚起火地址、燃烧对象、火势情况，并将报警人的姓名、电话号码告诉消防队，以便联系；

3. 报警后，要本人或派人到通往火场的交通路口接应消防车；

4. 要早报警，减少损失。

7. 谨慎跳楼，减轻伤亡

冒险跳楼只能是死路一条。即使跳楼也应把握技巧，如抱一些棉被、沙发垫等松软物品，然后手扒窗台身体下垂，头上脚下自然下落，以此缩短与地面的距离，减轻对身体造成的伤害。

校园意外莫慌张　安全第一要牢记

一、交通意外

据有关统计显示，高等学校学生非正常死亡人数中，交通事故死亡占有一定的比例。大学生交通意外事故包括校内、校外交通意外两类。

1. 校内交通意外

随着高校改革的不断深入，高校与社会的交流越来越频繁，使校园内人流量、车流量急剧增加，加之有的学生安全、文明意识淡薄，如走路时"横行霸道""勾肩搭背"占据道路；注意力不集中，边走路边看书边听音乐，或者左顾右盼、心不在焉；低头族，时刻看手机等，发生交通事故就在所难免。

2. 校外交通意外

一般是大学生在乘坐交通工具或不遵守交通规则行走时发生交通事故，"中国式"过马路现象在大学生中并不少见，显示其遵守交通规则的意识淡薄。此外，大学生离校、返校，外出旅游、社会实践，寻找工作等都要乘坐各种长途或短途的交通工具。全国各地高校大学生因乘坐交通工具发生交通事故的情况时有发生，有时甚至造成群体性伤亡，教训十分惨重。

成长故事

大学生私自包车回家，交通惨剧屡屡上演

每当寒暑假临近，大学生返乡即迎来高潮，包车广告也开始席卷各大高校校园。"拼车回乡""包车回家"等包车广告在校园的各个宣传栏上贴得密密麻麻,这些广告都没有注明车是否有正规运营资质、是否有相关部门允许其包车的许可证明,更没有为乘客购买保险的声明。

车主在利益的驱动下,超载超速、疲劳驾驶等现象屡禁不止,会引发交通惨剧也就不难理解了。

对于各种交通意外,大学生首先要提高交通安全意识,其次要自觉遵守交通法规,对于已经发生的交通事故,要做到及时报案、保护现场、控制肇事者(若实在无法控制也要记住肇事车辆的车辆牌号等特征)以有效维护自身权益。

二、溺水意外

盛夏天气,很多大学生喜欢在江、河、水塘内游泳。然而,不做好准备、缺少安全防范意识,遇到意外时慌张、不能沉着自救,极易发生溺水伤亡事故。淹溺的进程很快,一般4~5分钟或6~7分钟就会因呼吸心跳停止而死亡。因此,提高防护意识,不擅自下河塘游泳显得尤为重要。如因不听劝阻而游泳发生意外时,掌握一点溺水自救、互救常识也是很有必要的。

自救的具体方法是采取仰面位,头顶向后,口向上方,努力使口鼻露出水面,进行呼吸。呼气浅而吸气深,因为深吸气时,人体比重比水略轻,可浮出水面等待救援。也可憋住气尽量不吸气,以免呛水。不可将手上举或挣扎,因举手反使人下沉。若因腓肠肌痉挛而致淹溺,应立即呼救,自己将脚趾屈伸,并采用仰面位,浮出水面。

互救中不会游泳者切忌用手直接拉溺水者,而应在现场找一根竹竿或绳索,让他拽住再拖上岸,否则溺水者会把救护人员拖入水中。救出水后立即清除口鼻内的污泥、呕吐物,保持呼吸道通畅。牙关紧闭者按揉两侧面颊用力启开。呼吸微弱或已停止时,立即口对口人工呼吸和胸外心脏按压。进行口对口人工呼吸的时间要长,不要轻易放弃,并可给予吸氧和保暖。不要坐等医生到来或不经处理直接送往医院,丧失最初宝贵的抢救时机。

成长故事

大学生溺水身亡事故频频发生

2005年夏,某校工程勘测专业在外实习三位男同学难耐高温,偷偷跑到距实习地2公里以外的水库去游泳。在游泳中,一位同学突然两腿抽筋、大声呼救。另两名同学因水性不太好又不懂救生的方法,虽拼尽全力仍无法将其救上岸来,遂只能眼睁睁地看着自己的同学渐渐被水吞没。

2012年5月,安徽某高校多名学生在长江某水域玩耍,其中7人下水发生溺水事故,经全力救援,2人获救,其余5人不幸溺亡。

2013年6月,内蒙古某学院的12名学生到户外野餐,在河道边戏水时,一名学生不慎落水,其余11名学生组织援救。在援救过程中,又有5名学生相继落水。当地公安、消防、120急救人员在接警后及时赶赴现场施救,其中2名学生获救,其余4名学生不幸溺亡。

三、食物中毒

食物中毒既有个人中毒，也有群体中毒。其症状以恶心、呕吐、腹痛、腹泻为主，往往伴有发烧。吐泻严重的还会发生脱水、酸中毒，甚至休克、昏迷等症状。一旦有人出现上吐、下泻、腹痛等食物中毒症状，首先应立即停止食用可疑食物，同时，立即拨打120急救电话。在急救车来到之前，可以采取自救措施，包括催吐、导泻等，同时保留食物样本，以方便医生确诊和救治。

大学生要有效防止食物中毒，一是注重个人卫生，做好餐具卫生的清洗工作；二是做好饮食卫生，对于购买的饮料、食品，一定要购买有注册商标、厂家、产地、近期出厂的食品；三是不要到没有经营许可证的个体摊点吃饭和购买食品。

四、饮酒意外

长期、过量饮酒或一次无节制地大量饮酒，医学上称之为酗酒。在风华正茂的年纪，大学生喝酒猝死的悲剧也时有发生。因此，大学生酗酒会导致许多危害：

1. 摧残身体缩短寿命

长期酗酒极易导致肝硬化、脂肪肝、慢性胃炎、胃溃疡、十二指肠溃疡、急慢性胰腺炎、食道静脉曲张、食道出血等病症。其次，酒精对人体具有强烈的麻醉作用。据测试，饮下白酒约5分钟后，酒精就会进入血液，并随血液在全身流动，人的组织器官和各个系统都会受到酒精的毒害。最后，长期酗酒会缩短寿命。酗酒者比不喝酒的人寿命平均短20年。

2. 影响心理健康

酗酒者在情绪上易产生焦虑、抑郁情绪，特别是形成酒精依赖后，在身体状况不佳、经济水平下降时尤为突出，严重者还可能会出现自杀倾向。长期酗酒的男性，会伴随出现一系列功能障碍：嫉妒妄想症、幻觉、遗忘综合征、人格扭曲等。

3. 影响学生学业

大学生过量饮酒会使思维迟缓，记忆力和学习效率下降。最终可能导致成绩不合格，甚至不能顺利毕业，影响择业。严重者甚至会偏离正确的人生轨道。

4. 影响社会治安

酗酒是一种病态或异常行为，是严重的社会问题。醉酒后，由于身不由己，行不知所往，处不知所持，食不知所味，一种原始的冲动使人变得野蛮、愚昧、粗暴。醉酒的人容易失去理智，从而做出违法犯罪的行为，如酒后驾车、酒后谩骂或殴打他人。严重影响其他同学的学习与生活，是社会公德严重缺失的表现之一。我国相关法律规定，醉酒违法犯罪要承担相应的法律责任。

五、旅行意外

近几年，旅游业日益升温，也日渐受到大众的欢迎。寒暑假促成了大学生的旅游热，旅行安全教育刻不容缓。

（一）大学生旅行安全事故的常见类型

1. 乘坐交通工具、住宿引发安全事故

旅游时要选择安全、舒适、卫生的旅店住宿休息。有些"黑店"无营业执照，无消防安全措施，卫生条件不合格，致使游客遭遇敲诈、财物被盗、身染疾病、甚至深陷火海无法逃生等。

2. 登山引发安全事故

登峰凌顶，尽情享受大自然美景，这是许多人的追求。但是，翻山越岭也是一项比较危险的活动，稍有不慎就会发生意外。2015年7月，华南理工大学广州学院2012级女生毕某在无任何登山经验的情况下，独自登上深圳梧桐山后失踪。

3. 近郊骑行游玩安全事故

现在的大学生流行骑行山地与公路自行车锻炼身体。三五好友近郊游玩，可以陶冶情操，增进感情，但在公路骑行路中，车流量大、噪音大，稍有走神就会发生意外。

4. 野外露营安全事故

野外宿营是流行于大学生中的一项有益身心的活动，也是发生意外频率较高的一项活动，在与"驴友"探险野营时容易发生山地安全事故，如迷路、被蛇虫咬伤、食物中毒、坠崖以及由于滑坡、泥石流等自然灾害引发的安全事故等。

5. 极限运动运动事故

极限运动近几年在国内渐渐兴起，受到青少年的特别推崇。极限运动挑战人的勇气和信心，能够增强人的意志力。但它是以冒险形式所开展的超越自我、挑战极限的一项运动，同时存在很大的危险性，酷跑、滑板、轮滑等运动对于初学者来说极易造成外伤甚至骨折。更有滑轮、滑板上机动车道者，没有任何安全保护措施，不遵守交通规则，这些都是极易引发人身安全事故的危险行为。

（二）旅行等安全事故防范

1. 加大旅行安全宣传

在大学生安全教育过程中，通过学校校报、网络、宣传栏等渠道宣讲大学生旅游注意事项，比如，如何选择旅游时间、地点，过往发生的大学生旅游受骗、受伤事件等，从而降低大学生出游时发生安全问题的概率。

2. 完善家校沟通和应急机制

学生的安全，需要完善的家校共同维护。高校管理者应当及时与大学生及其家长保持良好的沟通，了解大学生的出行情况，给予必要的指导和帮助。一旦遇到突发事件，立即启动应急机制。制定详尽的可行性方案和规则，要有具体操作步骤，及时帮助大学生解决问题。

3. 加强校园安全文化建设

旅行安全事故的发生原因是复杂的、多方面的，虽然有时难以预料，但是如果提高防范意识，不做有悖安全的事情，许多事故是可以避免的。因此，高校应采取积极有效的措施，切实加强校园安全文化建设，为大学生安全教育工作创造良好的环境。

【寄语广场】

"智者是用经验防止事故，愚者是用事故总结经验"，这是我们耳熟能详的安全格言，因为事后补救不如事前防范，我们应该从他人的教训中吸取经验。有了防范，不幸的事故才会远离。在日常生活中，应时时学习，刻刻注意。因为安全是生命永恒的旗帜，莫道生命值千金，忽视安全便是零。让我们学会用事故的教训来洗涤灵魂，学会用安全的理念来呵护脆弱的生命,让我们的一生与平安健康同行。让我们重温记住这条真理:幸福生活来自安全。

【分享园地】

根据所学的安全知识,结合生活实际,自查日常生活中有哪些不良习惯和行为容易造成生命安全隐患,并通过学习空间分享自己的心得体会。

【邀约成长】

沧海一粟——树与人

【目的】

1. 协助学生感悟生命存在的意义。

2. 协助学生检视自己的生命历程。

3. 协助学生领悟生命的可贵。

【时间】约30分钟

【操作】

1. 热身活动

自然界中都有哪些种类的树?你喜欢哪种树?

2. 分组

按树的种类分组(杨树组、松树组、白桦树组、柳树组、苹果树组等)。

3. 开展活动

(1)参天大树。每个同学画出自己喜欢的大树,想象它有多少岁,经历了多少风风雨雨,饱受了多少世间沧桑,它都有哪些价值?自己和它相比,是怎样的感觉?

(2)树与人的对话。每个同学与自己画的树进行一次心灵的对话,并将对话写在树的下方。

【分享】

1. 小组分享与讨论:每个成员在小组内交流自己与树的对话,并评出最佳作品。

2. 全班分享与讨论:每个小组的作品最佳者在全班交流。

3. 活动总结:教师结合大家的"作品"作总结发言。

第六章

防盗防骗保平安

【学习地图】

近年来，校园财产安全事故频发。2012年针对大学生财产安全开展的问卷调查显示，在大学期间，发生过财产被盗案件的大学生比例为35.3%，被偷盗财产涉及现金、银行卡、一卡通、衣物、笔记本、手机、背包、自行车、书本等，这些都是与大学生日常生活密切相关的物品，给学生带来了很大的财产损失。此外，随着信息技术的飞速发展，在"互联网＋"时代下，又涌现出一些损害学生财产的新现象。本章将带领大家走进校园财产安全，了解校园盗窃和诈骗应对策略，切实保护自身财产安全。

【案例分享】

寝室门窗夜未关，小偷趁机施贼手

某学院一楼寝室，学生晚上图凉快未关窗户，第二天醒来寝室一个女生价值2500多元的手机被偷，另一名女生钱包被偷，内有300多元现金和一些银行卡，身份证也在其中。一楼另外一间寝室，晚上一室友出去上卫生间，回来后就没有插门，早上8点起床时发现有4个同学的手机被盗，价值一万多元。

徐玉玉被电信诈骗案

2016年8月19日，山东省临沂市罗庄区高考录取新生徐玉玉被犯罪嫌疑人以发放助学金的名义实施电信诈骗，被骗走9900元。徐玉玉在报案回家途中心脏骤停死亡。事后公安机关出具的死亡原因分析报告认为，徐玉玉应系在被诈骗后出现忧伤、焦虑、情绪压抑等不良精神和心理因素的情况下发生心源性休克而死亡。后经公安机关调查，这是一个7人电信诈骗团伙，他们在江西九江租了一个场所，冒充教育局及财政局，编造发放助学贷款的谎言进行诈骗。除了徐玉玉外，该诈骗团伙还诈骗了多名受害人，金额总计超过人民币56万元。

以上两个案例给了你怎样的警示？在校大学生应如何做好自我防护，确保财产安全呢？

走近校园财产安全

　　财产安全指拥有的金钱、物资、房屋、土地等物质财富受到法律保护的权利的总称。大学生的财产安全，主要是指大学生在学校期间所带的现金、存折、购物卡、学习及生活用品等不受侵犯。大学生财产一旦受到侵害，不但会给家庭带来一定负担，而且会给大学生的学习、生活、心理造成一定影响。大学生为保障自己专心致志地学习，愉愉快快地生活，就有必要学会并掌握保障自己财产的安全常识。

　　由于大学生涉世不深，不善于保管自己的财物，又是集体生活的特殊群体，大学生的财产就成了不法分子侵害的重点目标。目前，在高校校园发生的各类案件中，侵害大学生财产类的案件比率占到首位，因此，提高大学生的财产安全防范意识，提升大学生防范盗窃和诈骗的能力尤为重要。

一、财产损失的类型

　　根据造成财产损失的原因，主要分为盗窃、抢劫、抢夺、诈骗、传销、非法网贷、泄密等类型。我国民法依据财产权产生的根据，将财产权分解为物权、债权、知识产权和继承权。学生个人财产的保护途径主要有：一是他力保护，二是自力保护。

　　他力保护就是利用法律、法规和规章，依靠国家行政、司法机关、高校保卫职能部门和其他行政组织进行的保护。

　　自力保护或称自我保护，是凭借自己对财产安全的防范意识和基本常识，依靠自己的力量，对财产的不法侵害进行的事前预防和适时防卫以及事后保护。事前预防主要体现为防盗、防抢劫、防诈骗、防意外事故等；适时防卫主要体现为阻止侵害、正当防卫、紧急避险等；事后保护主要体现为惩治侵害挽回损失。

二、大学生财产安全现状解析

　　1. 个人财产安全意识淡薄

　　正处于社会转型期的当代大学生，自身的安全意识淡薄，其中也包括个人财产安全意识。主要表现在：大学生的主要生活圈为学校和家庭，真正处身于社会环境中的机会很少，对社会的认知也较少，对社会现象多停留在感性认识上，没有实际经历，也没有防盗窃、防抢劫、防诈骗等观念，缺乏实用性强的个人财产安全防范意识；多数大学生对法律知识知之甚少，在个人利益受到侵害时不知如何运用法律知识，不知如何寻求法律保护和社会保护，甚至对法律缺乏信心；绝大多数大学生从未参加过勤工助学、社会兼职等工作，所有钱物均来自家庭的无偿供给，其自身不知道挣钱的辛苦和生活的不易，甚至有人认同"旧的不去，新的不来"的错误观念，对个人财产缺乏必要的自觉保护意识。

　　2. 家庭财产安全教育缺失

　　在独生子女的社会背景下，家长对"子成龙，女成凤"更加渴望。与此同时，多数父母对子女的成长教育存在较大的短视性和局限性，片面追求孩子的学习成绩，而忽略了对其社会认知和适应的教育，忽视甚至无视包括财产安全在内的子女安全教育。另一方面，为了给子女创造更好的学习环境和更多的学习时间，常常限制其生活空间，人为封堵他们外出接触社会、认知社会、适应社会的机会，使年轻人在真正步入社会前丧失了自我养成财务安全保护意识的机会。

3. 学校对财产安全教育不重视

目前，多数高校针对大学生的安全教育主要集中在人身安全和心理健康教育等方面，普遍欠缺财产安全教育。高校普遍重视"三防"（防火、防盗、防骗）硬件设施建设，但对财产安全的防范教育力度有限。更有甚者，此项教育内容为空白。在防范措施上，也有部分高校对防范规章的施行缺乏长期性、持续性，只在新生入学教育时一笔带过，使防范教育流于形式。

4. 社会环境并非完好

诚然，随着社会的发展进步，社会治安状况令人满意，各类偷盗案件大大减少，人民财产得到了更为有效的保护。但同时，我们必须承认，社会上还有那么一小部分人或多或少地在干着偷盗的事情，甚至有些是职业偷盗分子。正如作者的调查问卷中所显示的，在各类车站、公交站台、人流密集的商业区等，偷盗现象表现得更为突出。

谨防校园盗窃

盗窃案件是指以大学生的财物为侵害目标，采取秘密的手段进行窃取并实施占有行为的案件。盗窃犯罪是高校中常见的一种犯罪行为，其危害不言而喻。学生必须提高安全防范意识，加强对自身财物的保管，不给犯罪分子可乘之机，从而减少盗窃发案，避免财产损失。

一、高校盗窃案件的主要形式

1. 内盗

内盗是指盗窃作案分子为学生内部人员及学校内部管理服务人员实施的盗窃行为。根据有关资料统计，在高校发生的盗窃案件中，内盗案件占一半以上。作案分子往往利用自己熟悉盗窃目标的有关情况，寻找作案最佳时机，因而易于得手。这类案件具有隐蔽性和伪装性。

2. 外盗

外盗是指盗窃作案分子为校外社会人员在学校实施的盗窃行为。他们利用学校管理上的漏洞，冒充学校人员或以找人为名进入校园内，盗取学校资产或师生财物。这类人员作案时往往携带作案工具，如螺丝刀、钳子、塑料插片等，作案时不留情面。

3. 内外勾结盗窃

内外勾结盗窃是指学校内部人员与校外社会人员相互勾结，在学校内实施的盗窃行为。这类案件的内部主体社会交往关系比较复杂，与外部人员都有一定的利害关系，往往结成团伙，形成盗、运、销一条龙。

二、高校盗窃案件的主要特征

（一）时间上的选择性

作案人为了减少违法犯罪风险，在作案时间上往往进行了充分的考虑，因而其作案时间大多是在作案地点无人的空隙实施盗窃。

安全篇

他山之石

了解高校盗窃时间节点

1. 上课时间。学生以学习为主，每天都有紧凑的课程安排，没有课的学生大部分也会去图书馆学习或进行课余活动。因此，在上课期间，特别是上午一、二节课时，学生宿舍里一般无人，这一期间是外盗作案的高峰期。

2. 夜间熟睡后。经过一天的学习、活动，大家都比较疲惫。盗窃分子趁夜深人静，室内人员熟睡之际行窃，特别是学生睡觉时不关寝室门窗，这更是给小偷创造了有利条件。

3. 新生入校时。新生刚入校时，由于彼此之间还不太熟悉，加之防范意识较差，偶尔有陌生人到寝室来也会以为是其他同学的老乡或熟人，便不加盘问，这给了作案分子以可乘之机。

4. 其他大型活动期间，如军训等，学生宿舍活动人员少，易被盗。另外校园发生和处置突发事件时，往往人们的注意力会集中到某一点上而无暇顾及其他，盗窃分子往往是乘虚而入，浑水摸"鱼"。

(二)目标上的准确性

高校盗窃案件特别是内盗案件中，作案人的盗窃目标比较准确。由于大家每天都生活、学习在同一个空间，加上同学间不存在戒备心理，东西随便放置，贵重物品放在柜子里也不上锁，使得作案分子盗窃时极易得手。

(三)技术上的智能性

在高校盗窃案件中，作案主体具有特殊性，高智商的人为多，有的本身就是大学生。在实施盗窃的过程中对技术运用的程度较高，自制作案工具效果独特先进，其盗窃技能明显高于一般盗窃作案人员。

(四)作案上的连续性

"首战告捷"以后，作案分子往往产生侥幸心理，加之报案的滞后性和破案的延迟性，作案分子极易屡屡作案而形成一定的连续性。

(五)手段上的多样性

盗窃分子往往会针对不同环境和地点，选择对自己较为有利的作案手段，以获得更大的利益。

他山之石

了解高校盗窃形式

1. 顺手牵羊——作案分子趁人不备将放在桌椅上、床铺上等处的钱物顺手拈来而占为己有。

2. 乘虚而入——作案分子趁主人不在、房门抽屉未锁之机行窃。较之"顺手牵羊"，其手段更为毒辣，行窃胃口更大，往往造成的损失更惨重。

3. 窗外钓鱼——作案分子用竹竿、铁丝等工具，在窗外或阳台处将室内衣物、皮包钩出，有的甚至利用钩到的钥匙开门入室进行盗窃。

4. 翻窗入室——作案分子利用房屋水管等设施条件翻越窗户入室行窃。作案人窃得钱物后往往是堂而皇之地从大门离去。

5. 撬门扭锁——作案分子利用专用工具将门上的锁具撬开或强行扭开入室行窃，入室后作案人又用同样的方法撬开抽屉、箱柜等。这是外盗分子惯用的主要手段，他们下手毒辣，毫不留情，只要是值钱的东西都不放过。

6. 盗取密码——作案人有意获取他人存折与信用卡密码并伺机到银行盗取现金。这类手法常见于内盗案件，以关系相好的同室或"朋友"作案较多。

三、高校盗窃案件的防范措施

1. 居安思危，提高自我防范意识

一般防盗的基本方法是人防、物防和技防，其中"人防"是预防和制止盗窃犯罪唯一可靠有效的方法。对大学生而言，提高防范意识，做好防盗工作，这不仅是个人的事，而且也是全校师生共同关心的大事。只有人人参与其中，群防群治，才能真正地有效控制和防范盗窃案的发生。事实上发生在大学生周围的盗窃案件大部分是由于大学生自身的防范意识淡薄而引起的，不注意对自身财物的保管，给了盗窃作案分子以可乘之机。

在日常生活中，大学生应从以下几个环节中加强安全意识的培养，提高防盗能力。一是对于大额现金不要随意放在身边，应就近存入银行，同时办理加密业务，将存折和印鉴、密码、身份证分开存放，最好不要将自己的生日、手机或家庭电话号码、学号作为自己的存折或信用卡的密码，防止被他人发现后盗取。二是对贵重物品如手机、相机等，不用时最好锁起来，以防被顺手牵羊者盗走。三是不要怕麻烦，随手关窗锁门。四是相互关照，勤查勤问，对陌生人要多留一个心眼。五是积极参与安全值班，共同维护集体利益。

2. 遵守纪律，落实学校安全规定

为营造一个安全的学习环境，学校有关部门都制定了相关的管理制度来规范大家的日常行为，但有些同学常常为了自己个人的一时之便，置学校的纪律于不顾，违反规定，结果给自己和大家带来了财物损失。

一是不随意留宿他人。大学生因在宿舍违规留宿造成被盗的例子很多，应该从中吸取教训。日常生活中，同学、老乡、朋友来访本是很正常的事，但有些同学对来访的人并不十分了解，又碍于情面，宁可违反学校的有关规定，也不做对不起朋友、老乡的事，江湖义气实不可取。来客一时无法离校，学校和周边都有招待所可以接待，万一客人要在宿舍留宿，也应向有关部门报告，并办理相关登记手续，这应该是大学生很正常很礼貌的行为。二是爱护公共财物，保护门窗和室内设施完好无损。有些同学在平时忘带门钥匙后为图省事，毁锁开门，还有部分学生将衣柜、书桌破坏。这些公物损坏后又不报修，使寝室的门、柜形同虚设，起不到任何保护财物的作用。

3. 提高修养，养成良好生活习惯

根据有关调查研究表明，盗窃作案分子盗窃欲望的产生在许多情况下一般是受到盗窃目标的诱惑与刺激，加上我们日常生活中的不良习惯给盗窃作案分子提供了机会。如大额现金有意无意地在人前显现，价值贵重的物品任意摆放在室内等，这都是盗窃案件易于发生的原因。

此外，加强自身财物保管是减少被盗的有效途径。一是注意团结，友好与人相处，形成互相帮助的风气。二是谨慎交友，克服讲哥们义气的习气，少交酒肉朋友，防止引狼入室，甚至同流合污，成为盗贼的帮凶。大学生在交友过程中要特别慎重，擦亮眼睛，以免留下终生悔恨。

四、校园盗窃案件的应对方法

1. 保护现场，及时报案

一旦发生被盗案件以后，不要惊慌失措，应迅速组织在场人员保护好现场，并及时向学校保卫部门报告，保留现场，便于调查取证。

2. 发现可疑，及时控制

如果自己发现可疑人员，一定要沉着冷静，主动上前询问，一旦发现其回答有疑问，要设法将其稳住，必要时可以组织学生围堵，并及时向有关部门报告，防范盗贼狗急跳墙，伤及学生。在当场无法抓获盗贼的情况下，应记住盗贼的特征，包括年龄、性别、身高、胖瘦、相貌、衣着、口音、动作习惯、佩带首饰等，以便向公安保卫部门提供破案线索。

3. 及时报失，配合调查

知情人员应当积极配合公安保卫部门的调查取证工作，有的人对身边发案采取事不关己，高高挂起，不愿多讲的态度；有的人在调查人员询问时不敢提供有关情况，怕别人打击报复，怕影响同学的关系等，这些都是错误的，会给侦查破案工作带来许多困难，往往也会贻误破案的最好时机，使犯罪分子逍遥法外继续害人。

他山之石

揭秘盗窃分子的五大脱身伎俩

一是骗，推说是找人，如同学信以为真，不认真盘问，就会被其蒙混过关。这类情况多发生在新生报到或学生开学及放假时期。

二是逃，趁只有一两个人发现，还未曾对其形成合围之势，立即逃之夭夭。这类情况多发生在学校举办大型活动或上课期间。

三是混，有些作案分子因深入宿舍偷盗，一时逃不出来，往往是先逃出发现者的视线，躲藏在厕所、阳台、楼梯拐角等处，然后从容离去。这类情况多发生在学生下课或大量学生返回期间。

四是求，装出一副可怜模样，哀求私了放过他(她)。

五是凶，铤而走险，掏出凶器相威胁。这类情况虽不经常发生，但在捉拿盗贼时，同学们对这一招应有必要的思想准备，防止发生意外。

拒绝校园诈骗

高校诈骗案件是指以大学生为作案目标、以非法占有为目的、用虚构事实或隐瞒真相的方法骗取数额较大财物案件的行为。这类诈骗案件隐蔽性强，大学生往往容易上当。诈骗案件的发生，侵害了大学生的合法权益，学生心身均受到沉重打击，轻者令学生烦恼或陷入经济困境，影响其正常的学习和生活，无法顺利完成学业；重者则会使有些受害学生自杀轻生或导致连环的治安及刑事案件发生，危害性极大。

一、高校诈骗作案的主要特征

（一）手段上的智能性

诈骗分子在高校作案行骗时，一般都是利用丰富的知识、技能经验，经过精心的策划，设置诱饵，使受骗者落入圈套。常常使用科技性高，迷惑性强的手法提高诱骗效果。

1. 科技性高

最具有代表性的是利用互联网进行诈骗，一些远程匿名公司及个人通过互联网购物交易渠道向学生提供计算机设备、信用卡账号等信息，让学生直接汇款或复制信用卡账号进行款项划拨，达到骗取钱财的目的。

他山之石

公共场所注意安全

1. 公共 Wi-Fi 慎蹭

公共场所尽量不使用无须密码的免费 Wi-Fi；使用无线 wifi 登录网银或者支付宝时，最好通过专门的 App 客户端访问；为了保护自己的个人信息，最好把 wifi 链接设置为手动。

2. 不要乱扫二维码

不要轻信来历不明的二维码信息，防止中毒而导致账户资金受损。一旦二维码中植入了木马病毒，即可窃取网银密码，并把钱转走。

3. 慎用公共手机充电桩

某些公共充电桩安装了恶意程序，消费者手机中的支付账号、密码、照片等隐私信息可能会被不法分子恶意窃取。

2. 迷惑性强

诈骗分子在高校行骗，大都能摸准学生的个人心理，他们有着多次作案的经验，且能分清情势，随机应变，达到以假乱真的程度。

（二）方式上的多样性

高校诈骗案件的方式是多种多样的。作案人会根据不同的情况使用不同的方式进行诈骗。

1. 假冒身份，流窜作案

诈骗作案分子行骗时都会伪装自己的身份，常常假冒老乡、同学、亲戚等关系或其他身份，或利用假身份证、假名片等，骗取学生信任而作案。骗子为了既能骗得财物又不暴露马脚，通常采用游击方式作案，得手后立即逃离。还有的以骗到的财物、名片、信誉等为资本，寻机作案，再去诈骗他人，重复作案。

2. 投其所好，引诱上钩

诈骗作案分子行骗时往往先是套话，利用学生急于就业或出国等心理，应其所急，施展诡计而骗取财物。

3. 真实身份，虚假合同

诈骗作案分子利用高校学生经验少，急于赚钱补贴生活的心理，常以公司、真实的身份让学生为其推销产品，事后却不兑现酬金而使学生上当受骗。这类案件近年来在高校有所增加，由于没有完备的合同手续，处理起来比较困难，往往得不偿失。

4. 借贷为名，骗钱为实

诈骗作案分子利用人们贪图便宜的心理，以高利集资为诱饵，使部分教师和学生上当。个别学生常以"急于用钱"为借口向其他同学借钱，然后挥霍一空，要债的追紧了就再向其他人借，最后拖到毕业一走了之。

5. 以次充好，连骗带盗

诈骗作案分子利用学生"识货"经验少又图便宜的特点，上门推销各种产品行骗，一旦发现室内无人，就顺手牵羊，溜之大吉。

6. 招聘为名，设置骗局

诈骗作案分子利用学生勤工助学的需求设置骗局，骗取介绍费、押金、报名费等，或是利用大众传播工具等到处做虚假广告，骗取培训费、学杂费等，然后又以各种理由拒绝退款。

7. 骗取信任，寻机作案

诈骗作案分子利用一切机会与大学生拉关系、套近乎，或表现出相见恨晚而故作热情，或表现出大方慷慨而朋友相称，骗取信任，了解情况，寻机作案。

成长故事

中奖陷阱

2008 年 3 月 28 日，某外国语学院学生接到手机短信，对方在短信中称，该学生中奖了，金额为 10.8 万元，让其尽快与"王小姐"联系。随后该学生即致电"王小姐"查询，对方称要得到奖金必须先交 1980 元的公证费，该学生于 3 月 29 日中午把钱寄去。

不久"王小姐"又联系该学生说要手续费 5400 元，该学生都按对方要求去办了，然而对方却一直没有给该学生汇来 10.8 万元奖金，不久又要求该学生交纳个人所得税 10800 元。该学生误听为 1080 元，于是又向同学借了钱寄过去。

其间对方有一名姓张的"主任"一直与该学生保持联系，该学生告诉"张主任"，如果要交 10800 元所得税的话，自己实在没有那么多钱。不料，"张主任"声称他可以帮忙筹 7000 元，让该学生自己筹 2000 元即可。该学生被"张主任"的"热心肠"所打动，又一次寄出了 2000 元，但是那笔奖金却仍然没有下落。至此，该学生才起了疑心，打电话给"张主任"说她不要这笔奖金了，要求对方把前后四次收到的"公证费""个人所得税"等合计 10460 元退回，"张主任"在电话里承诺说"可以"，但一直没有回音。4 月 8 日，自知受骗的该学生向学校保卫处报了案。

(三) 目标上的选择性

诈骗分子在高校中行骗，一般与受骗人都有过较长时间的正面接触，既可能有面对面的交谈，也可能有信函来往，还有可能是通过网络认识的。只有与作案人有过比较多的接触才会将其作为诈骗目标，伺机作案。作案人常选择求人帮忙，轻率行事的；疏于防范，感情用事的；贪图便宜，财迷心窍的；思想单纯，防范较差的；贪图虚荣，遇事不够理智的；贪小便宜，急功近利的学生来作案。

二、高校诈骗案件的防范措施

1.加强法律学习，提高防骗意识

高校大学生在日常生活中要多学习法律法规，掌握一些预防受骗的基本知识及技能，善于辨别真假，对自己洁身自好，严格要求。不贪私利，不图虚荣，增强抵御诱惑的能力。具体来说就是要做到不贪私利，不图虚荣；知己知彼，心明眼亮。

2.克服主观感觉，提升辨别能力

作为高校大学生，在各种交往活动中必须牢牢把握交往的原则和尺度，克服一些主观上的心理感觉，避免以貌取人。不能单凭对方的言谈举止、仪表风度、衣着打扮等第一印象即"首因效应"妄下判断，轻信他人；不能只认头衔，只认身份，只认名气，而不认品德，不认才学，不辨真假，应更多地实质考察和分析，不被表面现象所蒙蔽。

3.保护个人隐私，谨防信息泄密

大学生在个人信息保护方面，要规范自己的网络行为，不要轻易透露自己的个人信息，如身份证和学生证不随意外借、手机号码不随意留、二维码不随意扫、上网不随意浏览垃圾网站等，避免自己隐私泄露。

他山之石

最好关掉手机的四种功能

★"附近的人"

微信上的"附近的人"功能，可定位你的位置。依次点击"设置—通用—功能—附近的人"选择"清空并停用"。

★"常去地点"

苹果手机系统中有"常去地点"功能，会显示你常去的位置。点击"设置—隐私—定位服务—系统服务—常去地点"，关闭即可。

★"允许搜索"

在微信"隐私"中，关闭"通过QQ搜索到我"和"可以通过手机通讯录搜索到我"。

★"允许查看"

在微信"隐私"选项关闭"允许陌生人查看十张照片"。

三、大学生受骗后的处置方法

1.平静心态，及时报案

受害人无论是否因为自己的过错(如贪财、无知、轻信、粗心大意)而受骗，都要保持积极的心态，从受骗的噩梦中回到现实，吸取教训，及时向有关部门报告，切勿"哑巴吃黄连，有苦肚里咽"。

他山之石

遇事冷静，好运自来

古代，有一个富商，为躲避动荡，把所有的家财置换成金银票，特制了一把油纸伞，将金银票小心地藏进了伞柄之内，然后把自己装扮成普通百姓，带上雨伞准备归隐乡野老家。不料途中出了意外，只因他劳累之余在凉亭打了一个盹，醒来之后雨伞竟然不见了！

富商毕竟经商数年，面对突如其来的变故，他很快冷静下来，仔细观察后他发现随身携带的包裹完好无损，断定拿雨伞之人应该不是职业盗贼，十有八九是过路人顺手牵羊拿走了雨伞，此人应该就居住在附近。

富商决定就在此地住下来，他购置了修伞工具，干起了修伞的营生，静静等待。春去秋来，一晃两年过去了，他也没有等来雨伞。

富商沉下心来，仔细思量，他发现有些人当雨伞坏得不值得一修的时候，会选择重新购买新的雨伞。于是富商打出"旧伞换新伞"的招牌，而且换伞不加钱。一时间前来换伞的人络绎不绝。

不久，有一个中年人夹着一把破旧的油纸伞匆匆赶来，富商接过一看，正是自己魂牵梦绕的那把雨伞，伞柄处完好无损，富商不动声色地给那人换了一把新伞，拿回了自己的财宝。

在突如其来的事件面前，富商能够沉着应对，从而化险为夷。对人生而言，学会冷静，是一笔宝贵的财富。

2.提供线索，配合调查

已经被骗并向有关部门报告的，要注意对作案人员遗留下来的文字资料、身份证件、电话号码等证据予以保留，并积极向学校保卫处和公安机关提供诈骗嫌疑人的体貌特征、与其交往的经过等线索，配合调查，追缴被骗的财物。

【寄语广场】

不为骗子的花言巧语所蒙蔽，不被自己的投机心理所利用，多从自己的行为习惯细节去反思，多与自己贪图享受的心理做斗争，从生活的小处着眼，从生活的细节着手，牢固树立财产安全意识，远离被盗窃的危险，远离被诈骗的尴尬，远离陷入传销的困境，远离深陷网贷的魔窟。

【分享园地】

根据所学的财产安全知识，结合自己的学习工作生活实际，自查日常生活中有哪些行为或者不良习惯会造成财产安全隐患，并通过学习空间分享自己的心得体会。

【邀约成长】

生命之重

【目的】

引导学生思考对于自己生命中最重要的东西，学会珍惜此时此刻拥有的资源。

【时间】

约 30 分钟。

【操作】

给每位学生发一张纸，每人用笔在纸上写出对自己最重要的 20 个事物，比如生命、健康、财富、朋友等。然后将 20 个事物依次舍弃 10 个，再舍弃 5 个，再舍弃 3 个，再舍弃一个，在此过程中回答自己的选择及理由。

【分享】

1. 舍弃不同的事物时你有怎样的感受？

2. 当你看到其他同学的选择时又有怎样的启发？

第七章

防微杜渐拒传销

【学习地图】

近年来，非法传销组织在高校的活动非常猖獗。由于大学生具有一定的知识和能力，其加入传销能够在其中起到更好的组织、宣传和煽动作用，于是传销组织的吸收对象也主要锁定在涉世未深的大学生群体中，这既严重扰乱了社会的正常经济秩序和校园的安全稳定，也给大学生及其家庭造成了巨大的伤害。本章节主要介绍传销的本质、危害以及应对措施，帮助大学生抵制非法传销诱惑，避免误入传销陷阱。

【案例分享】

怀揣梦想求职　误入传销陷阱

小何是一位来自贵州农村的大学生，其 2006 年 5 月份被一个朋友以进公司打工的方式骗到北海。当时他的朋友说，进公司上班需交 6000 元押金，他就怀着美好的梦想，带着 6000 元来到了北海。谁知来到北海后，根本不是进公司上班，而是连哄带骗地叫他做兴田加盟连锁。在发现是传销后他曾拒绝加入，但传销者采取威胁、跟踪等手段：你不交钱，就一直跟着你，上厕所跟着，上街也跟着，而且威胁不交钱的话可能出不了这个房子，或者出不了北海。小何在被迫交了 6000 元后才伺机逃了出来。

"当有一天您突然接到一个电话，或者一封信说，发财的机会喜从天降，这个时候您可要小心，这一定就是一个陷阱。"事后，他心有余悸地说。

从美梦开始　以噩梦结束

2004 年，重庆警方连续在渝北、合川等地破获了"欧丽曼"传销地下组织，来自河南、湖北、山西、四川、河北等 10 多个省的 2000 多名大学生放弃学业，沉迷于"欧丽曼"传销中。这些大学生为何会身陷传销，并在被警方解救时还执迷不悟呢？被重庆警方押解回渝的唐某，在看守所中讲述了自己由一名优秀大学生到传销受害者，并最终蜕变为传销骨干的经历——

我能上大学太不容易了！连续考了三年才考上大学。因为家里特别穷，父母所有的希望都寄托在我身上。当拿着父亲东借西凑的 5000 元到学校报到时，我就发誓：要做出一番事业，让家里人过上好日子。

大三下学期，一个高中同学请我到广西玉林帮忙布置展销会。我被带到了"欧丽曼"传销的基层组织。公司的"培训"大讲当前的经济形势、年轻人的抱负和理想。大家还叫我上台演讲，谈自己的人生和理想。第一次看到这么多人对我热烈鼓掌，自己有一种很大的满足感，觉得自己的能力得到了别人的尊重。

身处传销组织当中，会让人不知不觉中就相信了那套歪理邪说。接受"培训"期间他们营造出了一种大学生团结互助、艰苦创业的氛围，让我觉得这是进入社会前的实践。经历 7 天的"培训"，我完全认同了"欧丽曼"的理念，充满了"天降大任于斯人"的自信。随后我开始了为美梦奋斗之路，一门心思地发展"下线"，盼望着成为传销"经理"、"总代理"级的有钱人。第一次欺骗的是我的父亲，随后又骗了弟弟。其实，过了亲情关就离成功不远了。其间我心里也曾非常难过、煎熬，但一想起"发财"的梦想，我很快又在同学中发展起了"下线"。

看着一个个大学生被骗进"欧丽曼"，我也曾怀疑过这种行为是否合法，但是走上了这条路，人就像中了邪，什么亲情、友情都不顾了。2003 年底，由于广西打击得厉害，在"上线"的安排下，我来到重庆发展，最终落网。在"欧丽曼"的日子就像一场梦，一场荒唐的梦！真希望国家能禁绝传销，不让它祸害更多的人。

看到以上两则案例，你有什么感受？传销对大学生而言为什么会有巨大的吸引力，你又如何避免陷入传销的泥淖？

【知识之窗】

揭秘传销的神秘面纱

一、什么是传销

传销产生于二战后期的美国，成型于战后的日本，发展于中国。传销不仅极富煽动性和欺骗性，而且具有很多心理学的要素，极易诱人上当。国外传销和直销系同一概念，是指以顾客使用产品产生的口碑作为动力，让顾客帮助经销商来宣传产品后分享一部分利润。传销传入中国后，本质发生了改变，是指组织者或者经营发展人员，通过对被发展人员以其直接或者间接发展的人员数量或者销售业绩为依据计算和给付报酬，或者要求被发展人员以交纳一定费用为条件取得加入资格等方式牟取非法暴利，是一种严重扰乱经济秩序、影响社会稳定的行为。

二、认识传销的欺骗性

传销已经成为我国社会的一种痼疾，屡禁不止，屡打不尽。随着经济的发展，传销呈现出新的态势和特点，并且其手段具有欺骗性、隐蔽性、广泛性、流动性、多样性、反复性、国际化和暴力性，组织形式也越来越多样化。传销的欺骗手段主要有以下几种。

骗术一：传销的利润来源不是靠零售产品而是靠下线入会的费用

传销组织中等级严格，共分为会员、培训员、推广员、代理员和代理商五个等级。根据每个人的业绩，由低到高逐级晋升，发展一名下线就可成为会员，每一级人员都可以获得一定比例的提成。

骗术二：暴力与精神双重控制

传销实际上是有组织的犯罪活动。传销组织采取暴力和精神的双重控制，使参加者很难脱离它。不少人被"洗脑"后，往往深陷其中，不能自拔，对传销和变相传销理念深信不疑。除此之外，传销组织还逼迫参加者发展下线，让其继续诱骗朋友、同学加入。

骗术三：没有商品的"销售"

非法传销活动已发展到无商品销售阶段，俗称"拉人头"销售。这些传销以骗来多少人为依据进行计酬和提成，所谓的商品只是作为一个媒介，并没有到消费者手里。

骗术四：利用互联网进行传销和变相传销

借助互联网推销实物产品，发展下线。如用微信、QQ 等手段，诱惑他人加入传销组织，逼迫其拉自己的亲人、朋友等入组织。

骗术五：以介绍工作为由骗学生加入传销组织

传销组织以招工为由，利用年轻人积极向上、渴望成功的心态，掩盖非法传销的事实，加之传销组织采取限制人身自由等手段，导致一些在校学生在传销中难以自拔。还有一些参加传销的学生是对传销组织者宣称的"一夜暴富"观念产生了兴趣，或被传销头目提出的"平等""关爱"等虚拟东西所迷惑。

他山之石

"秒识"传销

1. 组织严密、行动诡秘：传销一般采取把人员骗到异地参与，组织严密，一般实行上下线人员单独联系，而组织者异地遥控指挥。

2. 杀熟：以"找工作""合伙做生意""外出旅游""网友会面"等为借口，诱骗亲戚、朋友、同乡、同事、同学到异地参与传销。

3. 编造暴富神话：利用一套貌似科学合理的奖金分配制度的歪理邪说理论，鼓吹能迅速暴富，鼓动人员加入。

4. 洗脑：对加入传销组织的人以集中授课、交流谈心等方式不间断地灌输暴富思想，使参与者深信不疑。

5. 高额返利：传销组织一般都制定有貌似公平且吸引力很强的"高额返利计划"，在传销人员的鼓噪下，很容易使人产生投资欲望，轻率地加入传销活动。

6. 商品道具、价格虚高：传销的商品只是道具，目的是发展人员，骗取钱财，因此被传销的商品价格与价值严重背离，很多都是难以衡量价格的化妆品、营养品、保健器材、服装等，部分商品则是"三无"产品。

三、认识传销的危害性

1. 对社会治安的影响

陷入传销者常因被骗而血本无归，生活陷入极端困境，致使盗窃、抢劫、杀人等案件不断发生。

2006 年 1 月，由外地流窜到柳州的传销人员陈旭明、张广顺、高毓中等人，因与其传销经理潘国民等人发生冲突，先后将该传销组织的头目和骨干分子潘国民、陈友成、汪旺宝、王海翔、殷宝岗、梁德华等 6 人杀死，并将财物洗劫一空。7 月 22 日，来宾市又发生了一起一死一伤的类似恶性案件，造成了极其恶劣的社会影响。接连发生传销人员自相残杀的恶性刑事案件，严重危害了当地社会治安的稳定。

2. 对经济发展的影响

传销组织已逐步形成固定的体系、组织和理论，成为一种较为稳定的违法犯罪组织。从近年查获的传销活动来看，传销组织通过上、下线的单线联系和管理，形成了"金字塔"形的严密组织和管理体系，并出现了所谓的"羊皮卷"之类的培训教材，使传销活动逐步演变为一种有组织、有纲领、有体系的不法活动，成为经济领域里的"邪教"组织。这些传销组织，因其传销理念充斥着对金钱、财富的疯狂崇拜，极易被敌对势力拉拢和利用，已成为影响经济发展、政治稳定的重大安全隐患。

3. 对家庭关系的影响

传销在给参与者造成经济损失的同时，也给其家庭造成了巨大的伤害。一些家庭因传销倾家荡产、血本无归、负债累累，甚至家破人亡。由于传销人员发展的对象多为亲属、朋友、同学、同乡、战友，其不择手段的欺诈方法，导致人们之间信任度严重下降，甚至亲朋好友反目成仇、形同路人。

成长故事

传销导致亲情泯灭

2005 年辽宁朝阳，一则消息震惊了一个偏远的小山村：一个叫李明涛的村民将自己的父母用老鼠药毒死后，藏尸家中。而他杀害父母的一切动机仅仅是为了从家中找些钱，继续参加传销活动。

传销，这片表面开满鲜花的泥潭中，在金钱的诱惑、虚幻的美梦面前，被迷惑的人对自己的亲人下了手。人类最朴素的亲情、友情在金钱面前变得如此不堪一击。被鼓吹成暴富的传销神话其背后却处处暗藏杀机。

4. 对个人成长的影响

传销导致受害的学生遭受经济和精神的双重浩劫，一部分学生从此一蹶不振，甚至自暴自弃，丧失理智和道德，个别学生还因为陷入传销而荒废了学业、断送了前程和生命。

成长故事

因传销而凋落的花朵

一个名叫王丽的 23 岁女孩，被同学骗入济南的传销组织。后来父母几经周转好不容易才把她找到，强行把她拉上火车返回老家，不料固执的女儿执意要回去参加传销活动，在半路上她竟然借口上厕所，从疾驰火车的窗户跳出，一条年轻的生命就此终结。王丽的父母本以为能把女儿平安地带回家，没想到带回的竟是女儿冰冷的尸体。

一些大学生被骗入传销组织后，起初他们也有戒心，也知道传销是骗人的非法组织，但上线一遍遍对他们的"上课洗脑"，最终使其精神防线一点一点地崩溃，脑子里除了"传销暴富"外什么也没剩下，想"暴富"的心日渐膨胀，最终疯狂。

保护自我远离传销

近年来，高校大学生屡陷"传销门"引起了广泛关注，其不仅对大学生的身心健康造成了严重伤害，也极大地威胁到了高校的和谐稳定，更有甚者还会引发刑事犯罪，破坏社会的诚信道德体系。传销组织往往利用大学生急于就业、涉世不深的心理，以找工作、创业培训等为幌子，诱骗大学生参与传销。

2004 年重庆警方破获的震惊全国的"欧丽曼"传销案，被骗的大学生来自全国 13 所高校，总人数达 2000 多名。2007 年北京警方破获的"新智培训网"传销案，被骗学生竟有 1259 名，均是北京及外地高校的大学生。2008 年南京警方破获 33 所高校 834 名学生参与的传销大案。同年，广西警方破获的"307"系列传销案，被起诉的 95 名被告人中，包含博士 2 名、硕士 2 名、大学本科文化 26 人。

时至今日，仍有部分高校学生因传销而退学、失踪，甚至有伤亡事件发生，大学生是一个家庭的希望和未来，他们陷入非法传销的失足行为使得整个家庭遭受了巨大的压力和损失，不仅危害其自身，而且危害家庭、学校和社会。

一、大学生陷入传销的原因

大学生陷入传销的原因呈现多样化特征，概括下来主要包括社会原因、自身原因、群体心理特点以及学校管理问题等四个方面。

（一）社会转型时期的影响

当前，我国正处于激烈的社会转型期，经济利益多样化，社会组织形式多样化，社会生活方式多样化，就业岗位和就业形式多样化，导致人们的思想观念和价值取向也呈现多样化的发展态势。人的价值观念、社会结构等都面临着巨大的冲击和挑战，一些潜在问题也日渐突出，例如贫富差距的扩大，就业供求关系不对称等。

高校大学生不可避免地会受到各种外力的影响，他们渴望摆脱现状，渴望成功。而传销所宣扬的"低门槛、零投入、高回报"的"特性"对于涉世未深、社会经验不足的大学生而言具有极强的吸引力。传统与现代、理想与现实的价值观相互交织，对大学生们产生了巨大的影响和冲击，从而造成了价值观以及标准选择上的迷茫、冲突甚至对立。传销所蒙上的面纱对于大学生而言难以揭开，因此，当传销以"伪善"的面貌抛来"橄榄枝"时，有部分大学生的价值天平便发生了倾斜。

（二）大学生自身存在的问题

大学生目前正处于人生观、价值观的塑造时期，极易受到外界的影响。具体表现在：

1. 社会经验欠缺

大学生社会阅历浅，独立判断能力相对较差，对外面的世界充满了好奇，防范意识较为欠缺，容易被披着"美丽外衣"的传销组织所吸引。很容易会被传销组织的"火车站接人原则"(即要求主动帮助新来者拿东西，尽量做到热情和周到)和"二八定律"(即组织要求"业务员"80%谈感情，20%谈事业)所蒙蔽。

初涉社会，大学生面临较大的就业压力，因此，在选择工作时慌不择路，给传销组织揽人提供了绝好的机会。初入社会的大学生渴望成功，而传销组织利用此种心理，大量灌输所谓的"成功学"，极尽鼓吹之能事，使大学生产生改变现状的强烈愿望。借此时机，传销组织趁热打铁，以"直销"之形掩盖"传销"之实，利用所谓"口碑相传""几何倍增"等合法的直销教材上的原理，不断地鼓动"拉人"，而产品却完全被抽象化和概念化。一旦大学生进入传销组织，由于手头掌握的"下线"资源相较普通人更多一些，因此一般都会被作为重点"洗脑"和监控对象，传销组织会刻意营造"激发潜能"和"磨砺意志"的假象，睡地板，捡烂菜叶子，并时不时地对大学生进行"思想教育"。

部分大学生心态浮躁，不能正确面对生活的压力和艰辛，亦无法正确区分传销和就业，好高骛远，极易被传销组织的"一夜暴富"理论所吸引。一部分人被"洗脑"之后会产生极度迷信狂热心理，不遗余力地发展"下线"，将范围扩展至自己的亲人、朋友和同窗；另一部分人发现自己受骗后则理性丧失，企图转嫁损失，极易造成心理扭曲；有的则是希望招到"新人"，从而解脱自身。

2. 诚信行为失范

总体来看，当代大学生的诚信状况比较良好，但也存在着不少诚信行为失范现象。例如部分大学生在有关自身利益方面弄虚作假，比较常见的行为有考试作弊、贫困生认定作假、求职时虚构杜撰获奖经历等；还有部分学生不注重个人诚信行为的养成，漠视责任、义务，如恶意拖欠银行贷款等。因此，当了解到传销组织所谓的"工作方式和技巧"后，觉得"天上掉馅饼"，甚至认为可以大展身手。而传销组织正是抓住了这部分大学生的性格弱点，大力鼓吹传销的歪理邪说，破坏社会诚信。

3. 法制意识不强

据有关问卷调查显示：参与传销的学生较多地分布于理科类院系，而法律、经济等专业相对较少，仅占 9.13% 和 19.23%。可见受害群体多集中于法制意识不强的专业类学生，该类学生将精力较多地付诸专业课的学习，对学校安排的法律基础等课程往往敷衍了事。

据统计，当代大学生法律素质至少存在三点不足：法律观出现偏差；低估法律作用，认为"关系""背景""权力"凌驾于法律之上；基本法律知识匮乏，只有 9% 的学生读过宪法，有近 70% 的学生对民法不了解或略知一二。具体呈现在生活中则表现在以下几个方面：警觉性差，对于参与传销等违法性行为后知后觉，或是在发现自己受骗之后，转而去坑骗别人，这都彰显了当代大学生法制意识的薄弱，遇到突发事件难以使用法律武器来捍卫自身权益。

此外，针对传销的法律本身具有一定的滞后性。由于传销犯罪作为新兴的犯罪类型，在中国出现的时间较短，相关的立法和司法实践仍处于不断摸索态势。因此，当出现新情况新问题时，法律的滞后性便有了明显体现。直至 2009 年 2 月 28 日，全国人大常委会通过的《刑法修正案(七)》针对以骗取财物为目的的传销犯罪，将组织、领导者作为打击对象，对我国传销犯罪的刑罚体系进行了完善。

非法传销应负法律责任

2005 年 8 月 10 日国务院第 101 次常务会议通过的文件《禁止传销条例》，自 2005 年 11 月 1 日起施行。《禁止传销条例》针对传销活动中的不同人员设定了相应的法律责任。

组织策划传销的，由工商行政管理部门没收非法财物，没收违法所得，处 50 万元以上 200 万元以下的罚款；构成犯罪的，依法追究刑事责任。

介绍、诱骗、胁迫他人参加传销的，由工商行政管理部门责令停止违法行为，没收非法财物，没收违法所得，处 10 万元以上 50 万元以下的罚款；构成犯罪的，依法追究刑事责任。

参加传销的，由工商行政管理部门责令停止违法行为，可以处 2000 元以下的罚款。

为传销行为提供经营场所、培训场所、货源、保管、仓储等条件的，由工商行政管理部门责令停止违法行为，没收违法所得，处 5 万元以上 50 万元以下的罚款。

(三) 群体动力原因

传销组织作为一种特殊的组织形式，其行为模式有典型的群体动力特征。

首先，传销组织容易产生群体暗示和从众效应。讲得再荒唐，几个人在一起谈就不觉得荒唐；大家一起失败，痛苦变成了大家的；如果大家都被欺骗，反而不觉得被欺骗。在群体暗示中，文化水平高的人更容易受到暗示，这是由于他们的求知欲和好奇心更为强烈的缘故。一旦长时间进入传销组织，个体就容易滋生模仿与从众心理。

模仿是指仿效他人的行动，使自己与被仿效对象的行为相一致的心理趋势；从众是指因受到多数人的感染、影响，甚至压力、限制，从而顺从多数人的要求的行为。当人们置身于疯狂传销的区域，在一个比较封闭的传销圈子时，周围的传销行为就起着一种消极示范作用，使其逐渐受到感染，并难以抗拒其诱惑，参与传销的冲动产生并不断增强，最终深陷传销泥潭。

成长故事

理性说"不"

西安一女大学生讲述了自己不幸涉足传销黑窝点的经历。当时一个朋友多次邀请她，说自己的舅舅在南方开了一家公司，并称公司里有很多高素质人才，很适合大学生发展，特意邀她去锻炼锻炼。这位朋友还描绘了美好的发展前景，鼓励她放弃学业，"发展事业"。经不住诱惑，这位女大学生匆匆南下到广西合浦，加盟到朋友的公司。

但所谓的公司，实际上是一家打着直销旗号的传销黑窝点。她说："从此我过着非人的生活，每天的饭菜是白米饭、没油水的白菜冬瓜汤，晚上睡觉则在地上铺一张席子……工作是用欺骗的方式把价值几百元甚至一文不值的假冒伪劣化妆品以天价卖给下线。"她还透露，在她待过的那个传销黑窝点，至少有来自西安的大学生一百多人，大部分是民办高校和普通大学的自考生。她说："这些打着直销旗号挂羊头卖狗肉的传销黑窝点骗钱害人，使不少人家破人亡、人财两空，还有不少大学生因此把握不住人生航向，失去了生活信心，失去了人格尊严。"

(四)学校管理疏漏

当前部分高校存在重知识传授、轻道德法律教育的问题，对传销危害性教育重视不够，使得一些大学生对传销认识不足，无法冷静地分辨传销、直销及销售等的区别，极易给不法分子造成可乘之机。

管理方面的疏漏具体表现在：一是高校为学生开设的"思想道德修养与法律基础"课程，课时短，合班上课人数众多，上课方式和内容较为死板僵化，实效不大；二是学校管理不到位，没有及时掌握学生去向，给学生参与传销留下了可乘之机。

二、大学生预防和应对传销

(一)认识传销的危害，增强免疫力

1. 了解传销结构，识别传销本质

非法传销以发展推销人员入会为主要目的，而是通过入会人员的入会费用牟得利益。非法传销没有固定的店铺，而是通过一个个所谓的成功案例来吸引人员参与。这种模式实际上是一个金字塔的构建模型，处于金字塔底部的人员在供养处于金字塔顶端的人员。金字塔塔基越大，处于金字塔上层的人员获利越丰厚，但是这个传销金字塔是非常不稳定的，塔中间出现任何一个环节问题，都会导致金字塔的倒塌。同时这个金字塔要求处于塔中的每一个人员，必须按照同一个游戏规则进行活动，但是又缺乏有效的管理，这势必造成金字塔基础不稳定。

非法传销企业不过是个"聚众融资"游戏，高额的入门费加上无法在市场中流通的低质高价产品，不会维持太长时间。非法传销公司的组织者的收益也主要来自参加者缴纳的入门费或通过认购商品等方式变相缴纳的费用，因为产品不流通，组织者多半利用后参加者所缴付的部分费用支付先参加者的报酬维持运作。

2. 认清传销形式，拒绝传销诱惑

非法传销现在最常用的手法就是与直销混为一谈。无论怎样，直销与传销还是有着本质的区别的。只要符合以下三种情况，那就是传销无疑了：

(1)加入组织须交纳入会费(或购买产品)。

(2)介绍其他人进来就有业绩奖金。

(3)介绍的人越多级别越高，收入越多，还有分红等。

非法传销以洗脑为手段，大多是异地邀约、家庭式管理、集团化运作，当然现在迷恋网络传销的大学生也日益增多。利用大学生缺乏社会经验、急功近利的弱点，美化创业的乐趣，描述传销的美好前景，鼓动大学生参与其中。非法传销多以成功学为诱饵，以帮助大学生增强自信心、提升适应社会能力为手段，一步步将大学生引入歧途。

3. 掌握传销规律，避免传销陷阱

目前，非法传销正在向着中小城市发展，并把招聘大学生作为一个重要内容。这种发展是极其隐蔽的，大学生要认清非法传销的本质，只要是以拉人入会为盈利目的的组织，就要及时退出。大多数非法传销，其发展都是通过同学、同乡甚至是亲戚之间的介绍来进行的。所以，主动联络大学生的招聘信息，同学们更加要谨慎行事，不轻易相信任何来路不明的招聘信息。大学生也不要轻易将个人信息随便告知他人。

针对大学生的非法传销组织，也利用大学生掌握先进技术快、接受新鲜事物能力强的特点，利用网络对大学生进行欺骗。这些非法传销组织不惜建立专业的网站，租用办公地点来欺骗学生。对待网络这种招聘形式，大学生更加要明辨是非，在不确定的情况下不要去招聘单位面试。

他山之石

误入传销组织的 10 个自救方法

1. 保管好手机、身份证、银行卡等物品，尽量不让它们落入对方手中。

2. 记住地址，伺机报警。观察附近有无标志性建筑记住路线，留意自己所处的具体位置，如楼栋号、门牌号等。

3. 利用上街和考察时机，突然挣脱求救，抓住任何逃生的可能性。

4. 装病。尽可能地折腾对方，让他们不得安宁，最终同意外出就医。

5. 在上厕所时偷偷写好求救纸条，趁人不备从窗户扔纸条求救。

6. 如果被看得很紧，想办法伪装，骗取对方信任，等他们放松警惕时，再伺机逃离。

7. 发短信给亲人或者好友等。短信信息切不可过于直白，可用一些暗语，比如，9595，即救我救我。

8. 被洗脑时一定要保持清醒冷静。上课期间可开小差，不被其内容引诱。

9. 无论何时何地何人跟你说教，你一定要装作不懂，使其放松对你的警惕，但是不能装得太假。

10. 如果让你拉人进来，要表现你的反常，夸大你的处境，让亲朋好友能够意识到你在传销窝里。

(二)加强自身修炼，增强安全意识

1. 树立正确的成功观

每个人都渴望成功，年轻的大学生更有梦想，而要真正走向成功，就要有一个正确的成功观念。成功不是急功近利，成功不是一蹴而就；成功是循序渐进，成功是脚踏实地。只有自己勤劳付出，才会有所回报，一分耕耘一分收获。

2. 树立正确的财富观

财富不只是金钱。许多年轻人幻想暴富，而丢失了人生中最珍贵的亲情、友情、爱情、诚信，为了虚幻的金钱而丢失了最宝贵的财富，实在是得不偿失。

(三)搭建就业通道，提供就业机会

1. 加强就业创业教育

高校要加强大学生就业创业教育，提高大学生就业创业能力，拓宽就业渠道，提高毕业生就业率。

2. 拓宽就业社会渠道

有效整合社会资源，引导大学毕业生就业，充分协调大学生就业资源的开发与分配，保障毕业生就业渠道畅通。

3. 给予就业政策支持

政府有关部门应制定大学生就业创业的支持政策，对家庭经济困难学生、农村大学生就業给予就业补贴、创业扶持，鼓励大学生依靠知识能力取得财富。

【寄语广场】

"智者用经验减少伤害，愚者用伤害总结经验"，这是我们耳熟能详的格言，受到伤害后再去补救不如事前预防，我们应从他人的教训中汲取经验。有了防范，悲剧才会远离。作为大学生，要学习和掌握法律知识，增强自觉抵制非法传销诱惑的能力，树立正确的人生观、价值观和艰苦奋斗的精神，学会理性思考，明辨是非曲直，如此才能驱除心魔守本心，防微杜渐拒传销。

【分享园地】

1. 选取传销受骗典型案例，分组进行分析和探讨。
2. 简述预防传销措施，写一篇不少于300字的课后感悟，并上传到个人学习空间。

【邀约成长】

突出重围

【目的】

1. 培养学生在面临巨大危机的时候，保持冷静的头脑并具有克服困难的信心、勇气。
2. 培养学生智慧解决问题的能力和坚持到底不服输的精神。

【时间】

约30分钟。

【操作】

1. 以15～20人为一组，所有同学手拉手围成一个圈，这个圈被称为"包围圈"。
2. 主持人讲解游戏规则：假定你被敌人包围了，情况十分危急，包围圈是由许多人手拉手围圈而成。要求你尽快想办法冲出包围圈。可采取钻、跳、推、拉、诱骗等任何方式（以不伤害人为原则），力求突围挣脱，冲出包围圈；其他同学则站立，手拉手围成一个包围圈；外围的同学必须要尽全身气力、心计，绝不让被围者逃出；若圈内的同学从某两个同学手拉手的缝隙中逃出，则这两个相邻的同学要双双进入圈内作为被包围者。

注意：有健康顾虑者（如先天性心脏病、心脏功能欠佳者等）不要参加，以防意外发生。

3. 游戏开始：主持人可通过随机抽学号的方式，让一名同学站在包围圈团体中央开始游戏。倘若被围的同学灰心失望，一时冲不出"包围圈"，则主持人可增加两名同学到圈内作为"突围者"，其他的同学可鼓励其继续努力。一段时间后，换其他成员。

【分享】

1. 闯关突围会令人想起什么？
2. 突围者成功了几次，失败了几次，为什么会失败？
3. 突围者在游戏中感觉如何？单兵作战容易吗？

第 八 章

让青春远离"毒艾"

这个世界充满了冒险和惊喜,年轻的大学生们期待去尝试、去经历。但是,这个光鲜的世界也充满了陷阱和未知,缺乏经验和辨识力的大学生一不小心就可能会掉进这些危险的深渊。据统计,越来越多的大学生因各种原因染上毒瘾或是罹患艾滋病,原本美好的青春被蒙上阴影,不得不面对悲惨的人生。作为大学生,如果放松警惕、忽视学习,不提高辨识能力,就可能"一失足而成千古恨"。本章通过学习"防毒防艾"知识,增强大学生远离"毒艾"的意识和能力,让青春没有遗憾。

【案例分享】

梦断花季

2017 年 4 月 16 日上午,湖北鄂州一名在校女大学生王某吸毒后神志不清,居然"带刀"四处游晃,民警将其带回警局。在与该生交谈的过程中发现,她神情恍惚、答非所问,有吸毒嫌疑。经尿样检测,发现其确实吸食了毒品。当问及为何染毒时,勾起了王某的伤心事。现年 19 岁的王某正值花季,非常爱美,但因为体形偏胖,内心非常自卑。为了追求美貌、颜值,王某广觅各种减肥良方,吃了不少减肥药品,都没啥效果。有天,王某偶然看到一篇关于"瘾君子"吸毒后骨瘦如柴的网络报道,异想天开地认为吸毒可以帮助自己变苗条。可王某万万没有想到,自己就此走上了一条不归路,不仅"肥"没减下来,还深染毒瘾,不可自拔。

"哭泣"的青春

2017 年 4 月 21 日上午,长沙市岳麓区疾控中心举行的"高校疫情通报和骨干成员培训"会议,通报了艾滋病疫情,其中岳麓区艾滋病疫情严重,目前已发现报告为学生的感染者 106 人。众所周知,岳麓区辖区内有湖南大学、湖南师范大学、中南大学等众多高校,青年学生人口密集,如今已然成为艾滋病疫情的高发区。

中国疾控中心性病艾滋病防治中心主任吴尊友表示,"2011 年到 2015 年,我国 15 ~ 24 岁大中学生艾滋病病毒感染者净年均增长率达 35% (扣除检测增加的因素),且 65% 的学生感染发生在 18~22 岁的大学期间"。

根据国家卫计委公布的数据，性传播是感染艾滋病的主要途径，而在青年学生中通过男男性传播感染高达 81.6%，形势非常严峻。在此之前，2016 年 1 月至 10 月湖南全省新报告学生的艾滋病病毒感染者和艾滋病病人 179 例，与去年同期相比上升 16.2%。其中男性 173 例，女性 6 例。按感染途径分，男男同性性行为感染 116 例，占 64.8%；异性性接触传播 48 例，占 26.8%；其他和不详 15 例，占 8.4%。

高校本为一方净土，为何成为艾滋病重灾区？艾滋病又是如何入侵象牙塔的？不禁令人反思。

【知识之窗】

远离毒品　还青春一个纯净世界

一、认识毒品

毒品一般是指使人形成瘾癖的药物，主要指吸毒者滥用的鸦片、海洛因、冰毒等，还包括具有依赖性的天然植物、烟、酒和溶剂等，与医疗用药物是不同的概念。

根据《中华人民共和国刑法》第 357 条规定，毒品是指鸦片、海洛因、甲基苯丙胺（冰毒）、吗啡、大麻、可卡因以及国家规定管制的其他能够使人形成瘾癖的麻醉药品和精神药品。

（一）毒品的种类

1. 从毒品的来源看，可分为天然毒品、半合成毒品和合成毒品三大类。天然毒品是直接从毒品原植物中提取的毒品，如鸦片。半合成毒品是由天然毒品与化学物质合成而得的，如海洛因。合成毒品是完全用有机合成的方法制造的，如冰毒。

2. 从毒品对人中枢神经的作用看，可分为抑制剂、兴奋剂和致幻剂等。抑制剂能抑制中枢神经系统，具有镇静和放松作用，如鸦片类。兴奋剂能刺激中枢神经系统，使人产生兴奋，如苯丙胺类。致幻剂能使人产生幻觉，导致自我歪曲和思维分裂，如麦司卡林。

3. 从毒品的自然属性看，可分为麻醉药品和精神药品。麻醉药品是指对中枢神经有麻醉作用，连续使用易产生生理依赖性的药品，如鸦片类。精神药品是指直接作用于中枢神经系统，使人兴奋或抑制，连续使用能产生依赖性的药品，如苯丙胺类。

4. 从毒品流行的时间顺序看，可分为传统毒品和新型毒品。

其中，传统毒品主要包括鸦片、吗啡、海洛因、大麻和哌替啶等。

鸦片又叫阿片，俗称大烟，是罂粟果实中流出的乳液经干燥凝结而成的，味苦。生鸦片经过烧煮和发酵，可制成精制鸦片，吸食时有一种强烈的香甜气味。吸食者初吸时会感到头晕目眩、恶心或头痛，多次吸食就会上瘾。

吗啡（Morphine）是从鸦片中分离出来的一种生物碱，为无色或白色结晶粉末状，具有镇痛、催眠、止咳、止泻等作用，吸食后会产生欣快感，比鸦片容易成瘾。长期使用会引起精神失常、谵妄和幻想，过量使用会导致呼吸衰竭而至死亡。历史上它曾被用作精神药品戒断鸦片，但由于副作用过大，最终被定为毒品。

海洛因(Heroin)化学名称"二乙酰吗啡"，俗称白粉，它是由吗啡和醋酸酐反应而制成的，镇痛作用是吗啡的 4 ~ 8 倍，成瘾快，极难戒断。长期使用会破坏人的免疫功能，并导致心、肝、肾等主要脏器的损害，注射吸食还可能传播艾滋病等疾病。海洛因被称为世界毒品之王，是我国目前监控、查禁力度最大的毒品之一。

大麻(Cannabis)属桑科，一年生草本植物，其中有毒大麻主要指矮小、多分枝的印度大麻。大麻类毒品主要包括大麻烟、大麻脂和大麻油，主要活性成分是四氢大麻酚。大麻对中枢神经系统有抑制、麻醉作用，吸食后会产生性快感，有时会出现幻觉和妄想，长期吸食会引起精神障碍、思维迟钝，并破坏人体的免疫系统。

哌替啶即盐酸哌替啶，是一种临床应用的合成镇痛药，为白色结晶性粉末，味微苦，无臭，其作用和机理与吗啡相似，长期使用会产生依赖性，被列为严格管制的麻醉药品。

新型毒品则包括冰毒、摇头丸、K 粉、咖啡因、麻古等。

冰毒(Methamphetamine)即"甲基苯丙胺"，外观为纯白结晶体，故被称为"冰"(Ice)。对人体中枢神经系统具有极强的刺激作用，且毒性强烈。冰毒的精神依赖性很强，吸食后会产生强烈的生理兴奋，大量消耗人的体力和降低免疫功能，严重损害心脏、大脑组织甚至导致死亡。还会造成精神障碍，表现出妄想、好斗、错觉等，从而引发暴力行为。

摇头丸(MDMA)是冰毒的衍生物，具有兴奋和致幻双重作用，滥用后会出现长时间随音乐剧烈摆动头部的现象，故称为摇头丸。外观多呈片剂，五颜六色。服用后会产生中枢神经强烈兴奋，出现摇头和妄动，在幻觉作用下常常引发集体淫乱、自残与攻击行为，并可诱发精神分裂症及急性心脑疾病，精神依赖性强。

K 粉(Ketamine)即"氯胺酮"，静脉全麻药。白色结晶粉末，易溶于水，通常在娱乐场所被滥用。人服用后遇快节奏音乐便会强烈扭动，会导致神经中毒反应、精神分裂症状，出现幻听、幻觉、幻视等，对记忆和思维能力造成严重的损害。此外，还易让人产生性冲动，所以又被称为"迷奸粉"。

咖啡因是化学合成或从茶叶、咖啡果中提炼出来的一种生物碱。大剂量长期使用具有成瘾性，会对人体造成损害，引起惊厥、心律失常，并加重或诱发消化性肠道溃疡，甚至导致吸食者的下一代智能低下、肢体畸形，停用会出现戒断症状。

麻古是泰语的音译，其主要成分是冰毒，是一种加工后的冰毒片剂，外观与摇头丸相似，属苯丙胺类兴奋剂，经化验含有甲基安非他明和咖啡因，具有很强的成瘾性，服用后会使人中枢神经系统、血液系统极度兴奋，大量消耗人的体力和免疫功能。长期服用会导致情绪低落及疲倦、精神失常，损害心脏、肾和肝，严重者甚至会导致死亡。

二、远离毒品

(一)大学生吸毒的原因

1.好奇心强、贪图享乐，逐渐发展成瘾

在调查报告中占第一位的原因就是"抽着玩玩""试一试""尝新鲜"，这种念头往往就是吸毒不归路的开端。因为，大学生身心发育处在关键期，世界观、人生观尚未成型，思想幼稚，对任何事物都存在强烈的好奇心和探索欲望，爱玩、贪玩，认为吸毒是一种娱乐，可以逃避社会、逃避学习，一旦接触毒品就一发不可收拾，被毒魔死死缠住不能自拔。

悔不当初的"试一试"

花季少女刘某，一向活泼好学，还是班级团干部。她知道自己的一位同学吸毒之后非常好奇，从打听同学吸毒后的感受开始，逐渐产生了试一试的想法。

第一次吸毒后，她的感觉并不好，她详细地在日记中记录了当时的感觉。但是，第二次、第三次之后，她就再也无法控制自己。结果，在不到一年的时间里，她先是辍学出走，后为筹集毒资进了歌舞厅，直到被送进强制戒毒所。

2.精神空虚，寻找刺激

大学阶段是人生的黄金时期，也是"危险期"。这一时期大学生身心虽有一定发展，但尚不成熟，正在体验着人生最激烈的情绪变化，也最易受外界的影响，一旦遇到生活困难、人际冲突、恋爱失败、升学就业受挫等，就容易灰心丧气，精神颓废，心灵空虚。为了弥补空虚的心灵，便去寻找各种刺激，而毒品就是一种可以在短暂的时间内给人以强刺激的物品。

3.交友不慎，被欺骗、引诱吸毒

大学生交友应当非常慎重，因为交友在人生的道路上有着非常重要的作用。交上一个好的朋友，可以对自己的工作和生活产生良好的影响；交上一个坏朋友，可能会影响自己的前途，使自己的一生暗淡无光。从吸毒青少年的情况来看，相当一部分是因为交友不慎而走上吸毒歧途的。据某调查，在吸毒青少年中，因为朋友吸毒觉得好奇而吸毒和受朋友引诱后吸毒的占76.92%。

三大特征快速识别吸毒人员

1.生理特征

吸毒者大多体态消瘦，衣着不整，外表萎靡，注射吸毒者在上臂三角肌或臀部处有针眼或硬块形成，严重时会出现皮下脓肿。还有一些使用特定毒品之后产生的典型生理特征，如红眼睛是吸食大麻后的最明显的生理特征；苯丙胺类吸食者会出现牙磨损、牙齿发黄发黑的现象。

2.精神特征

情感淡漠，思维散漫，急躁易怒，多疑自卑，注意力难于集中，记忆力明显受损，智力活动较迟钝，易出现幻听、幻觉、妄想症状，缺乏责任感。

3.行为特征

吸毒者为了能继续使用毒品，逃避或缓解内心及外界的压力，说谎是共性特征，另外，话题围绕着金钱转也是吸毒人员的一个特点。

4.家庭环境的影响，导致学生误入歧途

家庭环境在青少年的成长过程中起着重要的作用。良好的家庭环境可以促进和保障青少年身心的健康成长，不良的家庭环境则往往成为青少年违法犯罪的重要原因。特别是一些家庭父母离异或者长期外出，孩子得不到正常的教育；经济条件好的家庭，父母过分溺爱孩子，无条件地满足孩子的物质要求，使孩子有充分的物质条件去寻求刺激等，都可能是导致青少年吸毒成瘾的原因。

（二）大学生吸毒的危害

一般来说，新型毒品多采用静脉注射，所以毒性强、成瘾快。例如，吗啡、海洛因，采用静脉注射的方式，每天 2 次，每次 0.1 克，2～3 天即可成瘾，伴随强烈的生理依赖性和精神依赖性，一旦上瘾很难戒除，对自身健康和家庭都带来了毁灭性的破坏，也增加了社会的不稳定因素。

1. 吸毒使人容易感染艾滋病等传染性疾病

吸毒后会导致人体的免疫功能下降，使人容易患上肝炎、皮肤病等传染性疾病，特别是共用注射器静脉注射毒品的危险行为，极易导致艾滋病的交叉感染。例如：2015 年在调查某省彝族自治州 8310 例成年 HIV（艾滋病）患者的结果中显示，其中注射吸毒导致的感染占 65.5%。

2. 吸毒引发自伤、自残、自杀等行为

吸毒会导致生理功能发生紊乱，生理和心理对毒品产生强烈的依赖，毒瘾发作时会出现一系列使人感到非常痛苦的反应甚至幻觉，甚至失去理智和自控力，以致自伤、自残和自杀。曾有一名女性吸毒者，在吸毒后拔光了自己的头发并用剪刀猛扎头皮，现场血肉模糊；甚至还有一些人在吸毒后引爆家中的燃气管，最后家毁人亡。

3. 吸毒扭曲人格，自毁前程

吸毒发作时，大都会不顾礼义廉耻，丧失自尊，无法进行正常的生活、学习和工作。即使是很有才华的人，如公众人物：满文军、李代沫、张默、王学兵、柯震东、房祖名等，一旦吸毒就等于掉进了死神和魔鬼的陷阱，都不可避免地坠入堕落的深渊，从而毁掉自己的生活和前途。

4. 吸毒严重危害身体健康

吸毒不仅会让人感染上各种病毒，还会破坏人体正常的生理功能和新陈代谢，一旦吸毒过量还会造成死亡。滥用鸦片类毒品会对人体的神经系统、呼吸系统、消化系统、免疫系统等造成不可逆的破坏。资料表明，吸毒人员常常死于非命。吸毒者的平均寿命较一般人短10～15 年；吸毒者自杀的发生率较一般人群高 10～15 倍；25% 的吸毒成瘾者会在开始吸毒后10～20 年后死亡，也就是说约 1/4 的吸毒者会在 30～40 岁时死亡。近年来开始吸毒的人员，其死亡年龄还有逐渐提前的趋势。

他山之石

放弃生命就是放弃幸福

金融风暴到来以后，一个人的股票被套牢了，同时失了业，老婆嫌他穷，卷着家里仅有的一点财产跟别人跑了，就连平日里最好的朋友也不再接他的电话。经受不住这一系列的打击，这个人于新年的第一天纵身从自家阳台上跳了下去。他来到阴间觉得自己命太苦，就去找佛祖评理。

佛祖看着这个胡子拉碴、目光呆滞的男人说："每个人的命运都有高峰期和低谷期，你只是在不合适的时间进入了低谷期而已。而且，并不一定低谷期遇到的事情都不好，至少你可以知道玩股票不能太贪心、你老婆并不是真的爱你、朋友也不是真正的朋友！其实，你应该坚持到低谷期过去，那个时候你的股票会翻倍，有家跨国公司会聘请你做经理，还有个可爱的姑娘真心喜欢上你！只可惜这一切都已经与你无缘，因为你放弃了最贵重的东西——生命！"

5.毒品是诱发犯罪、扰乱社会治安的祸根

吸毒花费巨大，吸毒者一旦染上毒瘾大多倾家荡产、家破人亡。吸毒者为了获得毒资，常涉险参与各种违法犯罪活动，其中以盗窃、抢劫、赌博、贪污、故意伤害、诈骗、卖淫和凶杀最为突出，因而对社会治安的危害性极大。

他山之石

吸毒与违法

吸毒是违法行为，但不是犯罪行为。但违法行为同样要接受法律制裁。根据《治安管理处罚法》的规定，对于吸食、注射毒品的人，处10日以上15日以下拘留，可以并处2000元以下罚款；情节较轻的，处5日以下拘留或者500元以下罚款。对于"吸毒成瘾严重的人员"，公安机关可以直接做出强制隔离戒毒的决定，强制戒毒期限为二年。

吸毒后果严重，很容易引发犯罪行为。如非法持有毒品罪。法律规定，非法持有鸦片200克以上不满1000克、海洛因或者甲基苯丙胺10克以上不满50克或者其他毒品数量较大的，就构成非法持有毒品罪，要接受刑事处罚，而不管持有毒品的目的是自己吸食还是贩运。又如容留他人吸毒罪，需追究刑事责任。此外，还可能导致贩卖毒品、抢劫、绑架、非法拘禁、盗窃、诈骗和强奸等各种犯罪。

(三)大学生远离毒品的策略

毒品的巨大危害触目惊心，将毒品比喻成幽灵、魔鬼、瘟疫毫不夸张。当前，我国大学生中的吸毒和毒品犯罪总体呈上升趋势，所以大学生们要深刻认识毒品的巨大危害，要懂得珍爱生命、远离毒品。

1.少去娱乐场所，拒绝陌生人赠送的香烟或饮料

很多青少年沾染毒品，都是在去酒吧、歌厅的时候，因为放松警惕，接受了陌生人赠送的香烟、饮料而误入歧途的，事后又不敢跟家长说明，导致事情越来越糟糕，无法收场。

2.不结识有不良习惯的人群

网络飞速发展的今天，使得年轻人交友更容易，但是也更容易被坏人蛊惑、利用。大学生在交友过程中但凡发现所交之人有不良嗜好，都应该避而远之，正所谓，近朱者赤近墨者黑。

3.对任何形式的毒品都要时刻保持警惕，不要盲目地好奇或者尝试

容易被毒品吸引的人群，都是青少年，他们好奇心强，自制力弱，容易抱着猎奇的心态去尝试毒品，希望从中体验到不一样的刺激。这种"尝鲜"的心态很容易让人沦陷为吸毒者。

4.树立正确的人生观、价值观

时下年轻人中流行一些非主流的东西：颓废、堕落、贪图享乐，充满负能量。年轻人，就应该多读一些积极上进、温暖有益的书籍，多结识良师益友，成为一个充满正能量的人，同时保持一颗正直善良的心，保持对社会有一个正确理性的态度。在学习生活中，要积极培养高尚的理想追求、高雅的生活情趣以及乐观向上的人生态度。在人生的路口做出正确的选

择，如果第一粒扣子扣错了，剩余的扣子都会扣错。人生的扣子从一开始就要扣好！

他山之石

远离毒品做到"十不要"

1. 不要因心烦而借毒消愁；
2. 不要因好奇而以身试毒；
3. 不要抱着侥幸心理接触毒品；
4. 不要结交吸毒或贩毒人员；
5. 不要在吸毒场所停留；
6. 不要听信吸毒是高级享受的谣言；
7. 不要接受陌生人递给的香烟或饮料；
8. 不要相信毒品能治病；
9. 不要以吸毒为荣；
10. 不要赶时髦而崇拜吸毒者。

珍爱生命　擦去笼罩青春的雾"艾"

一、认识艾滋病

艾滋病全称为获得性免疫缺陷综合征，英文简称 AIDS。艾滋病是在感染了艾滋病病毒 HIV 之后引起的人体免疫能力不足而导致的不良健康状况疾病。艾滋病病毒通过破坏抵御各种疾病的免疫系统来攻击人体。

艾滋病病毒（人类免疫缺陷病毒），英文简称 HIV，是一种能够导致艾滋病（获得性免疫缺陷综合征）的病毒。艾滋病病毒本身不是一种疾病而且并不立即导致艾滋病。HIV 在人体内的潜伏期平均为 8~9 年，患艾滋病以前可能会没有任何症状地生活和工作多年。所以，一位 HIV 病毒感染者在发展成为艾滋病病人之前可以健康地生活。

（一）认识艾滋病病因

研究认为，艾滋病起源于非洲，后由移民带入美国。1981 年 6 月 5 日，美国疾病预防控制中心在《发病率与死亡率周刊》上登载了 5 例艾滋病病人的病例报告，这是世界上第一次有关艾滋病的正式记载。1982 年，这种疾病被命名为"艾滋病"。不久以后，艾滋病迅速蔓延到各大洲。1985 年，一位到中国旅游的外籍人士患病入住北京协和医院后很快死亡，后被证实死于艾滋病，这是我国第一次发现艾滋病病例。

HIV 感染者要经过数年、甚至长达 10 年或更长的潜伏期后才会发展成艾滋病病人，因机体抵抗力极度下降会出现多种感染，如带状疱疹、口腔霉菌感染、肺结核，特殊病原微生物引起的肠炎、肺炎、脑炎，念珠菌、肺孢子虫等多种病原体引起的严重感染等，后期常常发生恶性肿瘤，并导致长期消耗，以至全身衰竭而死亡。

虽然全世界众多医学研究人员付出了巨大的努力，但至今尚未研制出根治艾滋病的特效药物，也没有可用于预防的有效疫苗，"艾滋病可以治疗，但不可治愈"！

（二）艾滋病的主要临床症状

1. 原因不明的呼吸道感染症状，常见表现有发热、乏力、咽痛、全身不适等。个别有头痛、皮疹、脑膜炎或急性、多发性神经炎等症状；

2. 持续性原因不明的广泛性淋巴结肿大（淋巴结直径大于 1 厘米，常见于颈、腋及枕部等部位）以及肝、脾肿大；

3. 持续不规则低热超过 1 个月；

4. 慢性腹泻每日超过 4~5 次，3 个月内体重下降超过 10%；

5. 合并有口腔念珠菌感染、卡氏肺囊虫肺炎、巨细胞病毒（CMV）感染、弓形体病、隐球菌脑膜炎、活动性肺结核、卡波氏肉瘤和淋巴瘤等。

（三）艾滋病的传播途径

1. 无保护的性行为

正常情况下，无保护的性行为，如果对方有艾滋病又没有戴安全套，男性传给女性的概率是千分之一到千分之二，女性传染给男性的概率是千分之 0.5 到千分之一。感染率最高的是男男同性恋，是千分之五到千分之三十。

2. 不安全的血液、共用注射器和使用未正确灭菌的医疗器械

如果一个人与艾滋病感染者共用针头或注射器用于静脉吸毒、取血或者任何有刺穿皮肤的行为，都可能会被感染。用于刺穿或文身的工具也会存在传染艾滋病的风险。输入感染艾滋病病毒的血液也会感染艾滋病。如注射器和解剖刀之类的外科设备，甚至是使用过的用于静脉注射和血液传输的设备如果未经正确的消毒，都可能会传播艾滋病。

3. 母婴传播

母亲如果是感染者的话，可能会通过怀孕、分娩和哺乳的过程传染给孩子。检测艾滋病病毒本身的新技术可以在婴儿六周大的时候便准确地应用以确定是否感染 HIV。

他山之石

这些行为不会感染艾滋病

1. 与艾滋病病毒感染者握手、拥抱、抚摸、吻面礼；

2. 与艾滋病病毒感染者一起吃饭、喝饮料以及共用碗筷、杯子；

3. 与艾滋病病毒感染者一起使用公共设施，如厕所、游泳池、公共浴池、电话机、公共汽车等；

4. 与艾滋病病毒感染者一起居住、劳动、共用劳动工具；

5. 咳嗽、打喷嚏、流泪、出汗、排尿；

6. 蚊子、苍蝇、蟑螂等昆虫叮咬。

（四）艾滋病的预防

对于广大学生群体来说，一定要懂得自我保护，洁身自好，远离艾滋病。

1. 避免无保护的性接触

大学生预防艾滋病首先要洁身自爱，不愚昧、不盲从，理智对待网络交友软件，避免与社会不良人员的接触，与网友、陌生人接触要时刻保持警惕，保护自身安全；远离社会上滥交乱交的不良风气，不涉足色情场所（性工作者，安全套使用率很低）、不轻率地进出娱乐场

所，任何场合都应保持强烈的预防艾滋病意识；不要存在任何侥幸心理，不要因好奇而尝试吸毒。其次要了解相关性知识，正确地采取保护措施。

2.远离毒品

静脉注射吸毒是传播艾滋病最主要的途径之一。主要是由于吸毒人群往往聚集在一起吸毒，静脉注射毒品时轮流使用注射器，在这个过程中，由于来不及消毒，为艾滋病病毒传播提供了便利条件，导致病毒通过血液的交叉感染。特别是某些吸毒者，为了最大限度地利用残留在注射器的毒品，会将自己的血液回吸，使残留毒品能够洗下来，再推入静脉，这样便污染了针筒和针头。

3.远离其他高危传染源

高危行为的危险程度排序：第一位为接受输血（被病毒污染的血液）100%感染；第二位为静脉吸毒共用注射器具；第三位为无保护性接触；第四位为深接吻（危险趋为0，但如有口腔溃疡或牙龈溃烂出血仍有被感染的危险）。

在现实生活中，仍然有很多我们不可控制的因素，如医源性感染，为了减少医源性感染，生病时要到正规的诊所、医院求治，注意输血安全，不到医疗器械消毒不可靠的医疗单位特别是个体诊所打针、拔牙、针灸、手术。不用未消毒的器具穿耳孔、文身、美容。

4.关心、帮助、不歧视艾滋病病人及艾滋病病毒感染者是预防与控制艾滋病的重要方面

艾滋病病人及感染者的参与和合作是艾滋病预防与控制工作的一个重要组成部分。对艾滋病病人及感染者的歧视不仅不利于预防和控制艾滋病，还会成为社会的不安定因素。艾滋病病毒感染者是疾病的受害者，应该得到人道主义的同情和帮助。同时每个人都应努力践行防艾责任，懂得预防艾滋病的基本知识，避免危险行为，加强自我保护。大家都应该把懂得的艾滋病预防知识告诉其他人。

【寄语广场】

自由诚可贵　生命与健康价更高

"禁毒防艾，关爱未来"，这不仅仅是一句简单的口号，更像是一面警钟，时时刻刻在耳边响起，提醒大家那些五颜六色的毒品背后的隐患，提醒大家自由放纵背后的风险，帮助大家重新认识自己的生命和健康。

大学生作为国家的未来、栋梁之材，应当增强自身免疫外界污染的抵抗力，树立正确的人生观、价值观、世界观，培养高尚的生活情趣，接受积极的教育指导。努力成为文明社会的倡导者、践行者，扣好人生第一粒扣子。真正把毒品和艾滋永远杜绝在我们真善美的大门外，让青春自由激荡，没有负担。

【分享园地】

1.登陆中国红丝带网、联合国艾滋病规划署，了解预防艾滋病的相关知识。

2.利用专业知识和技能设计一副关于"防艾""防毒品"的宣传海报（海报、漫画、LOGO、绘画等），要求有感染力和创新性，引导大家认识艾滋病及其防治信息、了解吸毒的危害并远

离毒品。将海报上传至学习空间供大家欣赏与学习。

【邀约成长】

盲人打棒球

【目的】

引导学生感悟生命存在的意义，促使学生珍惜现在的生命和健全的感官。

【时间】

约 30 分钟。

【操作】

1. 首先，将桌椅挪到一旁，中间尽量空出大空间。

2. 每一组成一直排，每组 8 人共 4 组。

3. 组员蒙上眼睛，走向前，同组的同学指挥被蒙眼睛者，经同级同学的指挥，拿到棒球后，便返回出发点，并将其放至水桶内。

4. 然后，换下一位同学带上眼罩，往前拿取棒球，如此直到 8 人都做完为止。

【分享】

1. 你觉得盲人在生活上有何不方便？

2. 如同盲人在生活上都有许多不便之处，你生命中也会遇到挫折，对此心里有何感受？该如何克服？

3. 说说该如何珍惜自己，才能有健康的身体？

德

育

篇

第九章

拷问无良校园贷

【学习地图】

随着互联网金融的发展，各种 P2P 平台如雨后春笋般迅猛扩张，成为一个热点现象。与此同时，贷款公司通过互联网平台把市场逐步延伸到校园，成为现在的校园贷。由于大学生虽没有固定收入但有热切的消费需求，使各大互联网金融平台看到了巨大的市场潜力，在审核申请人的个人信息时故意降低申请资格，大学生过度消费又不能按时还款，造成极大的违约风险。于是，设置高利贷陷阱的放贷者、借款上瘾的借贷者和手法五花八门的"催客"，共同构成了校园不良贷款的恶性循环。本章旨在引导大学生认识校园贷的本质、形式和危害，帮助大学生抵制无良校园贷。

【案例分享】

大学生欠贷 60 万跳楼自杀

"爸，妈，儿子对不起你们，我真的撑不下去了……别给我收尸，太丢人……"在发完这段短信后，21 岁的郑兴强（化名）从青岛的一家宾馆楼上跳了下去，陪伴他最后时光的只有那部白色的手机，里面存着两天前的电话录音，对方是一名催债者，来自一家网络借贷平台。其实，在郑兴强人生的最后一年里，迷上赌球的他始终活在借贷公司的"魔咒"里：轻松地借钱去赌球，无力偿还以致被威逼。最终，他化身一抔骨灰，留下了数十万元人民币的债务。

郑兴强出生于河南南阳，自杀前是河南牧业经济学院 2014 级饲料与动物营养专业大二学生。郑兴强于 2015 年 1 月份在网上接触足彩，"觉得赚钱太容易了，慢慢就加大投注……"最后他在"代理"的"引导"下迷上了境外赌球。

他把赢的钱拿去消费、购物、大吃大喝，在输光了之后，在网络贷款平台贷了 1 万多元。同学说，曾经有催款人闯进了学生宿舍，把郑兴强带走后，暴打了一顿。

他的父亲郑怀凯并不知道各种名目繁多的 P2P 网贷，第一次帮着儿子还了 7 万多，这是他一辈子的积蓄，第二次还了 3 万多，是从亲戚朋友那借的。"窟窿越来越大，从 20 万，到 30 万，再到最后的 60 万，实在是没办法承担了，家里都空了。"老郑沮丧地说。

同班同学张军说，郑兴强是班长，每年开学，都要登记同学父母的身份证、电话号码等基本信息。在获得张军许可后，郑兴强曾用张军的名义，在诺诺镑客、名校贷、优分期、分期乐、雏鹰、趣分期等平台，贷了近6万元。初步统计，郑兴强留下的近60万元欠款，是他用28个同学的名义借的。

在郑兴强自杀身亡后，那家网贷平台对郑兴强所欠的债务进行了免除。但他的20多个同学却背着莫名的债务无法解脱。

又有"裸持"女生信息被泄露

2016年11月16日某记者在调查"裸条贷"网络产业链时，曾花费88元进了一个"裸贷"群，当时该群仅有成员80多人，但里面的"裸条贷"女生照片、视频资源，却有数百人之多。每个被曝光的女生的姓名、住址、学信网个人信息，甚至家人电话都被一一公布。该群群主还会不定期更新最新弄到的"裸条贷"女生"裸持"资源。11月21日，记者再次点击进入该群，里面的群成员数量已经突破125人了。几天的时间，群主又在群里更新了大量的"裸条贷"女生新鲜资源，其中赫然出现一名安徽宿州市泗县女生"小月"（化名）的照片，照片中，小月全身赤裸手持自己身份证对着镜头拍照，不过，小月的资料里没有个人联系方式等其他内容。记者通过私聊的方式联系上了群主，对方称小月的资料是自己新买的。

郑兴强的死亡和"裸持女生"给了你怎样的警示？你会借校园贷吗？你还敢随意将自己的身份信息等借给同学朋友使用吗？

【知识之窗】

撩开校园贷靓丽的面纱

一、校园贷的缘起

在新兴的互联网P2P金融理财行业的推动下，针对大学生的网络贷款平台近两年悄然走红，并迅速进入高校。2015年，金融理财行业巨头"蚂蚁聚宝"通过对全国2353所高校的数据分析，发布了2015年度大学生理财报告。报告显示，在全国2500多万名在校大学生中，超过35%的人在过去一年尝试了大学生互联网P2P理财产品。这类大学生互联网P2P理财产品也被外界统称为校园贷。

校园贷是为大学生和研究生群体所提供的分期购物和现金消费等服务的互联网P2P金融服务平台。2015年以来，此类平台呈爆发式增长，国内市场上先后出现了如趣分期、分期乐、爱学贷、名校贷、诺诺镑客、优分期等多家专门针对大学生的信用贷款平台。在百度、360等搜索引擎输入"校园贷"关键词后，搜索结果的第一页几乎全都是P2P借贷平台的链接；校园内，类似的"无须担保""0利息""10分钟到账"等广告也不断涌现，刺激着学子们的神经。

这些校园网络贷款产品的共同特点是，只要是学生身份，即可以申请信用贷款，通过支付一定的手续费，先消费，后还款。虽然校园贷有申请便利、手续简单、放款迅速等优点，但也存在信息审核不严、高利率、高违约金等值得警惕的问题。

校园贷导致的多起大学生自杀事件，使面向在校大学生的互联网P2P金融服务，被推到了风口浪尖。正视风险，堵塞漏洞，推进校园贷P2P金融服务平台规范运作，已成为公安机关、金融机构需要认真面对的问题。

二、校园贷的主要类型

校园贷主要以网络贷款方式进行，大致可以划分为以下三类：

1."P2P+分期购物"模式，如分期乐、趣分期等，主要提供购物分期贷款及较低额度的现金贷款。

2.纯P2P贷款平台模式，用于大学生助学、创业、消费等，如靠谱鸟、爱学贷、么么贷、名校贷等。

3.淘宝"蚂蚁花呗"、京东"打白条"等传统电商平台提供的购物信贷服务。

三、校园贷业务的优势

1.具备门槛低、零首付、额度大和快捷方便的特点

大学生只需填写身份证、学生证和手机号码等基本信息，就可以申请网贷，在零首付、无担保的条件下享受提前消费的快感。同时网络贷款平台的高信用额度也满足了大学生高消费的需求，而这些特点是传统信贷模式所不具备的，因此备受大学生青睐。

2.能满足大学生群体超前消费的需求

大学生群体是最容易被商家瞄准的消费人群之一。因为，年轻的大学生消费观念比较超前，但作为学生，他们没有稳定的收入，主要依靠父母给的生活费来维持日常开销，在一定程度上限制了他们的消费。校园贷的出现正好解决了这一矛盾，对于没有什么收入来源的大学生来说具有非常大的吸引力。

3.贷款金额小、频率高、风险可控

从事校园贷的机构认为，校园贷贷款方式贷款金额小、频率高、风险容易控制，相对于其他金融借贷模式，是稳赚不赔的好生意。

首先，大学生数量庞大，人群集中度很高，利于快速开拓市场；其次，大学生刚刚成年，没有社会经验，单纯且冲动，容易被物质刺激，消费潜力高；第三，大学生大多没有金融常识，不了解还款方式等因素对真实贷款成本的影响；第四，只要掌握学生的学信网信息、身份证、学生证和家长联系方式，一旦出现逾期和风险，去催要欠款要相对容易很多，毕竟学生会顾及自己的学业、前途，况且他们涉世不深、相对单纯；最后，"跑得了和尚跑不了庙"，即使大学生无力偿还欠款，也可以子债父偿。校园贷机构始终认为父母是欠款最靠谱的承担者。

四、校园贷的特点及风险

1.放贷门槛较低会产生强烈的吸引力

校园贷具有申请时间短、审批快、放款快、无须抵押担保的特点。大多数学生仅需在网络平台提供学生证、身份证和个人学籍信息截图，就能完成注册和放款，甚至不需要贷款者本人亲自办理，这在很大程度上刺激了学生参与校园贷的神经。

📖 **他山之石**

警惕校园贷的风险

风险一：贷款平台资金管理控制的风险。

以某校园网贷平台为例，大学生在申请贷款时，系统会自动显示借款用途选项：消费购物、应急周转、培训助学、旅行、微创业、就业准备等，借款人可以随意

填写"借款用途选项"，系统会自动进行默认。由于多数网贷平台都是通过网络审核借款人的基本资料、收入水平等条件，很难做到近距离的信用调查和借款用途调查，因此存在较大的资金管控风险。河南大学生郑某之所以欠下60多万巨款，主要原因是其利用贷款的资金去赌球，最后酿成惨剧。

风险二：学生无力偿还贷款的风险。

校园借贷公司各自为政，没有大数据共享机制，每个学生可以在多个平台申请贷款，很容易出现"拆东墙补西墙"的情况，陷入"借贷—消费—借贷—还贷"的恶性循环之中，最终债台高筑。

2. 贷款隐形费用较高

校园贷巧立名目将一部分利息改头换面以服务费、手续费等形式出现，看似"优惠"实则昂贵。事实上，大学生既没有进入央行征信系统，也没有稳定的收入，从风险控制理论来说，他们是高风险人群。金融机构是经营风险的组织，风险越大，要求的回报也就越高。为了平衡信贷风险，校园贷的利率自然就高。

他山之石

校园贷的利息账你会算吗

按照某校园贷机构公布的资料，以一笔总额为24000元的分期业务为例，选择12个月还款，利息为每月1.5%，则12个月的利息合计为 $24000 \times 0.015 \times 12 = 4320$ 元。表面上看，年利率是18%，但实际上，真实成本远远不止如此。由于采用了分期还款的方式，借款的学生并不是一直占用着24000元的本金额度，而是每月递减了2000元。按此计算，月均的资金占用约为13000元，12期分期还款，实际的贷款成本高达33.2%，这远远超过了24%的民间借贷利率上限。

最高人民法院关于审理民间借贷案件适用法律若干问题的规定第26条，规定了法律支持的最高民间借贷利率为年利率24%。而一些校园网贷平台的贷款利率远超于此，显然不被法律所保护。

为了逃避监管，也为了使贷款利息看上去没有那么夸张，有些校园贷机构还会巧立名目，将一部分利息改头换面，变成服务费用。而很多大学生并不清楚，这些看似每笔不多的手续费，其实也是很高的贷款成本。

3. 隐藏着高额的逾期违约金

高额的逾期还款违约金也是网贷平台的重要牟利手段。根据《合同法》规定，违约责任首先是补偿被违约方的损失，其次才是对违约方的惩罚。

在校园贷中，逾期还款给被违约方造成的损失有限，在已经收取了高额利息的情况下，再收取高额违约金有悖法律的公平原则。不仅如此，部分网贷平台还会收取一定比例的押金（一般为15%~25%）。在签订贷款申请时，这些费用甚至在借款时就会从所借款项中扣除，导致实际借到的钱与欠条所写金额不符。然而，网贷平台经常要求大学生按照与实际不符的金额出具欠条并计算利息，在逾期不能还款的情况下，将利息也一并写入欠条，实现利滚利。不仅如此，一旦发生还款逾期，随之而来的"利滚利"更是十分惊人。

以"名校贷"为例，每天收取逾期未还金额的0.5%作为违约金，而"趣分期"则每天收取贷款金额的1%。还有少数小贷公司会收取贷款金额的7%~8%作为违约金。不仅违约金吓人，而且有的平台还会收取一定的押金和服务费。比如，表面上是每个月5%的利率，可还设置了5%的服务费，而这些还款细节，在学生前期咨询时，很多公司客服的态度是模棱两可的。

五、认清校园贷的危害本质

在华丽的包装、疯狂的信息轰炸下，卷入分期贷、PSP平台贷等各种校园网贷陷阱的大学生人数不断攀升，不少学生深陷其中、深受其害，影响学业，乃至违法犯罪。

1. 滋生享乐主义，破坏校园风气

在社会不良风气的冲击下，部分学生接纳、认同并事实上把消费享乐作为人生的目的。对于金钱、物质的追求进一步带来了享乐主义的滋生和蔓延，主要体现为在学生群体中的各种晒名牌、晒高档电子产品、晒高档消费等攀比之风。为迎合消费需要，在校园贷的推波助澜下，部分学生群体不顾家庭经济承受能力，采取借、贷等各种方法，加入超前消费的洪流，盲目追求所谓的时尚、潮流、品味。还有个别学生被无止境的追求引向歧途，明知校园贷是高利贷，仍义无反顾地借贷，甚至冒用他人信息骗贷，个人深陷其中的同时也波及其他同学、朋友。

校园贷的无序发展，造就了一批事实上的大学生"负翁""破产者"，他们还没有完成学业就已经被各种高利贷压迫得筋疲力尽，甚至只能以结束年轻的生命来解脱无尽的压力。

同时，"贷款便捷"也在学生群体中造成"来钱容易"的假象，诱使部分学生把主要时间和精力花在物质追求、物质享受上，在学业中投入少，急功近利、走捷径、找关系等各种不正之风也逐步蔓延。如在学生中就有"学得好不如有好老爸、好老妈"的拼爹拼妈观点，在女生群体中也流行过"学得好不如嫁得好"的思想。甚至通过身体换取金钱、财富的现象也时有发生。这些都对校园纯净的风气造成污染，影响和危害大学生正确的世界观、人生观、价值观的形成。

2. 扭曲消费观念，淡化传统美德

校园贷淡化了中国勤俭节约的传统美德，破坏了社会诚信体系。中国传统文化崇尚节俭，勤俭节约、艰苦朴素是传统消费价值观的核心。但是随着经济的快速发展，中国在短时间内创造了巨额财富，富裕起来的部分群体受西方消费主义思潮的影响，刮起了奢侈消费、攀比消费、高档消费、无度消费等奢靡之风。社会上整体的消费观念也大为转变，认为节俭、朴素等已是过去时了，"有钱不花，过期作废""得过且过，今天花明天钱""月光族""负翁"等各种与节俭消费理念相背离的观点、名词也层出不穷。

他山之石

非洲蚁的自杀之谜

生物学家曾长期跟踪一群非洲蚁，企图揭开它们自相残杀、突然死亡的秘密。非洲蚁竞争残酷，个头大，劲头足，贪婪无比，经常为了食物大打出手，许多非洲蚁的肉体被土壤淹没成泥。

生物学家记录了一只非洲蚁搬运过冬物品的过程，一大片羽毛，非洲蚁虎虎生风，一路驮来，无半点惧色，直至到达巢穴口时才发现，羽毛偏大，竟然无法收藏。于是，非洲蚁将羽毛放到了一个不容易被其他动物发现的树洞里，那个树洞，是巢

穴的另外一个出口，放在那个地方，会十分安全。

半天工夫，几十片羽毛蜂拥而至，但非洲蚁乐此不疲，不厌其烦地劳作着。后来一场大雨滂沱而至，正在睡觉的非洲蚁仓皇出逃，因为雨水已经沿着巢穴门口的物品冲了进来，物品浸了水，水淌入巢穴里，非洲蚁与自己的孩子们准备沿着退路出逃，却没有成功，因为太多的羽毛沾了水后凝结成污泥，堵塞了它们的退路。雨停后，生物学家发现了奄奄一息的非洲蚁，而在另外一边，它们的过冬物品早已被其他非洲蚁肆虐得一干二净。

非洲蚁的过度贪婪造就了一条通往地狱的道路，而有些人不也正是如此吗？人最大的仇敌，莫过于自己的贪婪。"欲壑难平"自古有之。节制是一种美德，经过自我抉择，选定要做或者不能做的事情。能够节制的人，才能在工作、生活乃至一切的活动中做到行有所止。

社会上的不良风气也开始侵入校园，加之校园贷的虚假宣传，过度诱导，导致部分大学生消费观念扭曲，甚至丢弃了传统美德。体现为学生群体中的各种扭曲的消费观，而节俭、朴素、勤劳则被视为不合群、不入流、落伍甚至做作，受到同学的嘲讽，进而影响同学、朋友间的关系，严重的还会发生贫困生因经济困难无法融入消费群体而导致的悲剧性事件。于是经济条件好的、不好的都可能被卷入校园不良网贷，不断助推校园网贷的无序、疯狂。

3. 累积各种风险，危害学生成长

校园贷的无序发展、疯狂肆虐，将带来各种潜在社会风险。

一是冲击国家正常的金融秩序。比如各种校园贷多数是不规范的或打法律擦边球的事实上的高利贷，其利率很多高于国家规定的上限，它们躲避监管，挑战国家法律尊严、破坏正常金融秩序。

二是放贷机构的贷款风险乱象。多数校园网贷不规范的审核程序、以及随着放贷量的不断增高，由于学生尚处于无收入状态，而校园贷多数为事实上的高利贷，这就可能累积越来越大的各种风险。对于放贷机构、借贷人来说，可能面临学生逾期、违约的风险。为了尽可能减少损失，他们就会不择手段地采取各种非法、野蛮的方式追债，包括"裸条"公布、转让，人身威胁、恐吓等。

三是学生当事人及其家庭的风险。当学生因卷入校园贷无法及时还款或逾期违约时，其贷款的风险大多会转嫁到父母身上，给家庭带来麻烦、痛苦和经济压力。父母为了孩子，不得不承受孩子"任性和不懂事"带来的苦果；与此同时，也会对学生本人的健康成长造成危害，不少学生因为还债、躲债而筋疲力尽、无心学业，有的只能走上违法犯罪道路，甚至以结束生命为代价。

拒绝昂贵的校园贷

一、掌握金融贷款知识，提高辨别能力

互联网金融的普及让越来越多的人享受到了方便与快捷，但网络信息良莠不齐，作为当代大学生，面对层出不穷的校园贷平台，面对各种打着"零利息""零首付"等名号吸引眼球的

贷款信息，我们有必要掌握基本的金融贷款知识，主动了解相关法律法规，不断增强自身的辨别能力，避免被表面假象误导从而陷入困境。

二、树立理性消费观念，切勿盲目攀比

作为不具备独立经济能力的大学生，仍然需要依靠父母的资助，在生活上要不羡慕、不嫉妒、不攀比、不盲从，合理安排生活支出，做到量入为出、适度消费，减少情绪化消费、跟风消费，拒绝过度消费、超前消费；要树立理性科学的消费观，在消费的时候不能一味考虑自己的需求、偏好，而不顾家庭承受能力；要提倡健康、文明的生活方式，让"独立生活"和"理性消费"成为校园风尚。

三、强化自我保护意识，维护自身权益

互联网时代，个人信息很容易在网络上传播，从而被他人利用。我们要提高警惕，必须明白"世上没有免费的午餐"，面对层出不穷的不良借贷平台和打着各种旗号吸引眼球的贷款信息，我们一定要强化自我意识，主动了解相关金融贷款基础知识和法律法规，谨慎使用个人信息，不随意填写和泄露个人信息；对于推销的贷款产品，切勿盲目信任，特别是要警惕熟人推销、帮助同学贷款，不断增强自身的辨别能力，强化防骗意识和能力。

四、强化自身信用意识，保持诚信记录

从学生时代开始学习利用金融工具，树立信用意识，培养契约精神，本是件好事。但无良企业利用金融弱势设置陷阱，就得非常警惕了。科技飞速发展，很多不法分子会利用大学生社会经验少的弱点，盗用学生的身份证和学生证等个人信息进行违规贷款，非法获利，对学生本人的利益和信用造成了严重的损害，因此，切勿使用个人信息替他人进行贷款，避免出现"违约"承担责任。要时刻牢记信用不好会影响自己的一生，切不可让大学时代的不良信用记录导致自己进入"信用黑名单"。

五、自觉抵制不良校园贷，弘扬青春正能量

目前国家和学校的资助政策体系已越来越完善，确实因为家庭经济原因不能及时筹措学费和基本生活费时，要通过国家提供的生源地助学贷款、助学金和学校提供的资助系统获得资助，切忌因追求高消费、盲目攀比等而使自己债台高筑，无心向学。身为大学生，要把主要精力放在学习上，以优异的成绩回报父母、社会和国家，要批判和抵制那种通过消费来获得短暂满足感的庸俗而低级的人生观与价值观。

【寄语广场】

校园贷在高校的发展并不是偶然的，而是根据市场需求发展而来的，其存在必定有它的意义，一定程度上帮助大学生解决了临时的资金欠缺，但是其发展模式还有诸多方面需要改进。

作为大学生，一要树立勤俭节约和孝顺父母的思想理念，不盲目攀比，不过度消费，不给父母增加不必要的负担；二要认清校园贷款简单便捷表象下"昂贵"的本质，校园贷虽有简单便捷的优点，但也存在高利率、高手续费和野蛮催收等严重问题，盲目借贷将给本人及父

母带来极大的困扰；三要了解掌握国家和学校对大学生的资助政策，确实存在经济困难的学生，应该通过获得国家助学贷款、国家和学校奖助学金等方式来解决问题。

当前，中华民族正处于实现伟大复兴的关键时期，家庭需要我们，社会需要我们，国家需要我们。青春易逝，时光不再，让我们好好珍惜大学时光，多做有价值、有意义的事。

【分享园地】

1. 你或者你的同学朋友有没有借过校园贷，结果如何？

2. 讨论：你认为大学生应不应该通过校园贷来满足自己高消费的需求？如果你的学费或正常的生活费父母无力供给，应该通过什么途径来解决？

【邀约成长】

找"领袖"

【目的】

1. 让学生体验不同的角色定位。

2. 让学生学会换位思考，学会站在别人的立场上看问题、解决问题。

【时间】

约 20 分钟。

【操作】

1. 选出两个同学作为猜谜的志愿者，让他们远离活动现场，不能让他们看到和听到主持人和同学之间的小声说话。

2. 找一名同学作为"镜子"，其功能是反射"领袖"的动作给其他同学，即"领袖"做什么动作，"镜子"要完全复制。"镜子"反应速度要快，否则，"领袖"在换动作的时候，若"镜子"反应慢半拍，就很容易暴露"领袖"。

3. 剩下的全体同学按方形队列站立。可以由主持人指定一名同学做"领袖"，也可以由同学自愿担任"领袖"。"领袖"的任务是连续地发出动作，如刷牙状、洗脸状、挠耳状等。"领袖"发出的动作要连贯，每个动作最好持续 6~10 秒，中间不能有停顿，动作变化的幅度不宜过大，如一个刷牙动作突然变成甩手的动作，这样很容易被猜谜者看出谁是"领袖"。

4. "领袖"开始发出连续的动作，"镜子"复制"领袖"的动作，其他同学则复制"镜子"的动作，这样看起来，所有的同学都在模仿"镜子"做动作。此时主持人可让猜谜的两个志愿者进来，告诉他们在这些同学里面，有一个"领袖"是动作的发出者，给他们一分钟或两分钟的时间，让他们猜猜谁是真正的"领袖"。

【分享】

1. 你能轻松猜中角色吗？

3. 每种角色的感受是怎样的？

2. 游戏的主要技巧是什么？

第十章

爱国奋进谱华章

【学习地图】

热爱祖国，矢志不渝，是中华民族的优秀传统和崇高美德。千百年来，它就像一条源远流长、奔腾不息的历史长河，哺育和陶冶着一代又一代中华儿女的爱国情操，深深地融入我们的民族意识、民族性格和民族气概之中。青年学生作为最具有活力与朝气的群体，更是具有满腔的爱国热情。由于年龄特点，青年大学生容易产生一些非理性的爱国行为，被反华势力所利用；或盲目崇拜海外生活，肆意诋毁自己的国家。当代大学生到底应该怎样爱国？什么样的行为才是真正爱国的行为？这都是值得我们思考的问题。本章将一起学习探讨当代青年应该养成的爱国之心和爱国之行。

【案例分享】

祖国在我心

刘明侦，电子科技大学最为年轻的教授与国家实验室主任。这位 90 后美女教授仅用三年半的时间就完成了在剑桥、牛津的硕博学业，23 岁时就在《自然》上以第一作者身份发表论文。她以对钙钛矿太阳能电池这一新型能源材料的研究，推动了太阳能市场的发展。

尽管在国外取得了诸多成就，但刘明侦心系祖国，博士毕业后，义无反顾地选择了回国，并于 2015 年 10 月进入电子科技大学工作，下定决心要为学校的学科发展和人才培养尽一份自己的力量。

通过半年时间的准备筹谋，刘明侦又于 2016 年 7 月牵头成立了"应用化学研究中心"。这一中心成为连接电子科技大学化学相关的优势团队与学科的纽带，使化学与材料、能源、电子等热点方向强强联合，助推电子科技大学化学学科成功进入 ESI 前百分之一。

一场无知的变卖

2017 年 5 月，在美国马里兰大学的毕业典礼上，中国留学生杨舒平的毕业演讲让台下的中国同学们感到无比的尴尬和气愤。

她的演讲全程围绕两个要点：一是中国的空气肮脏不堪，而美国的空气竟然好到令她无比惊讶。她说："美国的空气是那么的甜美清新，而且是一种奇特的奢华。"二是中国没有自由，只有在美国她才体会到什么是自由，在美国她可以想说啥说啥，想做啥做啥。她甚至表示，"之前在中国历史课上学到的人生、自由对于我毫无意义"。

演讲中，她表达的言论都是美国人天天在街边小报上看到的中国——充满偏见与傲慢。杨舒平用精湛的演讲技巧，在全校师生面前为这些小报背书，把美国人对中国的偏见再一次放大。不仅语气里尽是"崇洋媚外"，她甚至连一些基本事实都不顾，从而引发广大网友的气愤回应："你为什么能在国外立住脚跟，因为你是中国人！然而，你却'代表'全体中国人自己黑自己，博眼球、引噱头也要有底线，祖国是拿来爱的，不是用来抹黑的！"

阅读完上面的例子，对比刘明侦对祖国的赤诚之心，对杨舒平的扮丑行为你有怎样的感想？作为90后大学生，我们到底该以何种态度爱国呢？

【知识之窗】

拳拳爱国心　悠悠民族魂

一、爱国主义的内涵

爱国主义是千百年来巩固起来的对自己祖国的一种浓厚感情。这种感情集中地表现为民族自尊心和民族自信心；表现为人们为争取自己祖国的独立富强而英勇献身的奋斗精神。它体现了人民群众对自己祖国的浓厚感情，反映了个人对祖国的依存关系，是人们对自己故土家园、民族和文化的归属感、尊严感与荣誉感的统一。它是调节个人与祖国之间关系的道德要求、政治原则和法律规范，也是民族精神的核心。

爱国主义作为一种意识形态，它是在各民族悠久的历史文化的基础上产生的，随着历史的发展，又反过来给予各民族的历史发展以更大的影响，它是一种伟大的凝聚力和向心力，是推动各民族向前发展的巨大精神力量。由于各个民族在各自的发展中，总要经历不同的历史时期和阶段，各个民族社会的阶段总在不断变化，因此，爱国主义在不同的历史时期和不同的阶段有着不同的内容。剥削阶级的爱国主义，既有进步性，也有局限性。无产阶级爱国主义同国际主义有着不可分割的联系，这样的爱国主义是建立在争取社会进步的基础之上的；是同世界人民的根本利益完全一致的。

他山之石

"看你横行到几时"

齐白石是近现代中国绘画大师，抗日战争期间闭门谢客，拒绝日本特务要他加入日本国籍、去日本的利诱，多次拒绝为日寇作画。

有一天，两个全副武装的日本兵到北平国画大师齐白石的寓所，声称要见齐白石，他们是受侵华日军长官土肥原贤二之命，特来索要画的。当时，年过八旬的齐老对日本侵略者的罪恶行径，早已深恶痛绝，恨之入骨，便拒而不见。齐老的儿子知道，日本人什么事情都做得出来，便劝父亲好汉不吃眼前亏。齐老于是挥笔画了一只横行的螃蟹，活灵活现，跃然纸上。另又画了一幅戴着官帽的"不倒翁"，并题款:"姿势端正俨如官,不倒原是泥半团;忽然将尔来打破,通身何处有心肝?"

土肥原贤二久闻齐白石大名,对他的画早已垂涎三尺,得此画作,不胜欢喜。恰逢日本驻华北高级军官集会,大家便争相欣赏,都说甚佳,只是不明画意。其中,一位精通中国文字的军官叹息道:"此乃画谜也。"土肥原贤二不解:"何为画谜?"那个军官道:"这个谜底叫'看你横行到几时'。"土肥原贤二又深思"通身何处有心肝"之句,悟其内涵,当即将两幅画撕得粉碎。

二、当代青年爱国主义的特点

对国家是否具有强烈的责任意识和使命意识,是否具有强烈的民族自信心、民族自尊心和民族自豪感,是否有为国家、为民族而献身的牺牲精神,是判断青年是否爱国以及爱国程度的一些基本指标和要素。当代青年由于受特定环境的影响,加之价值取向的特殊性和多元化,在爱国主义方面表现出这一代人独具的时代特色。

1.爱国主义的模糊性与冷漠性

无可否认,当代青年有爱国意识和爱国热情,但却没有明确的方向性,即爱国主义呈现出模糊性的特点。特别是随着社会转型加剧,失业下岗、升学就业等与自己切身利益相关的问题较为严重,当代青年在"修身"与"治国、平天下"面前往往偏重个人的发展,而相对忽略了个人对国家的责任和使命,具体表现在"实用主义"和"自我化"倾向明显,未能很好地把关心自我发展与关心国家发展实现有机结合。

从当代青年的政治参与意识与政治行为投入程度来看,也受到了"个体本位取向"价值观以及"功利主义"的影响,存在不容忽视的问题,具体表现为政治参与意识较强,但行为投入较少;对社会有基本正确的政治认知和政治评价,但实际参与行为上有偏差等方面。当代青年价值取向的二重性和价值观的矛盾性,直接影响到他们政治参与的实际水平和成效,从另外一个侧面也反映出其爱国主义的模糊性及冷漠性。

2.爱国主义的迷茫性与悲观性

有调查显示,青年们的爱国情绪跟时代环境息息相关,特别是易受一个时代或者一段时期所发生的国际国内大事的影响。在重大事件前,青年学生在宣泄爱国情绪的同时,他们对国家的处理态度有一定程度的不理解,因而表现出了一定的迷茫性与悲观性。在对待国内问题上,由于贪污腐败等丑恶现象难以彻底消除,不公平现象在一定范围内也继续存在,这些都对当代青年的爱国主义产生了消极的影响。

3.爱国主义的前瞻性与可塑性

在上述特点存在的同时,当代青年的爱国主义还具有前瞻性与可塑性的特点。中国正处于社会转型时期,爱国主义受各种因素的影响和制约,因而在一定程度上处于波动起伏的状态,即随着国际国内环境和国家的内政、外交等政策的变化而变化。随着中国政治、经济领域改革活动的进一步深入,民主法治意识逐渐成为社会的主流意识,理性化的思维也必将在全社会渐渐确立。对于青年自身来说,随着年龄的增长,知识阅历的增加,他们在看待一系列问题时将逐渐摆脱情绪化和主观化的影响,而更加趋于理性化和科学化,在处理问题上将更加具有合理性和可行性。

"四个自信"，走好大学生的爱国之路

爱国主义是一种值得赞赏的情感。这是千百年固定下来的对祖国的一种最深厚的感情，是民族精神的核心内容和思想基础，是中华民族生生不息、发展壮大的前进动力。但随着时代的发展，爱国主义对我们提出了新的要求。当今的爱国主义，不仅强调感性，而且更突出理性的特点。从情感层面上讲，爱国不需要任何理由，但理性地说，爱国绝不是夜郎自大，爱国是需要讲究方式、方法和策略的。当代青年大学生，完全有理由以"四个自信"去热爱我们伟大的祖国——中华人民共和国。

一、何谓"四个自信"

习近平总书记在参观国家博物馆"复兴之路"展览时，提出"实现中华民族伟大复兴，就是中华民族近代以来最伟大的梦想"。实现中国梦必须走中国特色社会主义道路，全国各族人民要增强对中国特色社会主义的理论、道路、制度和文化四个方面的自信。

1. 道路自信

我国当前的现代化建设和发展，始终坚持中国特色社会主义道路不偏向。从鸦片战争开始，为了寻找到国家走向辉煌的康庄大道，一代代仁人志士前仆后继，经由他们的反复实践斗争证明，中国特色社会主义道路实现了国家的富强、人民的幸福。

2. 理论自信

在中国社会主义建设过程中，一直坚持马克思主义理论的指导地位，并在社会实践中丰富和发展它。以毛泽东为代表的第一代领导集体重视马克思主义的中国化，随后的执政者继续了这一法宝，坚持了通向真理的道路——中国特色社会主义道路。近百年的风雨征程，中国人坚定了对于社会主义和共产主义信念的追求。

3. 制度自信

社会发展坚持中国特色社会主义制度，中国特色社会主义制度之所以自信，在于它具有独特优势，具有活力潜力，适应了我国国情和发展要求，取得了显著制度绩效，获得了社会广泛认可，有着强大的自我完善和发展能力，是人民当家做主和中国发展进步的根本制度保障。

他山之石

中国文化灿若珍宝

中国武术、诗词、语言、文字、书法、京剧、旗袍、美食……正用自己特有的形式讲述中国故事，这些故事有意境、有韵味、有风骨，回响着中华民族的文化共鸣，彰显了我们东方大国的文化自信。

汉字：居高声自远。汉字是中华文化的源泉，它的流传演变记录着中国漫长的文化历史。一横一竖，一撇一捺的世界里蕴含着中国人的乾坤大世界。

武术：自强民族魂。武以镇魂，武术的精髓在于美，绝，幻，悠。一华武术，意贯千秋，直冲四海。它是艺术的高标，是美的雅号，是中华的骄傲。

文学：意蕴传千古。文学体现了中国人的审美、情怀和志向。中华民族独有的文学承载着中华民族共同的情感，凝聚着共同的文化记忆，展现着中国人的风骨，永远是我们中华的骄傲。

4. 文化自信

对中华传统文化价值的充分肯定和积极践行，并坚信其拥有强大的生命力。文以载道，文以化人，五千年的历史长河孕育了灿烂的华夏文明。它如催化剂，启迪着国人的心智，成为国人的精神家园；它如加速器，展现了中国的软实力，提振了民族复兴的精气神。

二、"四个自信"中的伟大中国

1. "四个自信"让"中国模式"步入发展快车道

回顾新中国发展历程，不难发现，中国办成办好了一系列大事、难事。建国初期用武力阻止了美帝国主义的入侵，用勤劳和智慧建设了高速发展的国民经济，凭借有力措施平息了资产阶级自由化思潮，努力防止陷入"拉美陷阱"与"东亚困境"。这些成果的取得无不证明了"中国模式"的优越性。

在经济、科技、军事三大领域，"中国模式"呈现的数据相当强劲。经济上，中国已是全球制造业第一大国，具备全部工业门类，其中 37 项生产经济指标居世界第一。科技上，几乎在所有领域都能与美国互有攻防。军事上，中国全球排名第三，具有世界上最全面、最强大的产能。正是坚守了"四个自信"，中国社会主义现代化建设进入了发展的康庄大道。

2. "四个自信"引领中国可持续健康发展

方向决定道路，道路决定命运。正是因为选择和坚持了"四个自信"，中国 21 世纪以来，取得了一系列令世界瞩目的成绩，SARS"阻击战"续写了传染病控制的传奇，神州系列飞船让中国人遨游太空，汶川地震中万众一心托起了生命的希望，北京奥运会诠释了精彩绝伦的体育盛宴、上海世博会让城市生活更美好、中国 APEC 峰会共建了面向未来的亚太伙伴关系、G20 杭州峰会为世界经济指引了方向。生活质量、幸福指数的高低就是美好中国最好的答案。

3. "四个自信"让中华民族复兴成为可能

自改革开放以来，中国国家综合实力保持每年 7% 以上的 GDP 增速，人民生活水平显著提升，人民的物质生活水平和精神文化生活都有了显著改善。这些发展的成果深深植根于"四个自信"之中。"四个自信"让中华文化在国际上收获了越来越多的赞誉。如中国文学、中华医学等得到了国际社会的普遍认可，"一带一路"建设战略已成为国际合作的典范。"四个自信"正激励着中华民族向一个富强、民主、文明、发达的社会主义现代化强国而迈进。

三、"四个自信"激励大学生走好爱国之路

大学生是祖国的栋梁和未来，承载了社会主义现代化建设的历史使命，承载了传承中国五千年历史文化的使命，"四个自信"有效激励着当代大学生树立正确的人生价值观和社会实践观，充分发挥了知识分子的模范作用，在服务奉献中报效社会，建设国家。具体而言，当代大学生爱国要做到"五个懂得"，把握"三个需要"。

1. 做到"五个懂得"

他山之石

外国人士眼中的中国春节

"您眼中的春节是什么样?"面对新华社记者的问题,受访外国人士侃侃而谈。

春节,是家庭团圆。

"对我来说,春节意味着家庭团圆。虽然世界各个民族都有自己的文化和传统,但是人们对于亲情的理解是相通的。在此新春佳节家庭团圆的时刻,我能够感同身受中国人民的喜悦和幸福。"坦桑尼亚坦中友好协会秘书长约瑟夫·卡哈马说,春节文化令他着迷。

春节,是交流之窗。

美国圣托马斯大学休斯敦分校教授乔恩·泰勒说:"春节庆祝活动融合民俗、艺术、美食为一体,这种独特的文化表现形式是很多美国人不曾见过的。春节就是一扇窗,让参与其中的美国人触摸到真正的中国文化,从而增进对中国历史和现实的了解,增进了友谊。"

春节,是蓬勃商机。

"春节的意义已经超过中国范畴,而具有世界影响。"尼日利亚中国研究中心主任查尔斯·奥努纳伊朱说,随着中国综合国力的显著提升,中国文化的辐射领域也在不断扩大。春节期间的节日消费不仅拉动了中国经济的增长,也刺激着世界经济的增长。"这是文化促动经济的一个非常典型的例子。"

春节,是文化自信。

在英国白金汉大学教育发展事务主任阿利斯泰尔·洛马克斯看来,"春节意味着新的开端,代表着新的希望。春节所代表的中国礼仪文化、庆祝方式正在被全世界认可和喜爱,如今已有越来越多的英国人一同庆祝中国春节。英中关系是重要的双边关系,今天,英国需要更多了解和拥抱中国文化"。

一是要懂得历史。在中华民族绵延不断的历史文化基础上产生和发展起来的爱国主义观念和民族精神,是中国各族人民共同的精神支柱,在维护祖国统一和民族团结、抵御外来侵略和推动社会进步中,发挥了巨大的作用。爱国主义观念正是在对自己国家和民族历史的认同中逐步培养出来的,不了解、不懂得祖国的历史文化,爱国主义观念和民族精神是很难自觉地树立起来的。

二是要懂得政治。大学生一定要从政治上考虑问题,西方世界是绝不愿意看到在东方崛起一个社会主义的大国、强国的,他们总是要千方百计地给我们的发展制造一些麻烦,这是他们既定了的始终不变的方针。想一想 1946 年英国前首相丘吉尔发表的反共的"铁幕演说";想一想美国政府从 1951 年起,随着中美关系的变化不断修改制定的针对中国的"十条戒令";想一想"钓鱼岛问题"为什么能够出现;想一想"诺贝尔和平奖"为什么授给了达赖;想一想我们在"申奥"和加入世界贸易组织过程中所走过的那段艰辛的路程;想一想北京奥运火炬传递过程中受到的干扰;想一想西方国家对"藏独""疆独"的公然支持,大学生就应当清醒地认识到,西方社会对我们的"西化""分化"图谋绝不会改变。对此,大学生必须有充分的认识，不能麻痹大意，更不能有一点风吹草动，就乱了自己的方寸。西方社会最怕的应当就是我们的团结一致、万众一心；西方社会最不愿意看到的应当就是我们中国的"坚定、开放、自信与自强"。

三是要懂得大势。当今中国社会的大势，就是一心一意谋建设，千方百计图发展。我们还是发展中国家，在国际事务中，我们所起的作用与我们这样的一个大国的地位还不是很相称，我们不称霸，但我们应当有更大的作为；我们还处在社会主义初级阶段，虽然GDP总量我们已进入世界的前几位，但是我们人民的生活水平还不是十分的富裕。无论在医疗、教育，还是在就业、居住等方面，与建设理想的和谐社会目标还有很大的差距。要改变这些，就必须毫不动摇地坚持以经济建设为中心这个大政方针，必须坚定不移地沿着改革开放的道路走下去。对此，大学生必须审时度势，牢牢把握什么是我们正在全力做、应当作、必须做的事，珍惜来之不易的安定团结的局面，自觉维护社会的稳定、维护发展的大势、维护国家的根本利益。

四是要懂得责任。每一代人有每一代人的责任。在争取民族独立，推翻黑暗统治的革命年代，大学生很好地起到了先锋桥梁的作用，无数学子献出了他们宝贵的生命；在社会主义建设初期，大学生们听从党的召唤，到祖国最需要的地方去，把满腔的爱国热忱献给了年轻的中华人民共和国；当代大学生肩负着祖国发展、民族振兴的神圣职责。能否完成这样的任务，很重要的一点，就是大学生一定要把爱国的热情转化为一种奋发向上的精神动力，要拿出比革命时期、中华人民共和国建设初期多十倍、多百倍的拼劲，刻苦读书、立志成才。当今世界，国与国之间的竞争异常激烈，竞争的核心说到底就是一场人才的竞争和实力的较量。大学生一定切记空谈误国，实干兴邦，爱国就要脚踏实地，就要把自己对祖国的爱，体现在日常的工作学习当中。

五是要懂得守法。没有规矩，不成方圆。社会的发展需要有序地进行。生活在社会中的每个成员都应当自觉遵守社会的规范。法律即是一把尺子，以用来规范每个社会成员的行为，维护正常的社会秩序。在一个法制的社会里，不应当也不允许任何人以任何理由违法行事。大学生是接受高等教育的人，本应当懂得更多的道理，不仅不能违法行事，更应当成为遵守法律的模范。"爱国无罪"，爱国也必须依法进行。特别是今天的中国，正处在世界政治多极化、经济全球化的浪潮中，自身的发展又处在关键时期，大小环境十分复杂，各种矛盾纵横交错，大学生更应当以对民族国家发展高度负责的精神来谨言慎行。

2.把握"三个需要"

（1）爱国需要冷静理智

和平、发展、合作是时代朝流，但这并不意味着前进会一帆风顺、风平浪静，社会生活已深刻变革，世界政治经济风云变幻，社会矛盾相互交织。国际竞争日趋激烈，各种挑战是严峻的，出现各种摩擦也是自然的。为此，我们更需要比以往任何时候都多一些理性的思维，积极地创造一个稳定祥和的国际国内环境，趋利避害，在重大危机事件面前，保持冷静理智，合法有序地表达我们的愿望，在法治的轨道上采取正确的行动。法治国家的理性，守法遵纪、依法行事，是每个公民的理性，每个人在文明社会中，都应能够自觉地将个人情感上升为行为理性，要充分相信党和政府会从国家的根本利益出发，妥善处理好对外关系，坚决不做让亲者痛、仇者快的事。

他山之石

千万不要让爱国成为"碍国"

爱国不仅是一种情感，还是一种能力，这种能力首先是运用理性的能力。当下中国，法治是民族复兴的根本保障，遵守法律，尊重他人的合法权利，爱国的激情才不会成为"糊涂的爱"，导致盲目的冲动和偏激的行动，演变成同胞之间的相互争斗。

"糊涂的爱"不是爱国，那些违反法律、侵犯他人合法权利的行为，其错误不仅仅只是"糊涂"，有的已经发展成为违法犯罪，甚至可能破坏社会经济秩序，危害社会和谐稳定，这哪里是什么"爱国"，而分明是十足的"害国"了。

（2）爱国需要牢记稳定

邓小平当年在会见美国总统布什说，"中国的问题，压倒一切的是需要稳定。没有稳定的环境，什么都搞不成，已经取得的成果也会失掉"，这也是当今社会所必需的。我国改革发展正处在一个关键时期，既是"黄金发展期"，也是"矛盾凸显期"。只有保持稳定，才能聚精会神搞建设，一心一意谋发展，也才能妥善应对和处理各种新情况新问题，牢牢掌握加快发展的主动权。构建和谐社会需要稳定，稳定是和谐的前提和基础，也是构建和谐社会的重要内容。我们所处的国际国内环境相当复杂，保持社会稳定，才能抓住机遇，克服困难，应对挑战。一个稳定、开放、繁荣的中国，必将为维护世界和平、促进共同发展做出更大的贡献。当代大学生应站在国家的高度上，从全局出发，从整体利益出发，把稳定放在第一位，任何一个局部出现问题，都应从维护安定有序的局面出发，做稳定的促进派。

（3）爱国需要忠于职守

一个合格的爱国者，应该是一个顾全大局者，应该是一个遵纪守法者，更应该是一个忠于职守者。只有忠于职守，高质量地完成本职工作，为国家做出自己最大的贡献，才能算得上一名合格的公民，合格的学生。

大学生的神圣使命就是努力完成学业，成为一名合格的社会主义建设者和接班人。为达此目标，莘莘学子应该：第一是学习，第二还是学习，第三仍然是学习。这里并非是玩文字游戏，而是讲求实际。第一是学习，这是学生的天职要求，天职是最高之职，不可逃避，不可懈怠，只能孜孜以求，学好书本知识，融会先人经验，做一个知书达理之人。第二还是学习，指应跳出书本，学习社会，了解社会，跟上社会。当今信息社会，学生光有书本知识是不够的，而应该是书本知识与社会实践相结合，才不至于大学一毕业，就淘汰出局。这既是时代的要求，也是每个大学生不可逾越的鸿沟。第三仍然是学习，指学习是无止境的，应该伴随终身，因为科技迅猛发展、日新月异，不学习就落伍，不学习就遭淘汰是大势所趋。因此，大学生应在有限的在校期间，学会学习，为终身受用打下坚实基础。

成长故事

<h3 style="text-align:center">大学生爱国"四要、四不要"</h3>

"四要"——

要勤奋学习，化爱国热忱为学习动力；

要展示当代大学生的风采，用理性的力量为构建和谐社会而努力；

要充分相信政府有能力把握大局，给我国政府的灵活外交留下足够的空间；

要科学分析，全面思考，让理性融入爱国情感。

"四不要"——

不要被某些势力所利用，成为国家和民族利益的破坏者；

不要做始作俑者，不组织、煽动、带领非法的游行示威活动；

不要做不利于社会稳定的事情，不参加未经批准的非法游行集会活动；

不要做中转站，不通过短信和网络传播不利于社会稳定的消息。

【寄语广场】

"河山只在我梦萦，祖国已多年未亲近，可是不管怎样，也改变不了我的中国心。洋装虽然穿在身，我心依然是中国心……"

相信很多同学都在憧憬着多彩绚丽的明天，恨不得马上毕业，找到属于自己的舞台从而一展身手，为国效力。同学们，祖国期待着你们成长成才、建设家园，但同时也期待着你们能够苦练内功、夯实基础。

爱国，青年大学生责无旁贷。你们是最具有年龄、知识、思维优势的群体之一，是天之骄子，祖国的未来，民族的希望，肩负着中华民族的光荣与梦想，肩负着承前启后的历史责任。你们应当作"继承优良传统，具有仁慈和宽容之范的国人代表"，做"既具有血性又富有涵养的国人代表"，做"追求和平与和谐的国人代表"，将愤怒之情化为报国之志，将爱国之心化为强国行动。

爱国，青年大学生义不容辞。你们应用历史的眼光、辩证的方法、发展的思维、务实的态度，把浓烈的爱国情、报国志，化为现实的力量，认清形势，不受煽动，不被利用，做好自己的事，合法、理性、智慧地展现出青春的风采，大国的风度，扛起爱国的大旗。

【分享园地】

一、完成下列作业，并分享上传到学习空间。

欣赏、观看、阅读下列经典歌曲、影视作品和书目，根据其中一部影视作品，撰写一篇评论；根据其中一本书，撰写一篇读后感。

1.经典歌曲欣赏：《中华人民共和国国歌》《龙的传人》《我的中国心》《中国人》等；

2.经典影视推荐：《地道战》《上甘岭战役》等电影；《长征》《亮剑》等电视剧；

3.经典书目推荐：《可爱的中国》《雷锋》等。

二、结合自己的所学专业，发挥自己的特长，根据下面提供的节日，任选一个传统节日作为主题，创作一幅作品，形式不限。

春 节	元宵节	清明节
端午节	七夕节	中秋节
重阳节	除 夕	

三、撰写一份以爱国主义教育为主题的素质拓展策划书，具体要求如下：

1. 活动背景为具有纪念意义的重要日期，如八一建军节等；

2. 活动内容要充分体现大学生思想政治教育的特点。

【邀约成长】

话说家乡好

【目的】引导学生研究学习家乡，增强学生热爱家乡的情感，进一步培养学生的爱国主义、集体主义精神，增强学生的社会服务意识、公民自豪感、责任感及创新精神。

【时间】约 30 分钟。

【操作】以故事会的形式，组织"话说家乡好"活动，请同学们分别介绍各自家乡的风土人情。

【分享】

1. 你的家乡最让你感到自豪的是什么？

2. 你热爱你的家乡吗？你会为你的家乡发展做什么？

第十一章

青年共圆中国梦

【学习地图】

党的十八大以来，习近平总书记提出了实现中华民族伟大复兴的中国梦等一系列重要论述。这些重要论述，既体现了历史、现实与未来的内在联结，彰显了国家梦、民族梦与人民梦的高度一致，也是社会发展、人的发展与文化发展的集中反映。2016年5月4日，习近平总书记在同各界优秀青年代表座谈时，对实现中国梦与中国青年运动、当代青年发展的关系做了更清晰、更深刻的阐述，体现了我们党对青年和青年工作的一贯态度，也反映了党对新时期青年发展和青年工作的新思考新要求。本章介绍了中国梦的内涵与意义，以及中国梦与青年梦休戚与共的关系，对于用中国梦凝聚青年、引领青年、服务青年具有重要意义。

【案例分享】

专利小达人彭飞：将"工匠精神"在青春盛世中传递

他，曾获国家励志奖学金、黄炎培专项奖学金；带领着团队在第十届、第十一届全国"发明杯"比赛中获得一等奖10项，二等奖8项；在"东华测试杯"江苏省力学大赛中获得二等奖、三等奖各一项；他，还在大学就读期间就已申报专利二十余项……他，就是南京工业职业技术学院机械工程学院机自1424班学生彭飞。

彭飞，共青团员，1995年8月出生在江苏连云港的一个普普通通的农民家庭，从小就善于观察生活的点滴细节，喜欢思考研究身边的一些器物结构，经常会拆装生活中的小物件。高中时因父亲住院，想发明一个方便移动的病床。进入大学后，彭飞便加入机械创新设计协会。在老师的指导下，经过一系列的讨论思考、绘图模拟，他们终于设计出一款由单片机控制、可实现三维立体转移的更具人性化的转移车。这也是彭飞成功申请的第一份专利——"智能病人转移车"。

在校园里，彭飞的身影总是奔波在三点一线——实验室、宿舍、教室。文化成绩名列前茅，综合测评成绩始终保持班级第一，积极参加身边的活动和比赛，并且多次获得殊荣。2016年，彭飞和他的团队参加了"创青春"江苏省创新创业比赛，他们的作品是"三维打印技术"，在全省94所高校的256件作品中脱颖而出，荣获金奖。

"在当今这样呼吁高素质人才的时代，在我们身边优秀的学生典型有很多，我只是其中普普通通的一员。"彭飞希望用自己的实际行动带动更多的同学培养锲而不舍、驰而不息的"工匠精神"，为实现中华民族伟大复兴的"中国梦"而共同奋斗。

抹灰状元祝平辉：泥沙浆中抹出精彩人生

祝平辉，在建筑一线工作的抹灰工每次进行抹灰前，他总要认真确保所用的砂浆混合比例符合要求，并按照分项工程质量检验评定标准随时自我检查，保证工程质量，努力做到一次合格，减少返工造成的损失。就算是在赶工期，祝平辉也将"慢工出细活"这一准则实施到底，宁愿加班加点也不愿意凑合交工。

祝平辉的抹灰技术和工作态度逐渐得到了公司的认可，他抹的墙成了"免检墙"，并作为公司的样板墙供其他工友们参考学习。"在我的潜意识里我觉得我做出来的就是一件作品，被别人认可，被别人欣赏心里面还挺有成就感。所以我就更喜欢这个行业，更喜欢去研究这个行业。"不善言辞的祝平辉略带骄傲地说。

为了抹好一堵墙，祝平辉除了苦练基本功还不断尝试了很多新方法。他认为，要做新一代的建筑工人，不能只吃老本，只靠前辈的经验工作，要做到既会实践又懂理论，才能创新发展。2010年他攻读了广西广播电视大学房屋建筑专业，利用业余时间学习了施工技术等课程，并于2013年以优异成绩获得了大专文凭。他利用业余时间潜心研读了许多专业书籍，并将这些知识充分应用在了自己的实践工作当中，在许多技艺方面有了自己的创新。

"靠尺刮搓法"是祝平辉发明的第一个技术工艺。这个发明得到肯定之后，祝平辉一发不可收拾，更加积极地投入到了发明创造中，顶棚抹灰法、阳角护角法、地面机械收光法……一项项非常实用的技术工艺应运而生，他创造的这些工艺技术渐渐在各个工地流传开来。

功夫不负有心人。2006年，祝平辉参加桂林市职工（工种）职业技能大赛，获抹灰工第一名；2008祝平辉被评为广西壮族自治区优秀农民工，并在山东济南举行的全国建筑业抹灰工职业技能大赛中荣获一等奖；2011年祝平辉荣获全国"五一劳动奖章"；2015年荣获全国劳动模范称号；2017年荣获全国"最美职工"称号。在这些厚厚的荣誉证书背后，折射出的是祝平辉勤奋好学的精神、技能过硬的业务和对技艺的钻研，是他对品质极致的追求，是他几千个日夜在泥沙中的千锤百炼。

结合以上两个案例，谈谈你的梦想是什么？这些圆梦故事又给了你哪些启示？

【知识之窗】

中国梦·人民梦

一、中国梦的提出

2012年11月29日，习近平总书记率中央政治局常委和中央书记处的同志来到国家博物馆，参观《复兴之路》展览，第一次阐释了"中国梦"的概念。他说："大家都在讨论中国梦。我认为，实现中华民族伟大复兴，就是中华民族近代以来最伟大的梦想。"此后，习近平总书记又在国内外很多重要场合对中国梦进行了深刻阐述。

二、中国梦的内涵及影响

1.中国梦凝聚了几代中国人的夙愿

只有创造过辉煌的民族，才懂得复兴的意义；只有经历过苦难的民族，才对复兴有如此深切的渴望。《复兴之路》展览，回顾了中华民族的昨天，展示了中华民族的今天，宣示了中华民族的明天，生动诠释了近代100多年来中国人民寻梦、追梦、圆梦的历史进程。习近平总书记用三句话对这段历史进行了生动的叙说。

中华民族的昨天，可以说是"雄关漫道真如铁"。近代以后，中华民族遭受的苦难之重，付出的牺牲之大，在世界历史上都是罕见的。但是中国人民从不屈服，不断地奋起抗争。为了民族复兴，几代人魂牵梦萦，历经上下求索，千辛万苦，中华民族终于在中国共产党的正确领导下，掌握了自己的命运，建立了中华人民共和国，确立了社会主义制度，开始了建设自己国家的伟大进程。

中华民族的今天，可以说是"人间正道是沧桑"。改革开放以来，我们总结历史经验，不断艰辛探索，终于找到了实现中华民族伟大复兴的正确道路，取得了举世瞩目的伟大成就。在中国特色社会主义这条道路上，我国经济实力、综合国力大大增强，人民生活显著改善，实现了从温饱不足到总体小康再向全面小康迈进的跨越，国际地位和国际影响力空前提升，中国的崛起被国际媒体称为"近年来最重要的全球变革"。

中华民族的明天，可以说是"长风破浪会有时"。经过鸦片战争以来170多年的持续奋斗，中华民族伟大复兴展现出光明的前景。深藏于中国人民心中的民族复兴梦想，就要成真。正如习近平总书记指出的："现在，我们比历史上任何时期都更加接近中华民族伟大复兴这个目标，比历史上任何时期都更有信心、有能力实现这个目标。"

中国梦，反映了近代以来一代又一代中国人的美好夙愿，进一步揭示了中华民族的历史命运和当代中国的发展走向，指明了全党全国各族人民共同的奋斗目标。这一重要战略思想，是以习近平同志为核心的党中央对全体人民的庄严承诺，是党和国家面向未来的政治宣言，充分体现了我们党高度的历史担当和使命追求，为坚持和发展中国特色社会主义注入了崭新的内涵。

2.中国梦归根到底是人民的梦

中国梦视野宽广、内涵丰富、意蕴深远。习近平总书记指出："中国梦的本质是国家富强、民族振兴、人民幸福。"这个梦想，把国家的追求、人民的期盼融为一体，体现了中华民族和中国人民的整体利益，表达了每一个中华儿女的共同愿景。中国梦归根到底是人民的梦。人民是中国梦的主体，是中国梦的创造者和享有者。实现中华民族伟大复兴，是全体中国人民的共同追求。中国梦的实现是造福全体人民。因此，中国梦的深厚源泉在于人民，中国梦的根本归宿也在于人民。

他山之石

中国梦为了人民的幸福

中国梦继承了中华传统文化的这一精神内核，把人民幸福作为根本目标，体现了民族梦、国家梦与人民梦的有机统一。

中国梦是民生梦，即解决好人民群众最关心、最直接、最现实的利益问题，真正做到学有所教、劳有所得、病有所医、老有所养、住有所居。

中国梦是尊严梦，即让人民群众过上更体面、有尊严的生活。把公平正义、共同富裕、充分民主、法治昌明以及人的全面发展等贯穿始终，使人民的合法权益得到切实保障。

中国梦是成功梦，即让每一个中国人都能有成功和出彩的机会。生活在我们伟大祖国和伟大时代的中国人民，共同享有人生出彩的机会，共同享有梦想成真的机会，共同享有同祖国和时代一起成长与进步的机会。

3. 坚持中国道路、弘扬中国精神、凝聚中国力量

习近平总书记指出："实现中国梦必须走中国道路、弘扬中国精神、凝聚中国力量。"这为我们党团结带领人民持续把中国特色社会主义事业推向前进，为实现中华民族伟大复兴的中国梦而努力奋斗指明了方向。

中国道路就是中国特色社会主义道路。中国特色社会主义道路来之不易，是在改革开放40多年的伟大实践中走出来的，是在中华人民共和国70多年的持续探索中走出来的，是在对近代以来170多年中华民族发展历程的深刻总结中走出来的，是在对5000多年悠久文明的传承中走出来的，是科学社会主义理论逻辑和中国社会发展历史逻辑的辩证统一，具有深厚的历史渊源和广泛的现实基础。

实现中国梦必须弘扬中国精神，这是以爱国主义为核心的民族精神和以改革创新为核心的时代精神。伟大的梦想，需要伟大的精神作支撑。没有振奋的精神、没有高尚的品格、没有坚定的志向，一个民族不可能屹立于世界民族之林。爱国主义是中华民族的精神基因，维系着华夏大地上各族儿女的团结统一，激励着一代又一代中华儿女为祖国发展繁荣而不懈奋斗。

他山之石

中国精神的内涵

- 爱国爱民、忧国忧民、救国救民的使命感；
- 民族团结、国家统一、全民富强的整体观念；
- 自尊自信、自力更生、自强不息的奋斗意识；
- 天下兴亡、匹夫有责、先天下之忧而忧、后天下之乐而乐的责任感；
- 抗击强暴、百战不挠、英勇不屈的民族气节；
- 同甘共苦、团结互助、宽以待人、严以律己、顾全大局、无私奉献的伦理范畴；
- 勤俭节约、艰苦朴素、勤劳忍耐的责己意识；
- 清正廉明、言行一致、忠诚老实、实事求是的道德追求。

实现中国梦必须凝聚中国力量。我国56个民族都是中华民族大家庭中的平等一员，共同构成了你中有我、我中有你、谁也离不开谁的中华民族命运共同体。各族人民大团结的力量，是克服各种困难、战胜风险挑战的决定性因素。只要我们紧密团结，万众一心，为实现共同梦想而奋斗，实现梦想的力量就无比强大，我们每个人为实现自己梦想的努力就拥有广阔的空间。

他山之石

什么是中国力量?

一是道路的力量,即中国特色社会主义道路。

二是精神的力量,是以爱国主义为核心的民族精神,以改革创新为核心的时代精神。

三是团结的力量,就是中国各族人民大团结的力量。

四是人民的力量。广大工人、农民、知识分子发挥聪明才智,勤奋工作,积极在经济社会发展中发挥主力军和生力军作用。一切国家机关工作人员,要克己奉公,勤政廉政,关心人民疾苦,为人民办实事。解放军全体指战员、武装警察部队全体官兵,以听党指挥、能打胜仗、作风优良为强军目标。

4. 实干才能梦想成真

实现中华民族伟大复兴,是一项光荣而艰巨的事业,需要每一个人付出艰苦努力,用实干托起中国梦。习近平总书记强调:"面向未来,全面建成小康社会要靠实干,实现中华民族伟大复兴需要实干,基本实现现代化要靠实干,实现中华民族伟大复兴要靠实干。"空谈误国,实干兴邦。每一个人既是梦想家又是实干家,既要胸怀理想又要脚踏实地,把自己的事情做扎实,把改革发展稳定的任务落实好,一步一个脚印地朝着梦想奋进。

5. 中国梦与世界各国人民的美好梦想想通

如何看待中国梦与世界其他国家人民梦想的关系? 中国梦将给世界带来什么? 对此,习近平总书记多次宣示:中国梦是和平、发展、合作、共赢的梦,与世界各国人民的美好梦想息息相通,中国人民愿意同各国人民在实现各自梦想的过程中相互支持、相互帮助。中国将始终做全球发展的贡献者,坚持走共同发展的道路,继续奉行互利共赢的开放战略,将自身发展经验和机遇同世界各国分享,实现共同发展。

他山之石

中国"新四大发明"惠及全世界人民

北京外国语大学丝绸之路研究院发起了一次外国留学生民间调查,来自"一带一路"沿线的20国青年评选出了他们心目中中国的"新四大发明":高铁、支付宝、共享单车和网购。

- 中国高铁——让人们出行旅途的时间大大缩短
- 支付宝——向世界输出新的生活方式
- 共享单车——新创业,新出行
- 网购平台——足不出户实现高效购物

"出门不用带钱包,就带手机""外卖、快递都非常快""高铁很棒""回国有时会感到困难"……成为老外青年对中国的评价。

中国梦·青年梦

一、正确认识中国梦与青年梦

每当中国面临历史道路抉择的时候，中国青年就扮演着时代先锋的角色，成为中国走向繁荣富强的中坚力量。中国梦承载着中华民族亿万青年的共同向往，中国青年是实现中国梦的重要力量，二者的关系是历史的、现实的和统一的。

1. 青年是实现中国梦的中坚力量

实现中华民族伟大复兴，是中华民族近代以来最伟大的梦想，是一代又一代中国青年矢志追求并为之不懈奋斗的共同目标。在挽救民族危亡、争取国家独立和人民解放的历程中，青年是率先觉醒、救亡图强的探索者，是奋不顾身、抛洒热血的冲锋者。从"戊戌六君子"，到邹容、陈天华、秋瑾等一大批有志青年为民主共和慷慨赴死，再到黄花岗七十二烈士的壮烈牺牲，无不浸染着近代以来一代代热血青年的青春梦。一部中华民族伟大复兴的历史，最具牺牲精神和震撼人心的篇章都是由一代代青年所写就的。

在实现国家富强、人民幸福的奋斗进程中，一代代青年以主人翁姿态积极投身社会主义革命、建设和改革开放，是最富朝气、值得信赖的生力军，是锐意创新、攻坚克难的突击队。在社会主义革命和建设时期，广大青年响应党的号召，把青春献给党、献给祖国，向困难进军、向荒野进军，在新中国的广阔天地忘我劳动、艰苦创业；在改革开放时期，广大青年在经济领域、科技战线等大展身手，勇挑重担，成为推动历史发展和社会前进的重要力量。

2. 实现中国梦是青年发展的最好舞台

党的十八大围绕坚持和发展中国特色社会主义，提出了"两个一百年"的奋斗目标。"两个一百年"的奋斗目标为实现中国梦提出了清晰可见的"时间表"和"路线图"。对于以80后、90后为主体的当代青年而言，以"两个一百年"目标为阶段性标志的中国梦具有更为特殊的目标指向，即为实现中国梦而奋斗，这不仅是时代赋予当代青年的历史使命，也是当代青年实现全面发展的最好舞台。

从时间上看，实现"两个一百年"目标的历史进程，将贯穿当代青年成长发展的全过程，这为他们施展才华、实现价值提供了良好条件与广阔舞台。从条件上看，实现"两个一百年"目标，进而实现中国梦的奋斗历程，必然推动中国综合国力的极大提升、推动中国国际地位的不断提高，带来"更好的教育、更稳定的工作、更满意的收入、更可靠的社会保障、更高水平的医疗卫生服务、更舒适的居住条件、更优美的环境"，这将为当代青年实践创新搭建更广阔的舞台，为当代青年塑造人生提供更丰富的机会，为当代青年建功立业创造更有利的条件。中国梦给了当代青年梦想成真的机会、人生出彩的机会、同祖国和时代一起成长进步的机会。这种难得的历史机遇，必将为广大青年的成长发展带来更为广阔的舞台。

他山之石

安全感——无可替代的中国自信

2016年全球犯罪与安全指数显示，中国是治安保障最好的国家之一。安全感，已经成为无可替代的中国自信。

一个国家给国人的安全感不仅体现在永远冲在一线的子弟兵、随时准备出发的央企救援体系、自主研发的高端救援装备、有能力有信心打败一切来犯之敌的威武之师、危机来临可以放心依靠的坚强臂膀、坚持每一个生命都值得被尊重和善待的信仰，还体现在当国人在海外遭遇天灾人祸时，祖国对他们的不抛弃不放弃。

2015 年也门战乱，中国海军调派军舰赴亚丁港执行撤离任务，从生命攸关到安全登舰，571 名中国公民的撤离只用了 2 天。

2016 年，新西兰发生强震并引发海啸。包括中国游客在内的上千名游客被困。中国领事馆包下所有能够租用的直升机，40 个小时后，125 名中国游客全部安全撤离。

有这样一种安全感，叫作我是中国人！

3.中国梦指引青年成长成才

中国梦构建了一种连接传统与现代的价值观。在中国传统文化中，个人理想与家国天下始终都是紧密联系在一起的。无论是"修身齐家治国平天下"，还是"先天下之忧而忧，后天下之乐而乐"，都是这种共同体价值观的具体写照。

中国梦指引当代青年树立正确的人生理想。习近平总书记在同各界优秀青年代表座谈时指出，"理想指引人生方向，信念决定事业成败。没有理想信念，就会导致精神上'缺钙'"。中国梦以国家富强、民族振兴、人民幸福为基本内涵，把实现中华民族伟大复兴这个 170 多年来激荡在每一个中国人心中的梦想以形象通俗的语言清晰、简洁、明确地表达出来。这给当代中国社会和中国人一个既能有憧憬有超越又能看得见摸得着的目标，让中国特色社会主义更加亲和、更加清晰、更加具体。中国梦是承接历史、深入思考现实和未来而提出来的，所蕴含的历史逻辑和理论内涵，为当代青年选择和树立人生理想提供了社会基础、现实规定；所坚持的中国道路、所弘扬的中国精神，为面向青年开展理想信念教育提供了有说服力的内容；所具有的共同理想的感召力和向心力，为青年选择和树立个体理想指明了方向和参照。当代青年要勇于追梦、勤于圆梦，把"个人梦"汇入"中国梦"，用"青春梦"托起"中国梦"。

二、当代青年怎样为实现中国梦而努力

习总书记说："中国梦是我们的，更是你们青年一代的。中华民族伟大复兴终将在广大青年的接力奋斗中变为现实。"他在"再绘中国梦"时寄语全国广大青少年："要志存高远，增长知识，锤炼意志，让青春在时代进步中焕发出绚丽的光彩。"这是党对青年的殷殷期盼，这是国家对青年的深深呼唤。

1.在党的引领下寻求圆梦的精神动力

当代青年要去实现"中国梦"，必须要有正确的奋斗方向。中国共产党作为领导全国各族人民建设中国特色社会主义的核心力量，必然会引领当代青年朝着正确的奋斗方向前进。因此，青年必须热爱中国共产党，坚定共产主义信仰，认真学习党的基本理论知识，为实现"中国梦"寻求精神支柱。实现"中国梦"的路并不是依靠青年一腔热血就可以实现的。青年只有在中国共产党的引领下，才能寻求到努力的方向，才能寻求到实现"中国梦"持续奋斗的精神动力。中国精神、延安精神、雷锋精神等便是青年实现"中国梦"的精神动力。

成长故事

以青春的力量践行中国梦

尹书君，邢台临西县人，她被评为"谁让我们怦然心动，谁让我们热血沸腾"的"邢台十大好人"，被亲切地称为"折翅天使""新时代的张海迪""中国当代女保尔"，她的事迹深深感动了社会。

- 5 次病危、8 进手术室几度与死神擦肩而过；
- 顽强抗争，尹书君把每天都当成生命的最后一天；
- 一支笔、一个本子写出 11 万字"生命日记"。

2. 在社会实践中探寻圆梦的现实途径

青年对社会生活的现实问题难免认识不足，容易形成"空谈误国"，会将实现"中国梦"停留在口号上。因此，青年必须利用周末和节假日，走入社会，走进基层，参加各类社会实践，发现现实问题，寻找解决问题的现实途径，让"中国梦"的实现越来越近。

3. 在脚踏实地的实干下实现中国之梦

实现中国梦，当代青年必须要脚踏实地，刻苦学习，增长知识，掌握本领。青年人只有脚踏实地的实干，才能把美丽的梦想变成光辉的现实。中共中央总书记、国家主席习近平指出："全国广大青少年要志存高远，增长知识，锤炼意志，让青春在时代进步中焕发出绚丽的光彩。"

实现中国梦，青年正当时。一切有志于实现中国梦的当代青年，都应该扬帆起航、中流击水，树立远大理想、坚持发奋学习、注重锻炼品德、勇于进取创新、始终艰苦奋斗，在党的指引下把握方向、围绕大局，服务经济发展，促进社会和谐，在全面建成社会主义现代化强国的奋斗中书写璀璨篇章，在实现中国梦的征程上留下青春的脚印！

【寄语广场】

从带领中国人民"站起来"，到改革开放让人民"富起来"，再到建成小康社会让 13 亿人民"幸福起来"，是中国共产党矢志不渝的追求。曾经遥不可及的梦想，正在我们的团结奋斗中不断靠近，生活在我们伟大祖国和伟大时代的中国人，共同享有人生出彩的机会，共同享有梦想成真的机会，共同享有同祖国和时代一起成长与进步的机会。"中国梦，青年梦"，青年是祖国的未来，民族的希望，当代青年大学生应该也一定能够在这场伟大的变革与实践中大显身手，担当起同心共圆中国梦的历史使命。

【分享园地】

1. 主题讨论：中国梦为当代青年成长成才提供了怎样的环境？
2. 主题讨论："中国梦，青年梦"——你会以怎样的行动来圆梦？
3. 课后阅读青年圆梦的故事，将故事和自己的学习心得上传到大学城个人空间与同学分享。

承担责任

【目的】

1.让学生正确看待别人的错误。

2.让学生学会做一个负责任的人。

【时间】

约 30 分钟。

【操作】

1.将全班同学分为不同的小组,每组 4 人,两人相向站着,另外两人相向蹲着,一个站着和一个蹲着的人是一组;

2.站着的两个人进行"剪刀、石头、布"猜拳,猜拳胜者,则由和猜拳胜者一组蹲着的人去刮对方输的一组中蹲着的人的鼻子;

3.输方轮换位置,即站着的人蹲下,蹲着的人站起来;继续开始下一局;

4.若开始的新局中,上次胜方站着的人若在猜拳中输掉,则上次胜方蹲着的人要被上次输方站着的人刮鼻子;

5.在接下来的一局中,胜方也轮换位置,即原来站着的人蹲下,蹲着的人站起来,开始新的一局;

6.活动可反复进行几个回合,由小组成员自行决定。

【分享】

1.如何看待自己的责任和别人的过错?

2.当自己的同伴失败的时候,有没有抱怨?

3.同组中的两个人有没有同心协力对付外面的压力?

第十二章

坚定信念跟党走

【学习地图】

伴随着经济全球化进程的日益深入，各种文化思潮和价值观念冲击着大学生的思想，由于其人生阅历的肤浅和辨识能力的薄弱，导致有些人出现了理想信念模糊、价值观念错位，缺乏远大理想和抱负。

欲知大道，必先为史。作为民族的希望，祖国的栋梁，当代大学生应学习党史，从党的伟大成就中受到鼓舞、从党的优良传统中得到教化、从党的成功经验中获得启迪。本章主要引导大学生正确认识国家的前途命运，认识自己的社会责任，坚定在中国共产党的领导下走中国特色社会主义道路、实现中华民族伟大复兴的共同理想和坚定信念。

【案例分享】

从夏府少爷到革命烈士

夏明翰，湖南衡阳人，出身豪绅家庭，却毅然投身革命，成为湖南农民运动的发动组织者之一，直至为此殉难而不悔。1928年2月7日他在汉口被捕，敌人用了种种手段，想让夏明翰说出中国共产党的地下组织，但是毫无所得。又一次审讯开始了。夏明翰镇静自若地走进来，昂首对着那个恶煞般的主审官怒目而视。

主审官问："你姓什么？"

夏明翰答："姓冬。"

"你明明姓夏，为什么说姓冬？简直是胡说！"

"我是按国民党的逻辑讲话的。你们的逻辑是颠倒黑白、混淆是非的，你们把杀人说成慈悲，把卖国说成爱国。我也用你们的逻辑，把姓'夏'说成姓'冬'，这叫以毒攻毒。"

主审官又问了几个问题，可是什么都问不出来。反动派在夏明翰身上连半根稻草都没捞到，而且失去了希望，只得使出了最后的一招，宣布"就地处决"。刑场上，夏明翰泰然自若，连声高呼革命口号，接着又高唱起《国际歌》，反动派在这凛然正气的震慑下胆战心惊。临刑前，夏明翰奋笔写了一首正气凛然的就义诗："砍头不要紧，只要主义真。杀了夏明翰，还有后来人。"他用自己的鲜血和生命，谱写了一曲壮烈的革命之歌，以热血谱就了一首气壮山河的正气歌，体现了一名共产党员无比坚定的信仰和为理想而无畏牺牲的崇高品格。

为国防事业殚精竭虑的"赤子院士"

林俊德，中国工程院院士、原总装备部某基地研究员，入伍52年，参加了我国全部核试验任务，为国防科技和武器装备发展倾尽心血，在癌症晚期，仍以超常的意志工作到生命的最后一刻。

2012年5月4日，他被确诊为"胆管癌晚期"。为了不影响工作，他拒绝手术和化疗。5月26日，因病情突然恶化，他被送进重症监护室。醒来后，他强烈要求转回普通病房，他说："我是搞核试验的，一不怕苦，二不怕死，现在最需要的是时间。"在他生命的最后3天中，这位75岁的科学家与死神展开了一场争分夺秒的赛跑：整理电脑资料，批改科研论文，召集课题组成员交代后续科研任务……对于自己的后事，院士只交代了一句话：把我埋在马兰。

"咱们花钱不多，做事不少。咱讲创造性，讲实效，为国家负责。"52载饱经戈壁风霜之苦，林俊德对自己的一生深感欣慰，"我们这代人留下的不是痛苦的回忆，留下的是一种自信，一种自尊"。

"我是共产党和中国人民培养成长的，我要对得起他们。"从52载藏身大漠献身国防科研到生命最后3天的奋起拼搏，支撑这位科学家创造一个个科研和生命奇迹的，是这样一颗金子般的赤子之心。一朵怒放的戈壁马兰凋谢了，而在罗布泊这片写满传奇的大漠戈壁上，那曲人人皆知的《马兰谣》却将永远传唱——

"一代代的追寻者，青丝化作西行雪；一辈辈的科技人，深情铸成边关恋。青春无悔，生命无怨，莫忘一朵花儿叫马兰……"

上面的故事告诉我们：无数的先烈和仁人志士，不计个人得失与荣辱，永远听党话、跟党走，只有共产党才是他们心中永远不灭的信念，是他们一生所追寻的阳光，最终从胜利走向胜利。作为当代青年，我们也应该反思，为什么要跟党走？又如何坚定信念跟党走呢？

【知识之窗】

知党史　感党恩

近代以来中国人民面临争取民族独立、人民解放和实现国家繁荣富强、人民共同富裕这两大历史任务。党团结带领全国人民为实现这两大历史任务而不懈奋斗，这是中共党史的主题和主线。

众所周知，中国共产党从诞生直到今天，走过了九十多年的风雨历程。回顾中国共产党九十多年光辉灿烂的历程，中国共产党领导人民进行新民主主义革命、社会主义革命和建设、改革开放和社会主义现代化建设并取得伟大胜利的历史，是党坚持把马克思主义基本原理同中国具体实际相结合，实现马克思主义中国化，形成、丰富、发展毛泽东思想和中国特色社会主义理论体系伟大成果的历史，是党自觉加强自身建设，保持和发展先进性，经受住各种风险考验而不断发展壮大的历史，这是中共党史的主流和本质。总结中国共产党在不断发展壮大的过程中经历的经验和教训，对于我们每个共产党员、入党积极分子和青年学生，对于全体中国人民都有着十分重要的意义。

一、革命史"站起来"——浴血中华，开天辟地

1."十月革命"给中国送来了马克思主义，中国共产党成立。

1917年，列宁领导的俄国十月革命开辟了人类历史的新纪元，十月革命促进了中国人民的新觉醒，使中国的先进分子找到了救国救民的真理。伴随俄国十月革命的影响，新文化运动的兴起，特别是马克思主义的广泛传播并逐步与工人运动相结合，一批先进的中国知识分子逐步确立了以马克思列宁主义救中国的信念，开始酝酿在中国成立马克思主义的政党。1920年夏，陈独秀在上海成立了第一个共产主义小组，内地各省市的共产主义小组相继成立，周恩来等人组建旅法共产主义小组，为中国共产党的建立奠定了思想上和组织上的基础。

他山之石

速览19次党代会

党代会	时间	亮点
十九大	2017年10月	把习近平新时代中国特色社会主义思想写入党章
十八大	2012年11月	把科学发展观确立为长期指导思想
十七大	2007年10月	首次对马克思主义中国化第二次飞跃的理论成果作了概括
十六大	2002年11月	把"三个代表"写入党章
十五大	1997年9月	把邓小平理论确立为指导思想
十四大	1992年10月	提出建立社会主义市场经济体制
十三大	1987年11月	阐述了社会主义初级阶段理论
十二大	1982年9月	首次提出"建设中国特色社会主义"的崭新命题
十一大	1977年8月	宣告"文化大革命"结束
十大	1973年8月	继续推行"文化大革命"以来"左"的严重错误
九大	1969年4月	充满"左"的严重错误，突出强调"以阶级斗争为纲"
八大	1956年9月	初步描绘了中国共产党人的强国梦想
七大	1945年6月	确立毛泽东思想在全党的指导地位
六大	1928年7月	明确中国社会和现阶段革命的性质
五大	1927年6月	第一次选举产生了中央监察委员会
四大	1925年1月	第一次明确提出无产阶级的领导权问题
三大	1923年6月	决定实现国共合作的方针和办法
二大	1922年7月	第一次明确提出反帝反封建的民主革命纲领
一大	1921年7月	中共首部党章，宣告中共诞生

2. 国共第一次合作，取得北伐战争胜利。

1924 年，中国共产党同孙中山领导的国民党建立革命统一战线，取得了北伐战争的重大胜利。

3. 国共合作失败，确立农村包围城市夺取革命胜利等思想，建立井冈山革命根据地。

经过 1927 年的八一南昌起义，9 月 9 日的秋收起义，还有广州起义，以及井冈山的斗争，建立了 10 多块革命根据地，使中国革命逐步走上了农村包围城市的正确道路。由于第四次反围剿的失利，红军被迫长征。

4. 开天辟地，惊世骇俗的二万五千里长征。

1935 年 1 月，红军长征来到贵州省遵义市，在这里中共中央召开了政治局扩大会议，也就是我党历史上著名的遵义会议，本次会议确立了毛泽东同志在党内军内的领导地位。此后，中央红军在以毛泽东为领导核心的指挥下，历尽千辛万苦，战胜千难万险，1936 年 10 月，胜利完成了举世瞩目的二万五千里长征，到达陕北革命根据地，奇迹般地打开了革命的新局面。

他山之石

长征精神之内涵

长征是历史纪录上的第一次，长征是宣言书，长征是宣传队，长征是播种机。长征是以我们胜利、敌人失败的结果而告结束。谁使长征胜利的呢？是共产党。没有共产党，这样的长征是不可能设想的。长征一完结，新局面就开始。

———毛泽东《论反对日本帝国主义的策略》

长征精神的内涵是什么？

把全国人民和中华民族的根本利益看得高于一切，坚定革命的理想和信念，坚信正义事业必然胜利的精神；

为了救国救民，不怕任何艰难险阻，不惜付出一切牺牲的精神；

坚持独立自主、实事求是，一切从实际出发的精神；

顾全大局、严守纪律、紧密团结的精神；

依靠人民群众，同人民群众生死相依、患难与共、艰苦奋斗的精神。

5. 抗争爆发，第二次国共合作，打击日本侵略者，取得抗日战争的胜利。

1931 年，日本帝国主义在沈阳发动"九一八"事变，抢占了我国东北三省。1937 年，日本侵略者蓄意发动卢沟桥事变，开始了全面侵略我国的战争。在这中华民族处于生死存亡的关头，中国共产党和国民党建立了抗日民族统一战线。我党及其领导的八路军、新四军在十四年抗战中起了中流砥柱的巨大作用，中国人民第一次取得了近代反侵略战争中的彻底胜利。

6. 艰苦奋斗，依靠人民，取得解放战争的伟大胜利

抗日战争结束后，历经战争劫难的中国人民渴望和平。中国共产党力图通过和平的途径来建设一个独立、民主、富强的新民主主义中国，经过与国民党长时间复杂而艰苦的谈判，双方正式签署会谈纪要，即《双十协定》。然而，国民党不顾中国人民长期战乱后休养生息的强烈意愿，执意发动内战，试图消灭中国共产党领导的人民革命力量。内战政策，激起了要求和平民主的广大人民的强烈愤慨。我党领导人民开始气势磅礴的解放战争，粉碎了国民党

反动派的一次又一次的大规模进攻，取得了辽沈、淮海、平津三大战役的胜利。1949年4月21日，人民解放军向全国进军，奋勇前进，坚决、彻底、干净、全部地歼灭敌人。"百万雄师过大江，天翻地覆慨而慷！"中国人民在中国共产党的领导下，终于推翻了国民党的反动统治，取得了新民主主义革命的伟大胜利。

1949年10月1日举行开国大典，伟大领袖毛主席在天安门城楼上向全世界庄严宣告：中华人民共和国成立了！中国人民从此站起来了！举世瞩目，万众欢腾。新中国的建立，开创了中国历史新纪元，实现了中国从几千年封建专制政治向人民民主的伟大飞跃。

二、奋斗史"富起来"——曲折探索，奠基伟业

新中国建立后，满目疮痍，百废待兴。经过艰难探索，社会主义建设在曲折中前进，政治、经济、外交、交通、科技、教育等方面都取得了重大成就。党和政府紧紧依靠人民群众开展剿匪、肃特、镇压反革命、土地革命、抗美援朝、"三反"、"五反"等政治运动，肃清了反革命残余势力，铲除了封建土地制度，战胜了以美国为首的帝国主义的封锁、破坏和武装挑衅，巩固了新生的人民政权，迅速医治了战争创伤，荡涤了旧社会的污泥浊水。

短短三年时间，把国民经济恢复到历史最高水平，使广大人民过上了和平、安宁的生活。在这个基础上，党又带领人民制定和实现了第一个五年计划。正如邓小平同志在评估党的十一届三中全会前30年所取得的伟大成就时所说："社会主义革命已经使我们大大缩短了同发达资本主义国家在经济方面的差距。我们尽管犯过一些错误，但我们还是在三十年间取得了旧中国几百年、几千年所没有取得的进步。这个时期'成绩是主要的''光明是主要的'"。

他山之石

中国共产党成功解决"两个挨"问题

李教在清华大学进行"神州文化之旅"的演讲中说："从近代以来，中国一直面临两个问题，一个是如何避免挨打，另一个是如何避免挨饿。在避免挨打部分，共产党今天做到了没人敢打中国，中国真正实现了富国强兵；第二部分避免挨饿，改革开放以来中国的发展繁荣有目共睹。"

1976年，粉碎了林彪、"四人帮"反革命集团，结束了"文化大革命"这场灾难。经过1978年关于真理标准的大讨论，党重新确立了实事求是的思想路线，纠正了长期以来的"左"倾错误，党的十一届三中全会揭开了党和国家历史的新篇章，是中华人民共和国成立以来我党历史上具有深远意义的伟大转折。

1982年，邓小平在党的第十二次全国代表大会上提出，现代化建设要走自己的道路，要建设有中国特色的社会主义。改革开放是决定中国命运的关键抉择，是发展中国特色社会主义、实现中华民族伟大复兴的必由之路，只有社会主义才能救中国，只有改革开放才能发展中国。

他山之石

邓小平四大历史贡献

"一人千古，千古一人"，是薄一波同志写给邓小平的一副挽联。薄老解释说："一人千古，表达了我对小平同志的哀思；千古一人，是我对他的评价，是说他成就

大业、功勋至伟。"他认为邓小平对中国的四大历史贡献在于：

第一，带领中国人民改革开放富起来；

第二，废除领导职务终身制，建设民主法制社会；

第三，"一国两制"实现祖国和平统一的天才构想和成功实践；

第四，创立中国特色社会主义理论。

几十年来，中国共产党通过改革开放，带来了经济上的快速发展，这是中华民族伟大复兴的基础。2003年以来，中国经济增长对世界GDP增长的平均贡献率高达13.8%。2010年，中国经济总量跃居世界第二，进出口总额居世界第三，人民生活从温饱不足发展到总体小康，农村贫困人口从2.5亿减少到2000多万。

他山之石

谁在养活中国

美国学者莱斯特·布朗，曾经在20世纪90年代撰文质疑《谁来养活中国》。他认为，到21世纪初，中国日益严重的水资源短缺，高速的工业化进程对农田的大量侵蚀、破坏，加上人口的增长，为了养活10多亿的人口，中国可能得从国外进口大量的粮食，甚至会把全世界粮食吃光。

而事实呢？2010年，我国全年粮食产量54641万吨，连续7年增产（是增产，不单单是丰收）。这么多年来的实践证明，在世界粮食问题还没有根本解决，许多人还在饿肚子的今天，中国并没有将自己的饭碗放在他人手上，中国共产党领导下的中国人民自己养活了自己！

改革开放以来，我国社会主义现代化建设取得了伟大成就，社会生产力和综合国力显著提升。2003年、2005年神舟载人飞船的升空，2007年嫦娥1号、2010年嫦娥2号，2008年奥运会在北京完美谢幕，2010年世界博览会在上海隆重举办，还有精彩的广州亚运会……大量事实充分说明，在中国共产党的正确领导下，任何艰难险阻都会战胜，中华民族比近代以来任何时期都接近伟大复兴的目标。

三、发展史"强起来"——国强民富，共享盛世

"党的十八大以来，在新中国成立特别是改革开放以来我国发展取得的重大成就基础上，党和国家事业发生历史性变革，我国发展站到了新的历史起点上，中国特色社会主义进入了新的发展阶段。"在这一发展阶段，中国特色社会主义的历史使命就是实现两个一百年目标，实现中华民族伟大复兴，建成社会主义现代化强国，真正实现"强起来"的奋斗目标。

党的十八大以来，经济建设取得重大成就。经济保持中高速增长，在世界主要国家中名列前茅，国内生产总值稳居世界第二，对世界经济增长贡献率超过百分之三十。区域发展协调性增强，大力开展"一带一路"建设，天宫、蛟龙、天眼、悟空、墨子、大飞机等重大科技成果相继问世。这些全球瞩目的重大成就，让中国自豪，让世界惊叹。

党的十八大以来，政治建设扎实推进。从"三严三实"专题教育到"学党章党规、学系列讲话，做合格党员"学习教育，中央共出台或修订近80部党内法规，反腐败斗争压倒性态势已经形成。时至今日，"八项规定"从一个新名词变得家喻户晓，深入人心。人民群众对党风

廉政建设和反腐败工作的满意度逐年提升。

党的十八大以来，民主法治建设迈出重大步伐，思想文化建设取得重大进展，生态文明建设成效显著……

党的十九大报告中提出："人民群众对美好生活的向往，就是我们的奋斗目标。"中国共产党的一切工作都是为了人民的美好生活，而人民的一切美好生活都是在中国共产党领导下通过不懈奋斗而取得的。正是在这样的一个大逻辑中，人民的生活与党的领导、国家的进步息息相关。美好生活，从个体的愿望出发，更多的就业机会，更稳定的收入，更完善的社会保障体系，更健全的社会法治体系，更美好的城市、乡村生活环境……而这取决于党的领导更加有力，国家发展实力更加雄厚，社会秩序更加稳定。当今的中国面临着前所未有的发展机遇，我们的党，我们的国家，我们的民族，都"站到了新的历史起点上"，在新起点上起飞，在新时代中奋进，我们比以往任何时候都有条件向着富强起来的美好未来大步前行！

他山之石

建设社会主义现代化强国

到 21 世纪中叶，我国将全面建成富强民主文明和谐美丽的社会主义现代化强国，这包括六个方面的主要目标：

第一，建成富强的社会主义现代化强国。"强国"就是主要总量指标居世界第一（我国 GDP 占世界总量比重将超过 30%）。

第二，建成民主的社会主义现代化强国。社会主义制度优势、政治优势、国家优势以及人民当家做主的人民优势更加凸显。

第三，建成文明的社会主义现代化强国。人民精神文化生活更加丰富，公民道德素质全面提高，中华文化整体实力、国际影响力、国际竞争力、软实力更加强大。

第四，建成更加和谐的社会主义现代化强国。建设充满活力、团结和睦的社会，形成有效调节各种社会矛盾、处理各类社会危机、减少各种社会成本的机制。

第五，建成更加美丽的社会主义现代化强国。实现人与自然和谐相处、共生共荣。

第六，建成对人类发展做出重大贡献的社会主义现代化强国。中国将对人类和世界发展做出如下重大贡献：和平贡献、经济发展贡献、创新发展贡献、文化发展贡献和绿色发展贡献。

明信念　跟党走

一、当代大学生理想信念现状

理想和信念是人生目的的体现，是人生发展的内在动力。所谓"理想"通常是指人们在实践中形成的、具有实现可能性地对未来的向往和追求。所谓"信念"是指人们在一定的认识基础上确立的、对某种理论主张或思想见解及理想坚信无疑，并要努力身体力行的精神状态。

理想信念是人们对未来的向往和追求，一旦形成，就会成为支配和左右人们活动的精神动力。当代大学生所肩负的历史使命决定了只有当他们确立了共同的、崇高的理想信念，才能健康成长成才。总结而言，当前大学生理想信念现状呈现以下几方面的特点：

1.当代大学生理想信念状况的主流是积极、健康、向上的。

他们对祖国的前途十分关心，认识到个人的命运与国家的发展是紧密相连的。在思想政治方面，他们热爱党，热爱社会主义，坚决拥护党的路线方针政策，对坚持走中国特色社会主义道路、实现全面建设小康社会的宏伟目标充满信心。在生活和学习中，他们思想活跃，自尊意识突出，成才愿望强烈。

2.少数大学生理想远大，但缺乏实现理想的具体目标。

大学生比较缺乏对社会现实的深入了解和自身未来的人生规划，少数大学生思想消极颓废、心灵空虚、不思进取，未能牢固地树立马克思主义的世界观、人生观、价值观。

3.少数大学生对社会主义信心不足，存在理想信念危机。

对科学社会主义理论的掌握不够，甚至对社会主义的前景存在着迷茫、困惑的模糊认识。没有认识到共产主义理想信念对国家、社会、个人成才的根本性指导作用。同时，由于对党内出现的腐败现象和个别党员出现问题的认识较为片面，导致了这部分学生共产主义理想信念淡化，政治热情不高。

二、当代青年要坚定信念，永跟党走

1.树立中国特色社会主义的共同理想

建设中国特色社会主义，把我国建设成富强民主文明的社会主义现代化国家，是现阶段我国各族人民的共同理想。这个共同理想集中了我国工人、农民、知识分子和其他劳动者、爱国者的利益和愿望，是保证全体人民在政治上、道义上和精神上的团结一致，克服困难争取胜利的强大的精神武器。

首先，大学生要坚定对中国共产党的信任。中国共产党是中国工人阶级的先锋队，同时是中国人民和中华民族的先锋队，是中国特色社会主义事业的领导核心。中国共产党的领导地位是历史形成的，是中国人民在长期的艰苦斗争中的正确选择。

其次，大学生要坚定走中国特色社会主义道路的信念。社会主义制度在我国的建立，实现了中国历史上最广泛最深刻的社会改革。新中国成立后，中国共产党带领全国人民在建设社会主义的道路上进行了开创性的、艰辛的探索，取得了巨大的成就，积累了丰富的经验，也遭遇了一些挫折，付出了沉重的代价。党的十一届三中全会以来，中国共产党总结我国社会主义建设的经验教训，形成了建设中国特色社会主义理念，开创了建设中国特色社会主义的道路。改革开放以来，我国经济社会发展所取得的辉煌成就雄辩地证明，中国特色社会主义符合中国国情，符合全国各族人民的利益，是中国发展、走向富强的必由之路。

最后，大学生要坚定实现中华民族伟大复兴的信心。中华民族是一个历史悠久的伟大民族，在数千年的历史长河中，创造了十分辉煌的文明，为人类发展和进步做出了举世公认的重要贡献。但是近代以来，中国沦为半殖民地半封建的国家，国家积贫积弱，人民饱受磨难。为拯救民族危亡，中国人民进行了长期探索和斗争，许多志士仁人为之流血牺牲，但都没能改变中国人民的悲惨命运。中国共产党勇敢地担负起实现中华民族伟大复兴的庄严使命。党团结和带领全国各族人民完成了民族独立、人民解放的历史任务，为实现民族复兴奠定了最重要的基本前提。党的十一届三中以后，我们找到了建设中国特色社会主义的道路，实现民族伟大复兴的事业获得了新的强大生机。经过中华人民共和国成立后 70 多年特别是近十多年的发展，我国社会主义建设取得了举世瞩目的巨大成就。民族伟大复兴需要一代代中华儿女前仆后继、共同奋斗。当代大学生，要树立为祖国繁荣富强贡献青春力量的远大志向，在为实现中华民族伟大复兴的奋斗中谱写壮美的青春之歌。

成长故事

总书记有话对你说！

1. 青年大学生要勤学，下得苦功夫，求得真学问；
2. 青年大学生要修德，加强道德修养，注重道德实践；
3. 青年大学生要明辨，善于明辨是非，善于决断选择；
4. 青年大学生要笃实，扎扎实实干事，踏踏实实做人。

2. 大学生要确立马克思主义的信念

马克思主义是科学的又是崇高的。马克思主义深刻揭示了人类历史的发展规律，反映了无产阶级的革命本质和博大胸怀，以解放全人类为己任，为人类的进步和解放指导了正确方向，为人们认识世界和改造世界提供了科学的立场、观点和方法。

马克思主义具有与时俱进的理论品格和持久的生命力。马克思主义虽然诞生于 19 世纪，但并没有停留在 19 世纪。作为一个以指导革命与建设为己任的开放的理论体系，马克思主义非但不排斥而且最能够吸收、提炼人类创造的一切科学知识，并将其运用于推动社会历史的进步。150 多年来，它不断总结社会主义革命、建设和改革的经验教训，吸收、借鉴和融合各种优秀的思想文化成果，在继承中发展，在创新中前进，始终与时代同行、与实践共进。马克思主义发展史，就是一部不断发展、完善和创新的历史。

马克思主义以改造世界为己任。马克思主义关于人类社会必然走向共产主义的基本原理，是建立在对人类社会发展规律正确认识的基础上的科学预见。共产主义社会将是物质财富极大丰富，人民精神境界极大提高，每个人自由而全面发展的社会。共产主义只有在社会主义社会充分发展和高度发达的基础上才能实现。共产主义是一种理想、一种学说、一种制度，更是一种实践，需要千百万人一代又一代不懈的努力。追求共产主义远大理想与坚定中国特色社会主义共同理想是统一的。习近平指出："共产主义绝不是'土豆烧牛肉'那么简单，不可能唾手可得、一蹴而就，但我们不能因为实现共产主义理想是一个漫长的过程，就认为那是虚无缥缈的海市蜃楼，就不去做一个忠诚的共产党员。革命理想高于天。实现共产主义是我们共产党人的最高理想，而这个最高理想是需要一代又一代人接力奋斗的。"一切有志于为人类解放事业而奋斗的大学生，要胸怀共产主义的远大理想，在中国特色社会主义事业中积极贡献力量。

3. 实际行动报党恩

作为当代有志青年，应当肩负起历史的重任，以实际行动报效党恩。一是要热爱中国共产党，激发对党的深厚感情，坚决听党的话，跟党走，确立实现中国梦的雄心壮志。二是努力学习，掌握本领，坚定信念，在中国共产党的领导下，为建设社会主义现代化强国不懈奋斗。

成长故事

厉害了，"耶鲁哥"！

重庆南开中学毕业，20岁取得美国耶鲁大学的全额奖学金，赴美留学。26岁在耶鲁大学完成了经济学和政治学两个专业的学习，取得文科学士学位。在许多人看来，有着这样经历的人走的一定是一条穿西装、拿高薪的富贵路。从耶鲁毕业后，秦玥飞却选择来到湖南一个小山村，成为一名普通大学生村干部。

刚来到贺家山村，太多的"惊喜"在等待着他。居住在低矮破旧的老红砖房。在这个老幼留守的村里，除了白发老者多是幼童，年轻劳动力寥寥无几，就连早晚冲凉这个多年来的习惯竟成了他在村里出名的一件大事。

一个没有背景的外乡人，硬是凭借自己倔劲和智慧，凭借自己一颗一心为民谋福利的诚心，用智慧和力量推动这个小山村点点滴滴的变化。硬化村级道路、安装路灯、改善农田灌溉设施、引进信息化教育设备、改扩建敬老院，等等，他带来了不一样的风景。

从耶鲁毕业生到大学生村干部，这样的选择是多么的"另类"，可这种不同又是我们这个时代多么需要的！多少人在尘世中难舍浮华诱惑，秦玥飞却坚持在山村拓展自己的舞台，坚守自己最初的理想与追求，找到人生追寻的意义。

因为深知，中国有2948.5万农村家庭生活在贫困线以下。中国还有约4000个村庄没有通电，数千万家庭喝不上干净水，一些人一年只能吃三次肉。2016年夏，一场"到麦田去"的计划悄然兴起。30多名"乡村创客"从美国哈佛大学、澳大利亚国立大学、清华、复旦、中国社科院出发，分赴麦田。他们把"家"安在了湖南、江西、山东、广东的10余个贫困县。创客们打开了山村与世界的窗口，建设中国美丽乡村，真正助力脱贫攻坚。

"我们被天空迷惑了太久，似乎已经忘了大地才是我们身处其中，并终将回归的地方。事实上，负荷越重，我们的生命越贴近大地，它才拥有越真切的实在。"

【寄语广场】

"少年智则国智，少年强则国强，少年雄于地球，则国雄于地球。"青年是祖国的未来，是民族的希望。我们党从成立之初就将进步青年紧紧团结在周围，广大青年也把我们的党当作是人生进步的方向与指针。作为新时代的青年，我们应当肩负起中华民族伟大复兴的神圣责任，把握现在的好时光，努力学习科学文化知识，锐意进取，顽强拼搏，不负当代青年的承诺和担当。

【分享园地】

1. 阅读优秀党员的先进事迹。作为学生党员，现实中应怎样发挥自身的先锋模范作用？
2. 观看一部党的历史影片，写出自己的心得体会并上传至学习空间共享。

3. 当代大学生应如何坚定信念跟党走，为实现中华民族的伟大复兴而努力？

【邀约成长】

画图接力赛

【目的】

培养成员的合作态度，训练思考，讨论和创造的能力，学习合作的行为，培养团体合作精神。

【时间】

约 30 分钟。

【操作】

指导者介绍活动规则，根据所规定的题材(如我们的学校，未来的学习，成功的日子等)，各组成员在限定的时间内，通过充分的讨论，发挥各自的想象力，轮流接力将图画完成，要求成员每人都必须动手，图画必须是团体合作的结果。如果成员各执己见，不能充分讨论协商，则会由于意见不集中而耽误了时间，无法顺利完成任务；如果成员协商充分，意见集中，则作品不仅有创意，有特色，而且所花时间少。成员通过此练习，可以学习团体内如何沟通，促进合作。

成员之间可以提供意见，但不可以代画。每人都要画，最后小组进行解说，领导者进行评选，颁发奖品。这个活动有奖品哦，大家一定要加油。

【分享】

1. 你们是如何确定来这样画这幅画的？

2. 在这个过程中，你们小组是如何完成的？有没有出现以一个人为中心的现象？

3. 在这个活动中，你发挥了什么作用？若没有你，他们能达到目标吗？

4. 当意见分歧很大时，你们是怎么解决的？你是否意识到团队合作的重要性？

第十三章

寻找身边的榜样

【学习地图】

孔子曰："三人行，必有我师焉。"列宁说："榜样的力量是无穷的。"托尔斯泰也曾讲过："全部教育，或者说千分之九百九十九的教育都归结到榜样上。"我们的先哲对榜样力量的认识非常深刻。在大学校园里，也有许许多多的榜样，如：为我们无私奉献的老师；任劳任怨的班干部；身残志坚的同学……其实榜样就在我们身边！然而让人担忧的是，有些同学忽视了对榜样的学习，对身边的榜样或不屑，或讽刺，或熟视无睹。本章学习如何将身边的榜样化成自己前行的力量，以净化心灵、塑造人格、自我成长。

【案例分享】

"六个学会"编织人生梦想

彭勇，一个乐观、自信、坚强的女孩，她用"六个学会"——学会吃苦，学会适应，学会学习，学会生活，学会工作，学会协调，使自己在大学的舞台上光芒万丈。

学会吃苦是她在大学学会的第一件事。军训是步入大学的第一堂课，面对如火的骄阳，炽热的天气，她没有退缩，用不怕苦的精神坚持训练，最终拿到"军训标兵"的荣誉称号，军训期间所吃的苦，也为她日后的生活、学习和工作打下了坚实的基础。

学会适应是她大学学会的第二件事。面对大学与高中生活的差异，她没有迷茫与彷徨，而是由他律变成自律，学会自我适应、自我教育、自我管理、自我提升，很快就适应了大学的生活。

学会学习是她大学学会的第三件事。作为高职学生，她知道自己需要学习什么，她明白只有掌握了过硬的知识与专业技能，才能应对就业和社会的各种挑战。在学习过程中，她既注重文学素质的培养，也重视职业技能的锻炼，勤学苦练，扎实练手，成绩一直名列前茅。

学会生活是她在大学学会的第四件事。她积极参加学院"新生杯辩论赛""红歌会合唱比赛""学党史、记党恩、跟党走"知识竞赛等活动，并屡获奖项。她还利用周末时间跟朋友一起打球，剪纸，做义工。在大学里，她抓住了每一次机会，体验到了不同的生活乐趣。

学会工作是她大学学会的第五件事。无论是班级活动还是学院活动，每一次她都认真地对待，每一次活动从策划、宣传、组织、协调、推进到现场各个环节她都积极参与。每一次活动她都认真思考如何把事情办得更好，如何提高工作效率，如何在工作中提升个人和团队的能力。

学会协调是她大学学会的第六件事。她在担任院学生会主席期间，秉承"尺有所短，寸有所长"的准则，将一群有理想、有思想、有能力的热血学子紧紧团结起来，把用人之长、容人之短、求同存异、兼容并蓄发挥到极致。

正是不断地学习和脚踏实地的实干精神，使她在大学舞台上悄然绽放。大学三年，她是学院的学生会主席，三次获得国家奖学金，获得学院"大学生自强之星""三好标兵""十佳学生干部"等多项荣誉；毕业前夕，有多家用人单位向她伸出了橄榄枝。

在志愿服务中实现自己的价值

李诗林，中共预备党员，某学院服装系染织 1001 班学生。进入大学以来，他始终保持着积极向上、努力奋进的心态，秉承着"致用致美"的校训，以"奉献学院，服务同学"为宗旨，在平凡但坚韧的坚守中实现自己的价值，在思想、学习、工作、生活等方面得到了全面的发展，深受全院广大师生的赞许和好评。

出生农家的他十分珍惜来之不易的学习机会，他热衷于各类社会实践的活动，积极参加学院和系部组织的青年志愿者活动，时刻以一名共产党员的标准服务身边的人。作为 E·恒英语协会的会长，他带领协会成员多次进行义务支教，用自己所学的知识让小学生们体会到英语学习的快乐；同时发起"保护母亲河""地球一小时""世界环境日""我文明·我快乐""交通文明劝导"等公益活动，"走进福利院"学雷锋活动，"为福利院的孩子大街募捐"献爱心活动等。他坚定践行着一名党员的神圣使命和职责，践行着志愿服务为他人的信念，用自己的行动去构建和谐新社会。

"每一个不曾起舞的日子，都是对生命的辜负。"李诗林的笔记本扉页上写着这么一句话。而"一个平凡的人＋一些平凡的事＋勤奋＝一个不平凡的生活"更是他坚持的生活真理。他的目标不只是成为学生时代生活的强者，更重要的是成为将来家人坚实的依靠、社会的强者！他将在绚烂多彩的青春华章中，在实现中国梦的生动实践中，唱响无愧于时代、无愧于人民的青春之歌！

"以人为镜，可以明得失"，榜样不仅是一面镜子，也是一面旗帜。从这些榜样的身上，你看到了什么？

【知识之窗】

榜样和榜样教育

一、认识榜样

关于榜样，不同的研究人员对榜样有不同的定义，《现代汉语词典》对榜样的解释为："榜样是值得学习的好人或者好事。"彭怀祖、姜朝晖在《榜样论》一书中则把榜样定义为"榜样是在一定历史时期经组织认定，公众舆论认可和公共传媒广泛传播，体现时代精神和人民意愿，值得公众效仿和学习的先进典型"。榜样就是人们的某一实际的行为实践活动及其活动的成果或行为实践中蕴含、体现、彰显出的对于其他社会成员具有模仿、学习、借鉴意义、激励作用的东西。

二、认识榜样教育

1. 榜样教育的内涵

榜样教育是教育者通过榜样这一价值载体的人格形象，激励和引导学习者自我内化榜样精神品质，生成自我道德人格和创新行为方式的一种教育活动。简而言之，榜样教育是以榜样的行为、做法、思想、品质、成就影响他人，使之发自内心地效仿、努力地形成与榜样相一致的优良品德以期取得预期成果的一种实践活动，是使榜样的作用尽可能发挥到极致的一种理念、模式、方法和与之相适应的教育实践活动。

2. 榜样教育的心理机制

现代社会学习理论认为，榜样学习可以帮助人们通过模仿获得适当的行为模式和社会技巧。心理学家认为，人在一生中不仅其外显行为可来自对别人的模仿，甚至其态度和价值观念、好恶行为习惯乃至道德品质、性格特征，都可能来源于模仿。正是因为榜样教育的心理机制是模仿或替代性的强化，所以通过榜样教育达到对人的道德影响才成为可能。学习者选择学习、模仿的内容"聚集"在榜样人物的人格特征、励志精神和行为模式上。这是人们尤其是青少年在经过一定的理性思考和心理认同之后有选择地学习、模仿的结果。这种有选择性接受和稳固式的依恋容易使青少年对其崇拜对象加以榜样认同，并产生聚集效应。

一般而言，大学生一般年龄在十七八岁至二十二三岁，正处在青年中期，青年期是人的一生中生理心理变化最激烈的时期。从心理角度看，大学生神经过程趋于平衡，他们精力充沛，易激动甚至于失眠。因第二信号系统发展到高峰期而引起的高级神经活动，使逻辑思维、抽象思维能力大大提高。他们情绪丰富但不稳定，有强烈的两极性。他们有强烈的求知欲，但鉴别能力不强，总把较新鲜的或者符合自己观点的看法视为真理。他们开始关心社会发展，有独立见解，但由于阅历浅，对事物的认识轻率、片面。他们在与他人交往时不愿敞开心扉，但内心又非常渴望交流。进入大学后，环境、生活、个人地位的变化等引起很多心理矛盾，而大学生的社会经验和认识水平又没有达到能够真正独立地、正确地调节自身行为的程度，这就出现了他们独立支配自己行为的强烈要求与行为结果相悖的情况，从而产生内心痛苦和不安。在多种社会价值取向面前，大学生会对自己以往的价值观产生怀疑，从而导致迷茫和消沉。因此，榜样教育是为了满足大学生内心需要应运而生的，它符合大学生的年龄特征。大学生可塑性大，模仿性比青少年更强，有了生动具体的形象作为榜样，便容易具体地领会道德标准和行为规范，容易受到感染，容易跟着学，跟着走，这样有助于他们养成良好的道德品质和行为习惯。

3. 榜样教育的特点

榜样教育是以优秀的品质内化为受教育者的品质，以求达到受教育者与榜样所体现出的一样高尚的精神境界。可以说，榜样教育在古往今来的教育史上都是十分有效的教育方法，它在不同的教育时期都发挥过不可替代的作用。那么榜样教育有什么样的特点？

第一，示范性。榜样是因为拥有了高尚的道德情操和优秀的品质而被人们熟悉和了解，榜样这一特征就注定了榜样教育具有示范性的特点。每个人在成长的道路上都会遇到一定的困难和挫折，有的人的成长和成才道路甚至充满了坎坷和磨难。当这些困惑和迷茫出现的时候，人们总是希望有一种力量能支撑他们继续走下去，就如同在黑夜航行的船只总是期望那远处的灯光一样。榜样身上所体现出的高尚品质，正如在大海上的一座灯塔，使人们有勇气和希望朝着预期的目标努力前进。榜样带来的是一剂精神上的良药，使受教育者不断地完善和超越自我。因为榜样是具有了优秀品质、正确价值观的一批人，榜样教育使人们通过榜样得到动力，引导人们健康积极地成长和生活。"90后"涉世不深，当他们在面对现实生活各方面的压力和困惑时，试图在社会上找寻自己的人生位置时，若出现一位志趣相投的人作为参照物，便可以成为他们的精神支柱和效仿对象，引导他们完成梦想，走出空虚迷茫。这应当是榜样教育所要完成的使命。

第二，激励性。榜样教育的概念让我们了解到榜样教育就是通过榜样这一特殊的人格形象，对受教育者进行教育，把榜样自身内在的高尚品质通过一定的方式转化为受教育者内在的潜能，引导受教育者积极向上。受教育者在榜样人物的带领下，充满热情地克服各种各样的困难，不断地完善和超越自己，最终完成梦想并取得胜利，这就是榜样教育激励性的表现。榜样不仅是受教育者学习和模仿的参照物，而且也是其要达到和追求的目标。榜样教育具有激励性的特点，主要是因为受教育者的思想道德与榜样的高尚情操有着一定的差距。榜样所代表的是高尚的、优秀的思想道德品质，具有一定的真实性、丰富性和代表一个时代思想道德发展的先进性。在榜样教育中，能够使受教育者把这些高尚的品质与自身对比，受教育者没有具备的品质与榜样高尚的品质对比所出现的差异，会很容易就激发起受教育者学习的动力。这种差异不仅可以使受教育者产生学习的动力，并能带给受教育者自我完善的想法，在这种不断地追逐和完善的过程中，受教育者不断地超越和改变着自己，最终达到自我本质的飞跃。

第三，生动性。人们一般的认知规律表明，相对于抽象的事物而言，人们总是比较容易接受和了解具体形象的事物，具体形象的事物更容易打动人们并留下深刻的印象。榜样教育的第三个特征就是具有生动性。榜样教育可以通过社会现实生活中典型的事例，生动形象的人物形态，用直观的手法把抽象难懂的事物变成易于被人们接受的具体形象的直观事物。榜样教育的形式也可以是多种多样的，榜样教育以人物的事迹展开说明。心理学上指出，人们对于具体的人和事是很容易理解和接受的，这也能引起人们交流的兴趣。

他山之石

"大学生年度人物"——身边的青春榜样

乐于奉献，敢于担当，这是当代大学生崭新的精神风貌和优秀的整体形象。

"中国大学生年度人物"评选活动由中宣部、教育部、共青团中央、人民日报社共同指导，人民网和大学生杂志社联合主办，自2005年开始，每年一届，旨在深入贯彻落实中央16号文件精神，通过大学生喜闻乐见的方式，评选和宣传优秀大学生典型，充分发挥先进典型的导向作用，激励广大学生励志自强、提升素质、奉献社会。

不一样的面孔，一样的青春榜样，正是这些不平凡的大学生们，奋发向上，以自己对祖国的忠诚、对人民的热爱、对社会的高度负责、对理想信念的执着追求，赢得了社会的肯定和称赞，成为当代大学生身边的励志榜样！

4.寻找榜样的力量

榜样可以感染并带动大学生对先进人物进行观察学习和行为模仿，并且帮助大学生树立正确的人生观、价值观和世界观，从而更好地成长、成才。

向榜样学习，就要学习他们热爱祖国、热爱人民的思想境界。"以热爱祖国为荣"、"以服务人民为荣"，是社会主义荣辱观的核心内容，是每一个公民应当秉持的基本价值取向和行为准则。爱莫高于爱祖国、爱人民，心里装着祖国、装着人民，才能以国家和人民利益为重，以自己的付出和牺牲促进社会进步、增进人民幸福。我们向榜样学习，就要像他们那样，满怀对祖国对人民的无限热爱之情，自觉把个人价值追求与党和人民的事业紧紧联系在一起，把个人的奋斗融入国家富强、民族振兴的历史进程，为实现全面建设小康社会宏伟目标、创造人民幸福生活贡献智慧和力量。向榜样学习，就是要学习他们爱岗敬业、恪尽职守的优秀品质。

成长故事

"脱贫攻坚·青春榜样"典型人物

2014年9月，刘晓帆被选聘为云南省昭通市彝良县荞山镇官房村大学生村干部，他一直扎根基层，全力奋战在脱贫攻坚第一线。

刚到村，刘晓帆从村民最关心的低保等问题入手，多次召开村民会议，着力解决主要矛盾。虽然在村时间不算长，可刘晓帆却取得了不菲的业绩：完成了全村700多户村民的网格化管理信息、100余户危旧房改造信息、300余户建档立卡贫困户信息的收集整理，完成了30多户建档立卡贫困户和其他困难农户的异地搬迁、集中安置。

在职期间，刘晓帆非常关注官房村的留守儿童，致力于解决他们的实际困难。官房村岩上社儿童赵永会，快到十岁仍不会说话，但又不是完全聋哑。刘晓帆利用一次出差的机会将她带至南京进行检查，确诊为前庭导水管综合征。刘晓帆通过社会捐赠，为她配备了助听器，使这个孩子十年来第一次听清了外界的声音。此外，刘晓帆还长期保持与支教组织的联系，改善官房村基础教育薄弱的现状。在蒿枝坝地区，他曾联系志愿者进行长期免费的儿童学前教育，通过爱心人士和爱心企业，使90多名中小学困难学生获得了长期资助。

2016年11月，以刘晓帆为原型的微电影《闪亮的青春》上映，荣获多个奖项。

向榜样学习，就要学习他们乐于助人、无私奉献的高尚品格。助人为乐是中华民族传统美德，无私奉献体现着社会主义道德要求。要像身边的榜样那样，树立助人使人幸福、奉献使人快乐的幸福观，追求高尚的人生价值，弘扬宝贵的利他精神，在关心他人、帮助他人中找到真正的快乐、实现内心的充实、获得人生的美满，以春天般的温暖促进社会的和谐和睦。

成长故事

最美女孩刁娜

女童小悦悦在佛山南海黄岐广佛五金城相继被两车碾压，给世人留下的是叹息和自省。"小悦悦事件"时隔一个月，烟台龙口女孩刁娜，路遇被撞伤者时，为了不让小悦悦悲剧的重演，她立即与丈夫一起下车施救，营救过程中不幸被过往汽车撞断腿。对此，刁娜说，"一条腿换一条命，值得了"。

就是这样一个 24 岁的柔弱女子，用自己的生命，为另一个女子撑起了生命通道，在网上，她被誉为"龙口最美女孩"，她给人们带来的是生活的美好信念和温暖。

向榜样学习，就要学习他们立足平凡、追求崇高的美好情怀。榜样们平平常常、朴素无华，默默无闻地学习着、工作着、生活着，默默无闻地坚守着道德标准、涵养着道德情操，以点点滴滴的积累，以持之以恒的追求，成就了平凡中的伟大，汇聚了不寻常的道德力量，铸就了关键时刻的坚强意志。从榜样身上可以看到，无私与善良就在自己身边，无畏与勇敢就在自己身边，平凡和伟大之间没有绝对的界限，把小事做好就是不平凡。向榜样学习，就要像他们那样，"勿以善小而不为"，认认真真做好身边事，力所能及帮助周围人，从自己做起、从小事做起、从举手之劳做起，崇德尚义、积小成大，自觉做中华民族传统美德的传承者、社会主义道德规范的实践者。

成长故事

因为我是寝室长

4 月 3 日 6 时许，大连理工大学一女生楼三楼宿舍突然起火，寝室长张韫喆丝毫没有顾及个人安危，两返火场，室友平安得救，韫喆却双脚开放式骨折。

事后，脚上缠满绷带的张韫喆面对记者的采访，表示："我当时没想那么多，就想把室友救下来，我不能眼睁睁看着她被烧死，我是寝室长，我必须冲进去。"张韫喆见义勇为的举动得到了学校的表彰，她也被同学们称为"最美寝室长"。

向榜样学习，还要学习他们心怀理想、品学兼优的执着追求；学习他们奋发图强、乐观向上的生活态度；学习他们见义勇为、舍己救人的高尚情操；学习他们用平凡和义举践行真善美，用勇敢与坚守构筑"道德高地"的崇高境界。

向榜样靠近

我们要真正发挥榜样的力量，有效地从身边可亲、可敬、可信、可学的榜样中汲取力量，营造"人人追求先进、争当先进"的自我完善机制，积极探索向榜样学习的方式方法。

一、明确自己的目标

这些目标应该是从小到大的，并有内在连贯的，能让自己在有生之年为之持续奋斗的。树立目标不是单纯地为了超越榜样，也不是在一个目标里只有一个榜样，更不是让榜样成为目标的负累。

二、找出实施目标关键步骤

让自己能真正地从榜样的事迹里获悉更多的信息，拜访榜样，了解"做前做中做后"的感受和感想。

他山之石

行动是达到目标的唯一捷径

有一位日本的长跑冠军,记者采访他时问道:"您何以连续几次击败强劲对手,获得冠军?"他的回答无一例外:"凭借我的智慧。"当时人们都以为他的话是故弄玄虚,直到多年以后,这位早已退出体育界的昔日长跑冠军在他的回忆录中,道出了赢得比赛的真正原因:"我每一次参加比赛前都要驱车去看比赛路线,然后为每一段路程在地图上做好标记,把全长几万米的马拉松分为几个小的目标,当枪声响起,我以最快的速度奔向第一个目标,接着第二、第三……直到跑完全程。"

现实是此岸,理想是彼岸,中间隔着湍急的河流,行动则是架在河上的桥梁。

三、培养提高自己的综合素质

素质是指一个人在后天通过环境影响和教育训练所获得的稳定的、长期发挥作用的基本品质,包括人的思想、知识、身体、品格、气质、修养、风度等综合特征。优秀大学生的素质构成包括高尚的道德情操,较强的意志品质,较高的科学技术素质和健康的身体心理素质。高尚的道德情操应包括过硬的思想素质、政治素质、道德素质,即具有崇高理想,远大志向和坚定正确的政治方向;具有较强的伦理、社会公德和法制意识;对集体、民族、国家和社会有明确的责任感和义务感,这种素质是人生的航标,是最重要的做人素质。意志品质是指个体在活动中所形成的比较稳定的意志特色,良好的意志品质总是在克服困难的过程中才能表现出来,大学生的意志品质是其个性的重要组成部分,意志品质的优劣直接影响着大学生的行为习惯和生活质量。科学技术素质,是人对科学与技术的学习、研究和利用、创造的精神、智能、技能以及相关的情商、智商,集中体现为人的科学思维创造能力和技术工具的发明运用能力,这是优秀大学生掌握学问、探索真理,继承人类文明,进行知识创新的核心素质。健康的身体素质即健康的体魄,包括身体健康,发育良好,掌握基本运动技能,养成坚持锻炼身体的良好习惯,具有较强的竞争意识、合作精神和坚强毅力;健康的心理素质则是指优秀大学生能正确认识自身、认识他人和社会环境以及据此做出相应反应的能力水平。

四、超越榜样实现目标

新的生活要实践新的使命,大学生应该把昨天的优秀当作今天新的起点,把今天的卓越作为明天新的启航,未来的成功要靠自己务实地去探索和实践。古往今来的杰出人物,无不志存高远,但更重要的是有将豪情化作行动的勇气和毅力。我们更需要把梦想照进我们的现实,我们更需要用脚踏实地的品格去实现我们的梦想。用实干完善自我,用实践成就自我,脚踏实地的品格能让每个人梦想的翅膀挥舞得更美丽,更有力!值得一提的是,务实践行的过程不会一帆风顺,有挫折也有磨砺。但要记住,逆境中流着眼泪的坚持最为可贵,逆境中脚踏实地的前行最为可靠,逆境中触底反弹的力量最为震撼!一旦通过逆境的考验,你就会拥有非同一般的人生。

【寄语广场】

寒窗十载，当我们踏进大学校园的那一刻起，我们各自怀揣梦想，为着自己的梦想前行。毕业若干年后，我们每个人都必须要习惯关注一个残酷的事实，那就是"差距"！

同在一个起跑线的我们，三年之后，终将收获不同的人生。从现在开始，我们是否该思考，我们是站在"差距"的上端，还是站在"差距"的下端？我们何以被"差距化"？我们又该怎样寻求站在"差距"上端的方法呢？身边的榜样正是我们解开"差距"之谜的钥匙。

大学三年，每个人身边都会有一些优秀的朋友或师长陪伴左右，我们不必抱着求全责备的态度，因为榜样并非十全十美，但其定有值得我们学习的一面。如果我们能择善而从之，通过对身边榜样的解读与透视，往往能够清晰看到自己奋斗的目标和方向。它带给我们的，是无尽的锐气、朝气，是必胜的信念，是永无止境的力量源泉！

前行的路上，我们难免有懈怠的心思，也会有放弃的念头。正是身边的榜样，因为和我们站在同一条跑道上，共同奔跑着追求相同的目标，身边距离不远不近，有朝一日我们可以追赶上甚至超越代替成为他们中的一个，有着这样的潜在心理，前行的动力才更加明显。

榜样像一把尺子，可以量出我们的长度；榜样像一面镜子，可以看出我们的得失。榜样总是伴随我们左右，给予我们积极奋进的力量。榜样对于每个人来说都必不可少，只有有了榜样，才会有千帆竞发，才会有万千弄潮儿在大江长河中各展雄姿竞技逐雄的豪壮场面。

带着你的慧眼找寻吧，找到身边的榜样，前行的力量！

【分享园地】

1. 撰写访谈心得——从湖南工艺美术职业学院"空间励志园"的"美院之星"栏目中，挑选一位你非常喜爱的榜样明星进行访谈，写出自己的感悟心得，并上传至个人学习空间。

2. 征文比赛——近有榜样 学有方向。以"一个典型就是一根标杆，一个楷模就是一种导向"为主题，开展班级征文比赛。要求每位学生以自己所喜爱的榜样为参照，认真查找自身不足，努力缩小与先进典型的差距，细致规划自己的奋进路径，做到"赶超榜样，我能行"！

3. 按照学习之星、励志之星、奉献之星、孝亲之星、创业之星等分类，选举出班上的榜样。班委会成员详细整理其事迹材料，设计制作成板报展示出来，通过榜样的示范作用与力量激励大家明确方向、奋发进取。

【邀约成长】

风雨同行

【目的】

1. 通过游戏，让学生学会接纳他人的长处，取长补短。

2. 培养学生在团队合作体验中扬长避短的能力。

【时间】

约 25 分钟。

【操作】

准备眼罩、口罩、短绳、篮球、雨伞、椅子、书包、水桶、抱枕等活动道具。

1. 按 7 人一组分组，在 7 人中规定有 2 个"盲人"、2 个"无脚人"、2 个"无手人"、1 个"哑巴"。

2. 在角色分配完成后，按要求"盲人"戴上眼罩、"哑巴"戴上口罩、"无脚人"捆绑双脚、"无手人"捆绑双手。

3. 主持人把他们带到比赛起点，让小组成员把所有物品搬运到终点，以用时最少的组为胜。注意设计的起点与终点间的距离应该大于 20 米，并且设置障碍提高难度。

【分享】

1. 当你扮演不同的角色时，你的感受是什么？有什么样的亮点？你有什么缺点？如何改掉这些缺点？

每个人其实都有不完美、不健全的一面，即所谓的长处与短处。人与人之间需要彼此的关心、照顾与协助。我们不仅需要独立与竞争，更需要依赖与合作。帮助他人与接受帮助同样是快乐的事，假如我们能够利用彼此的优势，取长补短地合作，就能更快地到达终点。

2. 游戏过程中，你觉得谁是你的榜样？他感动你的核心因素是什么？你为什么要成为他那样的人？怎样才能成为像你心目中的榜样那样优秀的人？

第十四章

诚实守信立根本

【学习地图】

大学本应该是美丽的象牙塔，是真善美的聚集地，然而，伴随着市场经济的纵深发展以及社会上物欲横流和功利主义的盛行，如今的大学校园早已不再是一方净土，拖欠国家助学贷款、考试作弊、论文抄袭、学术造假等现象时有发生。更有甚者，由于社会上假文凭、假证书、假学术之风的波及，在大学校园里还出现了专门代考的枪手、专门代写论文的写手等，一些学生不守诺言、作风虚浮、毕业违约等不良现象也屡见不鲜。大学生诚信的种种危机有愈演愈烈之势，不得不引起人们的关注，不得不引起我们的反思。诚信是全人类所共同认同的道德规范，对于维护社会稳定、促进社会和谐发展具有重大作用。诚信是大学生立身为人、走向成功的必备品质，是大学生适应社会发展的必然要求。本章分析了当代大学生的诚信现状及其背后的原因，引导学生有效提升自身的诚信意识和水平，形成高尚的道德情操和完善的健康人格，确保可持续健康发展。

【案例分享】

"免费早餐"中的诚信光彩——小菜一碟中的大诚信

这是发生在浙江林学院学生食堂里的真实故事。那天早晨，学生正在打饭菜，却意外停电了，食堂的刷卡机顿时瘫痪。上课在即，后勤领导果断决定：先吃饭，中午再来补刷卡。于是，大学生们吃到了"免费早餐"。到了中午，当食堂的少数员工正担忧学生能否主动还账时，一幕惊喜上演了：刷卡机前主动补刷早餐费的同学排成了长龙。午餐结束，经过核算，发现所有领取"免费早餐"的同学都来补上了早餐费。该校旅游学院旅游管理 031 班学生吴同学这样说："我可不想为了贪这点钱，而损害我的诚信分数，虽然没有人知道我是否买了早饭或是否已经付钱，但我自己知道，如果我今天不来补刷，它会像一块石头永远搁在我的心里。"

诚信去哪儿——简历造假掠影

【菜鸟级】

一位毕业生在简历中写道："本人能熟练运用 OFFICE、WORD、EXCEL 等软件。"但稍有常识的人都知道，WORD、EXCEL 只是 OFFICE 家族里面的两个软件，三者根本不能相提并论。一位自动化专业的本科生在简历中提到自己曾多次获得校级奖学金，但招聘者在面试时发现，该生对很多基础知识都很生疏，甚至连基本的二极管原理都说不清楚。招聘者就想啊，该同学这专业学得，真让人无语。

【大师级】

京城一名牌大学毕业生小张在简历中附上了"六级英语证书"复印件。但实际上，他的考试成绩要在三个月后才能知道，"我自信这次能考过，但证书要等三个月才能拿到，早就错过了求职的黄金期"。于是，小张先把自己的名字打在一张白纸上，再粘到他人证书上掩盖住原有者名字，进行第一次复印，复印出来后再用刀片小心刮掉名字周围的痕迹，接着进行第二次复印，一张证书的复印件就这样新鲜出炉了。小张仔细地看了又看，"效果不错，跟真的一样，一点痕迹也看不出来"。

【神人级】

实习经历是实践经历中很重要的一种。有同学毕业前没进行过实习，但又觉得自己的求职简历中应该要有这一项才好，可光用文字陈述人家不一定信，得做得跟真的似的，于是他立马想到了实习鉴定造假软件。该软件只要输入公司名称和需要的公章类别，瞬间便能做出一个公章来。然后他上网又搜寻了几份实习鉴定，挑选出一份适合自己的，复制到 Word 文档上，将公司名称改成与公章一致的。最后将公章嵌入鉴定末页的右下方。就这样，不到 10 分钟时间，一份"真实"的实习鉴定便诞生了。

以上两则新闻让你有怎样的感想？你的求职简历，将会是怎样的面貌？生活中的不诚信行为你有吗？我们又要如何共同打造诚信世界？

【知识之窗】

走进诚信的世界

一、诚信的概念

诚，即真诚、诚实；信，即守承诺、讲信用。诚信的基本含义是守诺、践约、无欺。在现代社会，经济的市场化和国际化、政治的民主化和法制化以及文化的多元化和交往方式的现代化，无不凸显着诚信的价值并要求人们践行诚信。我们可以把诚信定义为适应现代市场经济发展要求的、同现代经济契约关系和民主政治密切相关并继承了传统诚信美德的真诚无欺、信守然诺的心理意识、原则规范和行为活动的总和。

二、诚信的本质

首先，诚信是一种人们在立身处世、待人接物和生活实践中必须而且应当具有的真诚无欺、实事求是的态度和信守承诺的行为品质，其基本要求是说老实话、办老实事、做老实人。诚信之诚是诚心诚意，忠贞不贰；诚信之信是说话算数和信守然诺，它们都是现代人必须而且应当具备的基本素质和品格。

他山之石

接班人

有一位出名的老锁匠，技艺高超，收费合理，深受人们敬重。老锁匠挑了两个年轻人，将一身技艺传给他们。但两个人中只能有一个得到真传，老锁匠决定对他们进行一次考试。

老锁匠准备了两个保险柜，让两个徒弟去打开，谁花的时间短谁就是胜者。结果大徒弟只用了不到十分钟就打开了保险柜，而二徒弟却用了半个小时。老锁匠问大徒弟："保险柜里有什么？"大徒弟眼中放出了光亮："师傅，里面有很多钱，全是百元大钞。"问二徒弟同样的问题，二徒弟支吾了半天说："师傅，我没有看见里面有什么，您只让我打开锁。"

老锁匠宣布二徒弟为接班人。大徒弟不服，老锁匠微微一笑说："不管干什么行业都要讲一个'信'字，尤其是我们这一行，要有更高的职业道德。我收徒弟是要把他培养成一个高超的锁匠，他须做到心中只有锁而无其他，对钱财视而不见。否则，心有私念，登门入室或打开保险柜取钱易如反掌，最终只能害人害己。我们修锁的人，每个人心上都要有一把不能打开的锁。"

为人处世，以诚相待，才能获得别人的尊重；以信立身，才能使人生成功。诚信是一把"宝剑"，在漫长的人生旅程中，要想赢得别人的信任，就必须挥举这把利剑，它能帮助你在追求中所向披靡，走向成功。

其次，诚信是一种社会的道德原则和规范，它要求人们以求真务实的原则指导自己的行动，以知行合一的态度对待各项工作。在现代社会，诚信不仅指公民和法人之间的商业诚信，而且也包括建立在社会公正基础上的社会公共诚信，如制度诚信、国家诚信、政府诚信、企业诚信和组织诚信等。这就是说，任何政府和制度都要按照诚信的原则来组织和建构，亦需按照诚信的原则行使其职权。一旦背离了诚信的原则和精神，政府就会失信于民，制度就会成为不合理的包袱。

再次，诚信是个人与社会、心理和行为的辩证统一。诚信本质上是德行伦理与规范伦理或者说信念伦理与责任伦理的合一，是道义论与功利论、目的论与手段论的合一。如果说"诚"强调的是个人内心信念的真诚，是一种品行和美德，那么"信"就是诚这种内在品德的外在化显现，是一种责任和规范。在中国历史上，向来有"诚于中而信于外"的说法。

诚信不仅是一种道德目的，是人们应当具有的一种信念，而且也是一种道德手段，是人们应当承担的一种社会责任和谋取利益实现利益的方式。诚信，既可以是价值论和功利论的，又可以是道义论和义务论的。价值论和功利论的诚信观把诚信作为一种价值和实现目的的手段，认为人们如果不讲诚信就无法实现自身的发展和完善，也很难取得长久的真正的利益。道义论和义务论的诚信观则把诚信视为一种应尽的义务和内在的要求，认为人们讲求诚信是提升自身素质和实现全面发展的需要，讲求诚信哪怕不能带来物质上的利益，仍然是弥足珍贵的。我们主张在诚信问题上把道义论和功利论结合起来，既把诚信的讲求视为一种谋利和促进发展的手段，又把诚信的讲求视为一种神圣的使命和内在的义务，使诚信的讲求既崇高又实用，既伟大又平凡，这体现了中国传统文化所倡导的"极高明而道中庸"的价值特质。

有信于人还是有信于己?

画家李苦禅年轻时师从国画大师齐白石,不仅画艺精湛,而且性格质朴。他长于画鹰、竹、莲、梅等题材。鹰是阳刚的倾向,竹是刚正不阿的象征,莲喻示了出淤泥而不染的高洁情操,梅则表现了坚贞不屈的品格。画品如人品,这也正是他人格的真实写照。他常说:"人,必先有人格,尔后才有画格;人无品格,下笔无方。"李苦禅心地宽厚,待人诚挚,尤重信义,言出必行,不计得失。

李苦禅曾经答应一位友人赠画一幅,但因为事务缠身一拖再拖。直到其子登门造访,告之其父病故的噩耗。李苦禅内疚不已。夜深人静之时,李苦禅沉思作画,画了一百枝卓尔不俗的莲花。之后,他携画来到自家后院祭拜好友,将精心制作的《百莲图》化作了一团鲜红的火焰。

在苦禅大师看来,"诚信"二字,之所以要在"信"字前加一"诚"字,就是强调对信的遵守关键在于自己的内心。这种诚信能够超越时空与生死的界限,应之于心,遵之于心,不是做给别人看的,而是为追求自己内心的释然。

诚信的最高境界,不是简单地有信于人,而是要有信于己。

三、诚信的分类

从纵向的历史坐标看,我们可以把诚信区分为原始血缘社会的天然诚信、中古农本社会的家族或人际诚信和近现代契约社会的公共诚信。从横向的现实坐标看,我们可以把一个社会的诚信区分为经济诚信、政治诚信和文化诚信。

1. 经济诚信

经济诚信是指经济生活和物质文明建设中的诚信,是直接同谋利计功行为相关联的诚信,主要表现为企业诚信。市场经济应当是诚信经济,诚信是市场经济的灵魂。富兰克林说:"信用就是金钱。"作为借贷者,能否获得市场信任,视其偿债能力如何;作为经营者,能否获得出资者的信任,视其经营能力如何;作为代理者,支配他人资产能否获得信任,视其依法对他人承担资产责任的能力如何;作为劳动者,能否获得劳动力市场的信任,视其敬业精神和职业能力如何。随着电子商务、网络交易和期货交易等新的交易方式的兴起,信用伦理精神已经成为市场经济健康发展的重要基础。国内外的经验都表明,市场经济越发达,就越要强化信用伦理,这是融入世界经济、参与国际经济竞争的先决条件。

信用、信任和信誉是现代经济活动的通行证,也是确保其成功的动力源泉和优势资本。现代信用是经济活动主体对自己行为的庄严承诺和社会各界对其履诺的肯定性评价。信用有借贷资本意义上的专业信用(包含商业信用、银行信用和消费信用)和一般经济活动的社会信用。信任是交易双方在信用的基础上构成的经济关系,只有守信用的企业,才能得到社会公众的信任,才有从事商业活动的良好环境。

犹太人的经商之道

犹太人是颇具智慧的民族,犹太商人也是擅长以智慧取胜的商人,而他们的智慧最重要的就是讲诚信。

一个犹太人有一天在集市上从一位阿拉伯人手里买回了一头驴，家里人非常高兴，把驴拉到河里去洗澡，恰好此时从驴的脖子上掉下来一颗很大的钻石，光芒四射。家里人非常的兴奋，认为这是上天赐予他们的礼物，但那个犹太人却坚持把这颗钻石送回给阿拉伯人。受到感动的阿拉伯人说："这头驴我已经卖给你了，驴身上的所有东西都是你的，你还是把这颗钻石拿回去吧。"犹太商人则回答道："这是我们的传统，我们只能拿支付过金钱的东西，所以钻石必须还给你。"于是阿拉伯人便收回了那颗钻石，向犹太人竖起了大拇指。

犹太人作为契约之民，认为契约是人和神的约定，不可侵犯，而坚守诚信，不仅是一种商业道德，也是一种经商的要求。在商界，第一个喊出"顾客不满意保证退款"的口号的就是犹太人罗森沃德。

2. 政治诚信

政治诚信是指政治生活和政治文明建设中的诚信，主要表现为政府诚信。治理国家应当讲求诚信。在现代社会，政治的民主化已经成为一种潮流，它要求按照诚信的原则规范政府及其官员的行为，增加政府行为的透明度，避免行政垄断和行政工作的暗箱操作，做到政务公开，依法行政，建立诚信政府。此外，政治诚信还包含政治活动和政治体制诚信。

3. 文化诚信

文化诚信是文化生活和精神文明建设中的诚信，主要表现为教育诚信和学术诚信等方面。在当代中国，发展先进文化，就是发展面向现代化、面向世界、面向未来的、民族的科学的大众的社会主义文化，以不断丰富人们的精神世界，增强人们的精神力量。为了建设社会主义先进文化，必须坚持为人民服务、为社会主义服务的方向和百花齐放、百家争鸣的方针，坚持以科学的理论武装人，以正确的舆论引导人，以高尚的精神塑造人，以优秀的作品鼓舞人。为此，就应当加强以诚实守信为重点的公民道德建设，在各行各业中推行诚实守信的道德准则和制度，坚决铲除精神文化领域中的不诚信行为。

他山之石

沈从文"失败"的第一课

1928年，大散文家沈从文被时任中国公学校长的胡适聘为该校讲师。沈从文那年才26岁，学历只是小学文化，但他以飘逸的散文震惊文坛，当时已很有名气。

在他第一次走向讲台的时候，除原班学生外，慕名而来听课的人很多。面对台下满堂坐着的渴盼知识的学子，这位大作家竟整整待了10分钟一句话也说不出来。后来开始讲课了，而原先准备好讲一节课的内容，却被他10分钟就讲完了，离下课时间还早着呢！但他没有天南海北地瞎扯来硬撑面子，而是老老实实地拿起粉笔在黑板上写道："今天是我第一次上课，人很多，我害怕了。"

于是这次老实的"可爱"的坦言失败，引得全堂爆发出一阵善意的欢笑……胡适知道后，在评价这次讲课时，对沈从文的坦言与直率，他认为是"成功了"！

四、诚信的功能和作用

第一，诚信是个人的立身之本。诚信是个人必须具备的道德素质和品格。一个人如果没有诚信的品德和素质，不仅难以形成内在统一的完备的自我，而且很难发挥自己的潜能并取得成功。"诚"不仅是德、善的基础和根本，也是一切事业得以成功的保证。"信"是一个人形象和声誉的标志，也是人所应该具备的最起码的道德品质。诚信是实现自我价值的重要保障，也是个人修德达善的内在要求。缺失诚信，就会使自我陷入非常难堪的境地，个人也难以对自己的生命存在做出肯定性的判断和评价。同时，缺失诚信，不仅自己欺骗自己，而且也必然欺骗别人，这种自欺欺人既毁坏了健全的自我，也破坏了人际关系。因此，诚信是个人立身之本，处世之宝。

第二，诚信是企业和事业单位的立业之本。诚信作为一项普遍适用的道德原则和规范，是建立行业之间、单位之间良性互动关系的道德杠杆。诚实守信是社会主义职业道德建设的重要规范。诚实守信是所有从业人员在职业活动中必须而且应该遵循的行为准则，它涵盖了从业人员与服务对象、职业与职工、职业与职业之间的关系。企业事业单位的活动都是人的活动，为了发展就不能不讲求诚信。因为发展既蕴涵着组织本身实力和生存能力的增强与提升，又蕴涵着组织与组织、组织与外部以及组织内部各要素之间关系的优化与完善。无论是组织本身实力和生存能力的增强与提升，还是组织内外关系的优化与完善，本质上都需要诚信并且离不开诚信。诚信不仅产生效益和物化的社会财富，而且产生和谐和精神化的社会财富。在市场经济社会，"顾客就是上帝"，市场是铁面无私的审判官。企业如果背叛上帝，不诚实经营，一味走歪门邪道，其结果必然是被市场所淘汰。诚信是塑造企业形象和赢得企业信誉的基石，是竞争中克敌制胜的重要砝码，是现代企业的命根子。

第三，诚信是国家政府的立国之本。诚信是领导者治理国家的基本准则，诚信构成国德，支配国运，没有诚信的国德就不能拥有长久而向上的国运。在现代社会，民主政治成为一种潮流和趋势，更要求把诚信作为治理国家的基本原则。政治的核心是权力。政治权力的历史形态是私权或集权，而民主政治下的权力则是公权。公权意味着权力归人民所有，本质上是为人民服务的，权力的合法性来自人民的信任。失去人民的信任便失去了权力合法性的依据。我国是社会主义国家，建设高度的民主政治是社会主义政治文明建设的重要任务。

大学生的诚信之为

一、大学生诚信现状透视

近年来，综合分析各类对大学生诚信调查的统计结果，得知大学生的诚信状况大致有以下几个特点：

1. 知行不一

从认识层面来讲，多数学生是把诚信作为一种重要品质来看待的。在各类调查中，有80%以上的学生认为诚信在中华民族的传统美德中占有很重要的地位，至少有50%左右的学生认为诚信在自己的为人处事中非常重要，是自己的原则，有50%左右的学生认为讲诚信需视具体情况而定，对不同的人、事有不同的判断。

大学生将诚信划分为理想认识与现实操作两个层面。各类调查结果表明，当诚信作为一种理想道德操守时被学生认为是重要的，但当诚信作为一种现实生活中的道德实践时却并没有充分被体现，这体现出学生在思想道德上的知行不一。同时我们可以看到，对于较多学生来讲，诚信不是被作为一种一以贯之的品质修养的，而是具有较强的随机性和主观性。

2.对己对人标准不一

从对别人要求的角度，学生对于别人的诚信品质要求普遍较高，而作为自己的道德要求却不高，且自身实践诚信较差。有相当一部分学生对于什么是"诚信"认识不清。

3.功利倾向

大学生选择诚信的同时会考虑自身的经济利益，有强烈的功利倾向。学生在选择是否诚信时更多的是出于对自身现实利益的考虑，在满足自身利益的前提下，他们往往选择做一个诚信的人，但利益受到损害或出现新的利益诱惑时，他们可能会放弃自己的道德准则。可见，多数学生的"诚信"视自身的利益而定，带有强烈的功利倾向。

二、大学生诚信问题的具体表现

1.日常言行缺乏诚信，背信违约

诸如到图书馆借书，拖延不还；家庭并不困难却要申请助困补助；向同学借钱不还；制造各种假证书……

2.恶意拖欠贷款、学费

为了保证经济困难的大学生能顺利完成学业，1999年国家开始推行国家助学贷款，但是此项活动却遭遇了"诚信危机"的重棒。据教育部门统计，有近20%的学生在获得贷款后没有考虑还款的事宜。近几年来全国高校学生欠费现象日益普遍，这其中除了一部分学生确实是无力负担高额的学杂费外，更深层次更本质的原因还应当归结于大学生的诚信危机。目前，我国全社会的个人信用体系尚未建立，这也使得一些大学生钻了法律的空子。

3.考试作弊，屡禁不止

尽管各高校都制定了严格的监考制度，不仅对考场纪律有严格规定，而且对监考老师的职责也有严格的考核，但学生的作弊方式还是层出不穷，无奇不有，作弊的手段也是防不胜防。对学生而言，不断发展的通信技术大大降低了作弊的"成本"，这个成本不仅是操作手段上的，周围学生的看法、舆论的宽容更是一个重要的方面。当前大学生的作弊现象也由"个别"迅速发展成为"群体"或"团体"作弊。

4.求职履历，弄虚作假；就业签约，无故悔约

随着高校的大规模扩招和经济增速的放缓，就业形势一年比一年严峻。面对这样的就业压力，有些学生开始在求职履历上大做文章，涂改成绩、夸大事实、制造假证件、虚构经历，绞尽脑汁地玩手段。

5.抄袭成风，瞒天过海

大学生抄袭、剽窃事件，屡见报端；大量的"枪手"广告、论文交易广告充斥于大学校园和网络；做实验把实际数据"调整"成自己所需理想状态的数据；抄袭他人的作业，从网上下载论文作为自己的论文等，学术腐败问题已成为一个困扰学术发展的障碍和笼罩校园象牙塔的阴影。在学术诚信上，学生往往对于教师和他人的要求高，对自己的要求低，不少大学生并未确立严肃的学术观，也未掌握做学问的方法与途径，"剪刀加糨糊"的学习方式被相当一部分学生所认同。

在如何防止和减少学生学术舞弊问题上，我国高校也还基本停留在惩戒的层面上，靠惩罚被发现有学术舞弊行为的学生来"杀鸡儆猴"，恐怕是难以奏效。对于论文抄袭一类的学术

舞弊来说，由于难以被发现和鉴定，其作用是微乎其微的。

三、大学生诚信缺失的原因

1. 历史积淀

长期以来，在中华民族的文明发展史上，虽然形成了"人而无信，不知其可也。大车无輗，小车无軏，其何以行之哉"等有关诚信的警言名句，但在封建社会长期的专制下，人们的诚信意识也存在着扭曲的一面。历史上"逢人只说三分话，未可全抛一片心""老实人易吃亏"等格言古训，导致大学生在受教育的过程中潜意识里诚信意识匮乏，历史积淀中带有"世袭"观念的残余还在影响着当代大学生。

2. 社会环境

现实社会中的失信之风、不文明之事被有些大学生所接受和效仿。在日常生活中，眼花缭乱的虚假广告、随处可见的假冒伪劣产品；还有企业、经营者的拖欠赖账、偷税漏税，走私骗汇；一些单位摆花架子，搞形式主义，浮夸虚报欺骗……社会中的不诚信现象如此泛滥，即使在象牙塔中的大学生，也难免不受其影响。在这种诚信危机的大环境下，高校学生经受着冲击和考验，一些自身修养不高、自律能力不强的学生，便在市场经济的大潮中迷失了自己，往往表现出重物质利益、经济效益，轻精神效益、社会效益，而且常常忽略社会责任意识和道德要求，急功近利，避而无信，抛弃包括"诚信"在内的许多道德原则等行为。

他山之石

微信"集赞兑奖"不讲诚信，工商重拳整治

据宁夏回族自治区工商局12315指挥中心介绍，根据目前的消费者投诉，"集赞兑奖"中的不诚信行为主要表现在四个方面：一是商家"偷天换日"，明明活动期限未到，却以活动已结束或奖品已送完为由拒绝兑奖；二是"偷梁换柱"，兑换的礼品内容与承诺不符；三是"服务缩水"，兑换的各类服务卡限制使用日期或服务项目；四是兑换的礼品质量次。

对于商家的此类不诚信行为，宁夏回族自治区工商将进行集中整治，对"集赞"活动中涉嫌虚假宣传、合同欺诈等违法行为依法予以查处，同时还将对不良商家通过媒体进行曝光。

在法制领域，目前我国还没有个人信用评估体系，没有失信惩罚机制，没有相应的立法规范实施，在公民诚信体制上国家在立法、司法、执法上没有达到很好的统一。一时之间，在现代社会之中坚守诚信未必符合当前的时代精神之类的论调在一定程度上占据了上风。诚信虽然在观念上得到了尊重，但是在现实中却没有明显的约束力。

3. 学校、家庭教育

我国的学校和家庭教育长期以来重智育而忽视德育，教育环境和手段不利于学生培养诚信的品格。在学校教育中，智育的首席位置乃德育教育之无法比拟的，尽管学校也在不断开展德育教育，但往往也只注重受教育者对社会的绝对服从，而不够重视学生道德认识、道德态度和道德行为的统一。对受教育者来讲，更多的是一味地讲大道理，而对大学生的生活细节和身边小事的教育却不够。另外，教师台上红色旋律，台下失信作假的现象也时有发生，

在这样的学校教育环境中，如何培养得出学生诚信的品格呢？

从深层次上来说，责任意识的淡薄、反思能力的缺失是大学生诚信危机的内动力。当代大学生的生活经历基本上是从学校到学校，缺乏对个人与社会、现实与未来、社会的阴暗面的全面理解和认识。同时由于他们理性思辨和分析选择能力还不够，很容易使他们将观察了解的一些社会消极现象当作社会本质，从而误导他们失去诚信观念，甚至出现与公民道德规范相背离的行为规范。

四、如何提高大学生的诚信意识

1. 充分认识诚信对自身发展的重要性

首先诚信是大学生安身立业的前提和基础。在经济社会中，只有德才兼备的人才能受到社会的青睐，有才无德或者有德无才都难以立足于社会。其次诚信是大学生全面发展的重要内容，是大学生安身立命的关键。对于大学生来说，个人信用首先就体现为遵守诚信原则的敬畏精神，并把诚实信用作为自己安身立业的基点，无论对工作，还是对学习，都要做到笃行不倦，脚踏实地，任劳任怨，都要树立实事求是、言而有信、无信不立的观念，都要养成表里如一、言行一致的行为习惯。

他山之石

从"无奸不商"回归到"无'尖'不商"

成语"无奸不商"原本写作"无尖不商"。"尖"来源于古代用来度量的斗，米商卖米，除了要将斗装满之外，还要再多舀上一些，让斗里的米冒尖儿，让利于买主。

当前，越来越多的商家，正努力把"奸"商变回"尖"商。这个"尖"不仅仅是让利于消费者，更凝结着"诚信"的因子。当你多给消费者一点点，消费者就会信任你，最大的商机就是诚信，讲诚信不吃亏。

2. 通过参加各种活动，培养自己诚实守信的道德品质

大学生们可以通过参加各种活动来培养自己诚实守信的道德品质，如参加每年暑假的"三下乡"活动，培养自己的社会责任感；参加学雷锋活动，培养自己无私奉献的道德品质；参加各种形式的竞赛，培养自己平等竞争的意识。通过参加这些活动，培养自己的是非观念，帮助自己树立正确的道德观和价值观，从而让自己在学习和考试过程中做到言行一致、拒绝作弊、诚实守信，并逐渐树立诚信为本的观念。

3. 建立一份完整的个人诚信档案

诚实守信是社会对人才素质的基本要求，是建设社会主义市场经济的道德基石。随着市场经济日趋规范化、法制化，诚信已日益成为一种适应市场经济发展的社会资源，高校学生诚信档案是一种社会资源。建立学生诚信档案，也是为大学生积累人生财富，铸就人生道路的不可或缺的竞争力。因为诚信作为一种品德，不再是单纯的人格要求，它更直接体现一个人乃至一个民族的长远利益。大学生诚信档案可视为学生的第二身份证和社会的通行证，诚信档案的设计可以因地制宜，但一定要能体现学生诚信的基本情况，一般而言，应涵盖学习诚信、经济生活诚信和求职就业诚信这三方面的内容。

成长故事

90后女孩诚信还债感动一座城市

家住即墨店集社区东演堤村的马俊俊是一名90后女孩，本来已经考上大学的她，却因家庭不幸放弃了求学的念头。几年前，父亲被查出肝癌，身患脑出血的母亲也瘫痪在床。几年中，为了治病，马俊俊的父母东借西凑，先后欠下了6万元的债务。然而两年前，父亲病情恶化离世，母亲得知消息后，没能经受住打击，不久也离开了人世。

父母相继离世后，马俊俊将父母欠下的债务，一笔笔记在了本子上，不管怎样，一定要把这些债务还上。父亲去世时，马俊俊只知道一部分债权人的名字，为了弄清楚其他债权人，马俊俊到亲戚朋友家挨个询问，一一登记，并对每一位亲戚朋友承诺，一定替父亲还上这些钱。两年来，马俊俊靠在企业打工赚钱，一边供弟弟上高中，一边还债。目前6万多的债已经还上了近一半。

马俊俊用自己的朴实行为撑起了"人"字的高度。她讲诚信、敢于担当的精神赢得了人民的真心赞誉。

【寄语广场】

诚实守信是一个民族和国家的精神要求，是现代社会文明的基石和标志。对于当代大学生而言，诚信是我们的第二张身份证，是我们人生的护身符，是我们个人安身立命之本和修己待人之方，更是我们最核心的竞争力之一。培养自己良好的诚信意识，养成表里如一的诚信行为，树立"有信用者荣，无信用者耻"的理念，既是个人修养的需要，也是我们事业成功的基石，大学生们肩负着家庭的希望，国家的重托，责无旁贷地要为建设诚信社会作出应有的贡献。让我们从自身做起，从点滴做起，让诚信之花开遍校园，迎风吐蕊！

【分享园地】

1. 分享我们身边发生的与诚信有关的故事，谈谈自己的看法和感受。
2. 建立一份个人诚信档案，内容如下：

姓名		性别		
出生年月		民族		
学校		专业、班级		照片
政治面貌		健康状况		
本人联系电话		籍贯		
身份证号码			学历层次	

学习及奖惩情况	学习成绩		班级排名		担任职务	
	综合测评		班级排名		是否有贷款	
	获奖情况		违纪处分记录			

诚信记录	诚信指标	记录要求	有无不诚信情况
	缴费诚信	是否按时足额交纳学费、住宿费、书费等费用；是否有恶意拖欠。	
	贷款诚信	个人贷款基本信息是否真实、全面；是否积极履行贷款合同，按时归还贷款本息，不恶意拖欠国家助学贷款。	
	奖助学诚信	是否如实填写申请资料，不弄虚作假骗取各类奖助学金；奖助学金的使用是否存在严重不当事实。	
	学术诚信	是否努力学习，刻苦钻研，不迟到，不早退，不旷课；是否按时独立完成作业、实验，不伪造实验数据，不抄袭、剽窃他人作业、文章和论文。	
	考试诚信	是否有违反考场纪律及作弊行为；是否有虚报成绩篡改成绩单行为。	
	就业诚信	就业信息是否存在失真事实；是否有恶意违约行为。	
	网络诚信	是否有在各种网页上散发恶意攻击信息或信息垃圾、病毒、散布谣言或虚假信息、故意制造混乱的行为；是否有网络欺诈等行为。	
	生活诚信	学生在生活交往中是否诚信待人，遵守诺言，言行一致；是否有偷窃他人财物、故意破坏公物、违章用电、发生问题时相互包庇、撒谎、隐瞒事实真相等行为；是否有铺张浪费，与自己经济情况不符的消费活动；是否有校园内的不文明举止，男女交往举止不得体；是否有与社会人员拉帮结伙，影响学校正常秩序的行为；是否有冒用他人证件或姓名做出违反乱纪的事；是否有谣言蛊惑，故意制造混乱的行为；是否有从事不正当生意，向同学推销虚假商业信息和假冒伪劣产品，买卖赃物等行为。	
	其他诚信		

诚信评价	
	辅导员签字： 年　月　日

【邀约成长】

解开"手链"

【目的】

1. 让学生体验团队合作的力量与快乐。

2. 在游戏中学生感受个人与集体的关系，体验个人对团队的信任与责任。

【时间】

约 20 分钟。

【操作】

准备节奏感较强的背景音乐和节奏舒缓的背景音乐。

1. 将全班学生分成若干个小组，每组 10～12 人，让每组成员手拉手围站成一个圆圈，记住自己左右手分别相握的人。

2. 在节奏感较强的背景音乐声中，大家放开手，随意走动，音乐一停，脚步即停，找到原来左右手相握的人分别握住。

3. 小组中所有参与者的手都彼此相握，形成了一个错综复杂的"手链"。节奏舒缓的背景音乐中，主持人要求大家在手不松开的情况下，无论用什么方法，将交错的"手链"解成一个大圆圈。

4. 第二轮用两个小组的成员合并，形成一个大圈，按第一轮的操作重复进行一次。

5. 第三轮将第二轮中两个圈的成员合并成一个特大的圈，也就是全班成员围成一个大大的圆圈。按第一轮的操作重复进行一次。

【分享】

1. 游戏过程中遇到的最大困难是什么？你当时的感受是怎样的？

2. 如果让你再体验一次，你会有怎样的改变？

第十五章

坚守责任勇担当

【学习地图】

习近平总书记提出的中国梦，对于实现国家富强、民族复兴、人民幸福具有重要的现实意义。高校作为社会人才的培养基地，培养具有高度社会责任感和奉献精神的人才是实现中国梦的重要保障。人生可贵之处在于敢于承担责任，人生的价值在于奉献。反观当下，90后大学生中有一部分同学责任意识弱化，对自己放纵，沉迷网络，不努力学习；对父母的劳动不尊重，肆意挥霍，甚至嫌弃父母地位卑微；对集体缺乏关心和热爱，以自我为中心，缺乏团队合作精神；对师长缺乏尊重，对同学缺乏感情；对社会漠不关心，社会公德和纪律意识低下。青年大学生如何理性认识责任和奉献，树立强烈的使命感与社会责任感，在责任担当和无私奉献中报效祖国，回报父母，实现自身的价值，是本章着力探讨的问题。

【案例分享】

用生命撑起母亲的一片天

孟佩杰，女，20岁，山西师范大学学生。感动中国2012十大人物之一。孟佩杰有着一个不幸的童年：5岁时父亲去世，母亲重病，无奈将她送人领养，不久生母去世；5岁的孟佩杰由养母刘芳英照顾，三年后养母刘芳英因病瘫痪，不久后，养父因不堪生活压力离家出走，此后杳无音讯。8岁的孟佩杰开始为生计而操劳，承担起侍奉瘫痪养母的重任，俩人就靠养母每个月微薄的病退工资生活。孟佩杰每天在上学之余要买菜做饭，替养母洗漱梳头、换洗尿布、为其全身涂抹褥疮药膏。孟佩杰一直悉心照料养母刘芳英，不离不弃。2009年，孟佩杰被距离家乡百公里外的山西师范大学临汾学院录取，不放心养母的她决定"带着母亲上大学"，她在学校附近租了房子，继续悉心照料着养母。十二年，4000多个日子，孟佩杰不仅在生活上照顾了养母刘芳英，更重要的一点是，她的存在让刘芳英渐渐找回了活下去的责任和勇气。

孟佩杰在贫困中任劳任怨，用青春的朝气驱赶种种不幸，勇挑照顾好养母的责任重担，无怨无悔。她用自己的孝心，赢得了所有人的尊重，生活虽然艰辛，可她的笑容依然灿烂如花，她为传统的孝道作了最好的诠释，同时也把敢于承担责任的正能量传递给了每个人。

"爬"遍青山送医上门

周月华、艾起在感动中国 2013 人物颁奖现场，主持人是这样介绍他们的：她背起药箱，他再背起她。他心里装的全是她，而她的心里还装着整个村庄。一条路，两个人，二十年。大山巍峨，溪水蜿蜒，月华皎洁，爱正慢慢地升起。

周月华，女，43 岁，重庆市北碚区柳荫镇西河村乡村医生，艾起是她的丈夫。周月华出生后 8 个月被诊断为先天性小儿麻痹症，左腿残疾，但这一切并没有摧垮她生活的意志。凭着自己的执着，周月华完成了中学学业并成功从卫校毕业。

在找工作的过程中，周月华因身体残疾而四处碰壁。后来，看到乡亲们每次都要步行几个小时才能到镇上的医院看病，她就动了行医的心思。

周月华将平时省吃俭用下来的 200 元加上家中仅有的 600 元储蓄作为开诊所的启动资金，又把家里堂屋修整了出来做场地，药品采购则靠两个弟弟用小竹筐一筐筐往回背，1990 年 11 月，周月华的"柳荫镇西河村卫生室"终于正式挂牌营业了。

"我喜欢我的工作，喜欢我现在所做的一切。"周月华说道，"住在偏远地方，农民看病要走上好几小时。所以我现在做多一点，让乡亲们少跑一点，少花一点，自己会感到很开心。"

最开始行医时，周月华右肩挎着药箱，左肩拄着拐杖在山间艰难行走，这种行医方式直到她遇到了人生中的第二条左腿——她的丈夫，艾起。

周月华和艾起结婚之后，无论上山涉水，刮风下雨，只要有出诊，艾起便会揽起周月华的手，用宽阔的后背将她背到病人家里。"背你一辈子，我无怨无悔！"这个男人用 20 年的行动，默默支持着妻子的事业。

二十多年来，她硬是靠着拐杖和丈夫的后背，"爬"遍了方圆 13 平方公里的大小山岭，为辖区近 5000 村民带去了医疗服务。

"没有他，这么多年，我做不到的。"周月华说道，"他是我这辈子的第二条左腿。""我背着她走了 18 年。我说过要背她一辈子，就要实现这个诺言，永远都不放弃。"周月华的丈夫艾起说。

【知识之窗】

解读责任与奉献

一、责任、责任感和责任意识

责任通常有两个意思。一是指分内应做的事，如职责、尽责任、岗位责任等。二是指没有做好分内应做的事而应承担的过失。

责任感是指社会群体或者个人在一定社会历史条件下形成的为了建立美好社会而承担相应责任、履行各种义务的自律意识和人格素质。它是通过社会的价值观与行为规范内化而形成的，是社会群体或者个人对其相应社会角色所承担的责任和义务的认识、情感和行为。

责任意识是清楚明了地知道什么是责任，并自觉、认真地履行社会职责和参加社会活动，把责任转化到行动中去的心理特征。

他山之石

名人话责任

1. "士不可以不弘毅，任重而道远。"国家的前途，民族的命运，人民的幸福，是当代中国青年必须和必将承担的重任。——习近平

2. 一个企业家的身上应该流着道德的血液，只有把看得见的企业技术、产品和管理，以及背后引导它们影响的理念——道德和责任，两者加在一起才能构成经济和企业的 DNA。——温家宝

3. 责任的核心就是内控力。——杨宗华

4. 要使一个人显示他的本质，叫他承担一种责任是最有效的办法。——毛姆

5. 人生须知负责任的苦处，才能知道尽责任的乐趣。——梁启超

6. 每一个人都应该有这样的信心：人所能负的责任，我必能负；人所不能负的责任，我亦能负。如此，你才能磨炼自己，求得更高的知识而进入更高的境界。

7. 注册是身份证，品牌是通行证，责任是生死证。——牛根生，蒙牛董事长

二、奉献和奉献精神

奉献即"恭敬的交付，呈献"，简单地说就是指满怀感情地为他人服务，做出贡献，是不计回报的无偿服务。

奉献精神是指个人与他人、集体、国家之间存在的一种纯洁高尚的道德义务关系，是用来评价人生价值的基本标准之一。通俗意义上讲，奉献精神是一种爱和责任，是自愿地为社会、集体、他人服务以及做出贡献的行为表现。

奉献是一种态度，是一种行动，也是一种信念。赠人玫瑰，手有余香。或许是一句问候，或许是一个微笑，或许是一个赞许，抑或是一个举手之劳，都会让人感到温暖甚至欣喜。奉献，方便了别人，提升了自己；奉献，激励了他人，也鼓舞了自己。奉献，是源自内心小小的感恩的心，是对社会和人民的感恩。常怀奉献之心的人真正懂得人生的快乐，心拥奉献之念的人真正懂得人生的真谛。从这个层面上来说，奉献精神并不是高不可攀的，相反的，它可以是生活中一个小小的举动。当你在拥挤的公交上给一位老奶奶让座；当你关紧正在滴水的水龙头；当你捡起地上的一片纸屑并把它扔进垃圾桶里，这些看似微不足道的事情其实就是奉献精神。而大学生作为新一代的接班人和综合素质较高的一个群体，更应该做实践奉献精神的表率。

青春担责任　奉献写人生

一、大学生勇于承担责任和具备奉献精神的现实意义

1. 是中华民族伟大复兴的要求

实现中华民族的伟大复兴是我们这一代中国人光荣而神圣的历史使命。习近平主席指出，展望未来，我国青年一代必将大有可为，也必将大有作为。这是"长江后浪推前浪"的历史规律，也是"一代更比一代强"的青春责任。广大青年要勇敢肩负起时代赋予的重任，志存

高远,脚踏实地,努力在实现中华民族伟大复兴的中国梦的生动实践中放飞青春梦想。大学生作为国家宝贵的人才资源,是建设中国特色社会主义的中坚力量,大学生的思想政治状况、道德品质、科学文化素质和健康素质如何,直接关系到未来中华民族的素质,更是关系到党和国家的前途与命运。

2. 是构建和谐社会的要求

他山之石

生活中,你是那种属性?

每个集体都有三种人:

一种属牛,与世无争,只管干活;

一种属猪,好吃懒做,无所事事;

一种属狗,上蹿下跳,不咬便叫。

如果属牛的生气勃勃,属猪的也不敢偷懒,属狗的就会夹起尾巴,这个集体必定发展有望;

若属牛的没精打采,属猪的便自在,属狗的必定神气,该集体就要走下坡路了。

一个和谐的社会,首先应该是一个有责任的社会,诚实守信的社会,团结友爱的社会。如果大学生的责任意识淡薄,就会大大影响整个国家公民的责任意识,社会凝聚力也就会大打折扣。

3. 是发展健康、有序的市场经济的要求

大学生的高智商、高知识、高技能决定了他们将成为未来社会主义市场经济的主力军的地位,他们将直接或间接参加市场经济的所有活动,如果不能用强烈的社会责任感和很高的社会道德水准来约束自己的行为,经济市场就会成为充满欺诈和欺骗的无序市场,这样的经济市场足以摧毁整个社会经济体系。

4. 是大学生自身健康发展、实现自我价值与社会价值高度统一的要求

个人价值的实现离不开社会整体利益的发展。没有社会整体利益的发展,就没有社会生产力水平的提高;没有社会生产关系的完善,就没有社会精神文明的进步。大学生必须认识到这一点,并为此承担起一份责任,也只有在为社会付出努力的过程中才能真正实现自己的价值。

二、大学生责任意识和奉献精神现状及原因分析

当代大学生是伴随着改革开放成长起来的一代。他们思想开放、追求个性,但也出现了道德滑坡、责任缺乏、信仰缺失等问题。从杀害舍友的马加爵到"我爸是李刚"的李启铭,再到药家鑫等人,可以看出,相当比例的大学生虽然自我意识很强,但凡事都想突出自己的主体地位,看重个人得失,责任意识、道德观念淡漠。就总体状况来看,表现为注重自我权利,个人责任意识淡化;纪律意识松懈,角色责任意识弱化;家庭责任意识淡漠,社会公德意识缺失。

(一)当代大学生责任意识和奉献精神缺失的具体表现

1. 注重自我权利,个人责任意识淡化

个人责任意识是大学生升华责任意识的动力和自觉要求。现在的大学生受社会功利主义的影响,凡事以自我为中心,片面追求自我权益、自我价值的实现,淡化个人义务和社会责

任意识；较多考虑道德行为的功利后果，只顾及到自己的利益，不乐于助人，缺乏奉献精神。譬如"不能摆正'责、权、利'的正确关系，注重权利，不尽义务，逃避责任；只谈索取，不讲奉献；注重个性发展、自我奋斗，忽视团结友爱、共同发展；好逸恶劳，贪图享受，急功近利，吃苦和奉献精神不足；对集体活动、公益性活动不感兴趣，有利的就做，无利的就躲"。缺乏起码的责任意识，回避困难和挫折，贪图安逸和享受。譬如国家、民族的责任意识缺失，"先天下之忧而忧、后天下之乐而乐""天下兴亡，匹夫有责""为中华之崛起而读书"的责任担当精神如今只流于大学生的嘴边。虽然有时候也赞同义务，但也是对别人义务的要求。在珍爱生命方面，没有意识到生命也是一种责任，承担和履行这种责任的过程是探索生命价值、实践生命辉煌的过程，以致大学里因学业不顺、发展受阻、人际关系处理不善等自杀或他杀事件时有发生。在情感方面，缺乏自尊自爱意识，没有明确的爱情观、婚姻观，把在大学期间谈恋爱当作一种时尚，逢场作戏，对待爱情往往有"不在乎天长地久，只在乎曾经拥有"的随意性。甚至未婚同居、多角恋爱，因恋爱不成而出现的情杀、仇杀事件也经常出现。

他山之石

"三句话"教做一个有责任感的人

1. 做一个有责任感的人，要有"大丈夫的肩"，责任意味着担当。

2. 做一个有责任感的人，要有"小女人的心"，从大处着眼，小处着手。

3. 做一个有责任感的人，要有"老黄牛的背"，勤勤恳恳、踏踏实实，做好每一件事，落实好每一件事。

2. 纪律意识松懈，角色责任意识弱化

纪律意识是保证大学生实现责任意识和目标的保障。不少大学生学习缺乏动力，以为学习的目的就是为了考试、拿文凭、找工作。学习风气和氛围不浓厚，仅仅把学习看作是父母和老师逼迫的，学好学坏与他无关，故学习动力不足，整日沉溺于网络游戏和聊天，自控力不强，以致精神状态萎靡不振，课堂上无精打采，网吧里面神采飞扬；学业荒废，考试前临时抱佛脚，及格万岁，哪怕屡屡挂科也好像毫不关己；习惯于睡懒觉和上课迟到，宿舍脏乱差现象普遍，个人从不清扫桌前物；生活上追求豪奢，贪图安逸和享乐，懒于参加班级和学校的集体活动，可谓小事不愿做，大事做不了。这些都显示了大学生作为学习者、行为者角色责任的缺失和弱化。

3. 家庭责任意识淡漠，社会公德意识缺失

家庭责任意识和社会公德意识主要体现为对家人、社会的责任意识和规则意识。当代大学生是独生子女高度集中的一代人，无论是来自城市还是农村，都是家中长辈的"掌上珠，手中月"，从小一直受到长辈的娇惯和宠爱。进入学校后虚荣心厉害，消费上盲目攀比，向父母索取往往只考虑自己，不考虑家庭实际情况，把父母仅仅当作"银行"或者"储钱罐"。感恩意识淡薄。不少学生认为从父母身上索取是天经地义的事，从未表现过对长辈的感激；相当一部分同学偶尔与父母联系一次，和父母联系时也只为钱，很少给家人以关心和问候，完全没有尽到孝顺的责任，是典型的"啃老族"或"月光族"。在社会公德意识方面，"人无信而不立"，许多高校学生缺乏诚信，考试作弊现象屡见不鲜；恶意拖欠学费和国家助学贷款，虚报信息领取贫困补助，拿着学费买手机、谈恋爱，却不愿向学校缴纳费用；少数人过度消费，任

刷信用卡，到期不还。还有诸如面对公共志愿服务如无偿献血等活动，需要以行政命令去推动，没有自觉自愿和积极主动的公德意识。

他山之石

"责任弱化症"，你有吗？

1. 自我责任迷惘，没有努力的方向。
2. 对他人的责任感淡漠，唯我独尊。
3. 对家庭的责任感减少，只讲索取不讲回报。
4. 对社会的责任感下滑，更注重功利取向。

（二）大学生责任意识与奉献精神缺失的原因

1. 社会不良风气的影响

21世纪以来，随着改革开放的不断深入和市场经济的迅猛发展，经济全球化的程度也随之加深，现代社会的开放性从各个方面影响着大学生的责任意识和奉献观。

第一，市场经济的负面效应容易导致金钱至上、自私自利等一系列不良现象，造成社会风气的败坏，使得部分大学生内心受到了严重的污染，导致他们善恶不分、缺乏正义，阻碍大学生思想道德素质、科学文化素质和心理健康素质的协调发展，而这一切也极大地影响着置身于市场经济中的高校学生的人生价值观。大学生容易被转型社会那些非主流的拜金主义、享乐主义、极端个人主义思想或黄、赌、毒等眼前现象所蒙蔽，在处理个人与集体、国家利益关系时，一切以自我为中心，以是否有利于自己的利益为尺度，从而淡漠国家和集体利益，逃避或放弃自己应承担的社会责任。

第二，由于经济的高速发展，出现了一些高收入人群，他们中的很多暴富者极力追求奢华生活，加之部分媒体不正确的宣传和引导，使得很多大学生的价值观和消费观受到了极大的冲击，导致他们中间拜金主义和享乐主义的蔓延。

第三，经济的发展加剧了文化多元化趋势和个体的生存压力，西方思潮的大量传入，使一些大学生功利观念和自由主义滋长，从而对责任意识和奉献精神产生疑问，阻碍大学生责任意识和奉献精神的培养和发扬。

2. 学校教育理念的偏离

首先，学校教育重智轻德，社会责任教育不到位。学校教育重灌输，轻引导，忽视学生的主体地位，从根本上剥夺了学生自由决定和自由创造的权利，学生丧失了主体性。而社会责任是主体自由选择的结果，在本质上是自律的，是道德主体性的高度体现，是随主体性的发展而日生日成的。其次，有些高校课程体系设置不合理，与社会现实衔接不紧，大部分高校在经济高度发展的影响下，功利化倾向越来越严重，学校过分以就业率为标准，片面重视应试教育，忽视德育教育，从而导致大学生奉献精神的匮乏甚至缺失。最后，有些高校教师自身的社会责任感淡薄，自私、冷漠、懦弱，缺乏正义感和敬业精神，言传身教的效果可想而知。同时，高校对大学生责任意识和奉献精神传授的形式单一，把公共政治课作为大学生道德教育的唯一途径，依靠书本上的知识来传授给学生，形式简单也没有相应配套的实践活动，大部分学生得不到理论与实践的结合，从而很难理解责任意识和奉献精神其中的意义。

3.家庭环境的影响

父母作为子女的第一任教师，在对子女的教育过程中，往往只看重孩子的学习成绩，而忽略或根本不对子女进行责任教育，造成孩子价值观的偏差。孩子上大学后，父母与孩子交流沟通不够，更谈不上综合素质的培养。现在相当多的大学生是独生子女，家长对他们的过分宠爱和纵容，使其逐渐产生了依赖心理，有不少人对父母、对他人、对社会的要求高而多，而对自我的要求低而少，考虑更多的是别人应该为我做些什么，而很少考虑我应该为父母、为家庭、为社会做些什么，缺乏应有的同理心和责任感。加之现在很多家庭不和睦，引起离婚率越来越高，严重影响着大学生的身心健康，使他们缺乏爱心与责任，也就更谈不上拥有奉献精神了。

4.大学生自身因素的影响

由于大学生正处于心理尚未完全成熟的时期，加之没有很多的实际经验，所以会很轻易地受到外界的影响，从而对社会的评价过于主观，处理事情容易情绪化，从而产生心理偏差，阻碍其内在道德品质的形成，进而导致自身责任意识和奉献精神的严重缺乏。

三、当代大学生应承担的责任

1.生命责任

生命是一种责任，承担和履行这种责任的过程就是探索生命价值的过程。主要体现为关爱自己、关爱他人、关爱自然。

2.行为责任

人自觉自主的行为的本质规定，使行为过程及其后果带上了个人所为的印记，从而具有了行为的责任性。个人作为道德行为的主体，同时也是一个责任主体，行为责任意识体现着一个人的人格。一个人正是在行动中，发现和实现着人生的自我价值和社会价值。

3.成才责任

马克思、恩格斯指出：每一个人都无可争辩地有权发展自己的才能。任何人的职责、使命、任务都是全面地发展自己的一切能力。人的主体性活动，就个体而言，主要是追求自我、创造自我、实现自我，实现人的全面自由发展。人的全面发展意味着个性创造，代表着一个人对人类的创造性贡献，是一个人实现回馈社会之理想的中介和桥梁。

他山之石

修炼责任的方法——"六问六思"

1.清晨六问：

我今天的目标是什么？

我今天的核心目标是什么？

我今天最重要的事件是什么？

我今天准备学到哪些新东西？

我今天在哪些方面还做得不够好？

我如何才能做得更好？

先学会让自己承担责任，要让每一刻的价值最大化。

2.静夜六思：

我今天是否完成了小目标？

我今天是否更接近了大目标？

我今天又学到了哪些新东西？

我今天有哪些方面还做得不够好？

我如何才能做得更好？

我明天的目标是什么？

4. 回馈责任

回馈责任是大学生成才后，通过其社会实践活动，为社会做贡献的责任。高度的回馈责任感，是一切创造性劳动和高尚行为的内在动力。人的行为只有当其对社会和人民负有强烈的责任感时，才具有道德价值。它的价值就是体现社会进步要求和人民利益的道德原则的价值，因而具有至上性和绝对性。

四、大学生如何培养自己的责任意识与奉献精神

1. 重视思政课和思政教育

《〈中共中央宣传部、教育部关于进一步加强和改进高等学校思想政治理论课的意见〉实施方案》中明确指出："思想道德修养与法律基础教程主要进行社会主义道德教育和法制教育，帮助学生增强社会主义法制观念，提高思想道德素质，解决学生成长成才中的实际问题。一句话，就是要进行责任教育，就是要加强道德责任和法律责任的教育。"思政课是最有效的责任教育途径，高校一定要高度重视思政课教学，让它在责任和奉献教育中切实起到积极作用，而不是搞形式、走过场，仅仅成为学生拿学分的课程。通过思政课及学校组织的其他思政教育，让学生们充分认识到责任和奉献在人生价值中的重要意义。

2. 重视社会实践活动

中共中央、国务院《关于进一步加强和改进大学生思想政治教育的意见》中明确指出：社会实践是大学生思想政治教育的重要环节，对于促进大学生了解社会、了解国情、增长才干、奉献社会、锻炼能力、培养品质、增强社会责任感具有不可替代的作用。只有在社会实践中大学生才能全面、深入地认识社会，适应社会，增进对社会的理解和认同，明确自己的社会角色，并在角色承担中获得关于社会责任感和奉献精神的亲身体验和感受，其社会责任感和奉献精神才能得以形成、固化和提升，并最终外化为负责任、有担当、能奉献的社会行为。

他山之石

负重前行

古时候，一位帝王想选一位使者出使别国，出使之路困难重重，需找一位可担此任的使者。经过层层筛选，最终确定了两位候选人。可帝王无法从中选出一个最好的。于是，他便去寺里找方丈帮忙。方丈听完了帝王的来意，沉思了一会儿，带着帝王和两位候选人来到斋房。斋房里堆放着好几种水桶，方丈对两位候选人说："你们一人选一对桶，从山底挑一担水上山，看谁先上来。"两人各有所思，打量了许久，便过去选桶。第一个人将水桶翻过来倒过去地比较，最后选择了其中两个最小的桶，第二个人则从中选择了两个尖底的水桶。然后，这两人便下山挑水去了。

两位候选人走后，方丈笑着问帝王："陛下认为哪一位可先到达山顶？"帝王一笑，对方丈说："当然是选小桶者先到。"方丈一笑，摇了摇头说："老衲认为，选尖底桶者应先到。"

一个时辰后，果然是挑尖底桶者先到达山顶。帝王不解，方丈则叫来那位候选人，问道："施主为何选尖底桶？"那位候选人一笑，对方丈说："挑起尖底桶，可以催促我上山啊！因为我挑起它们便不能让它们着地，一旦着地，水便会泼掉，我就完成不了任务。所以，为了不让水泼掉，我必须持之以恒地走下去，直到完成任务。所以，我选了尖底桶。"帝王听后，豁然开朗，心中便有了出使的人选。

每个人心中都有梦，可梦想成真的时间却相差很多。究其原因，无非四个字：负重前行！敢给自己压担子，你就有前进的动力，这副担子甚至会促使你用奔跑代替慢步。给自己减负，会在无形中松懈你那进取的意志，它可能会使你享受一时的轻松，却会让你离一生的目标越来越远。

3. 常怀感恩之心

学会知恩、感恩、施恩，明白父母的养育之恩、老师的教育之恩、社会的关爱之恩、祖国的呵护之恩。感恩，绝不只是对父母养育之恩的简单回报，也不是简单地在感恩节举办感恩活动，而是要让它成为学生每一天的必修课。大学生要能为自己辛勤忙碌的父母分担力所能及的事情，要珍惜老师们的劳动成果，要常对帮助自己的人说声"谢谢"……

4. 多向榜样学习

榜样的力量是无穷的，通过多渠道学习现实生活中那些有责任和有奉献精神的典型案例，让责任意识和奉献精神深入人心。

成长故事

最美女大学生丁慧

丁慧，锦州医科大学医疗学院2016级护理学专业学生。她敬佑生命、救死扶伤、勇于担当，树起了一面"最美大学生"的旗帜。

2018年7月19日16时23分，D11次列车旅客崔永龙（男，81岁）于锦州南站下车后，突发心脏疾病晕倒在站台上。此时老人瞳孔放大，尿失禁，呼吸暂停，处于病危状态。听到车站急寻医护人员的广播后，正准备验票上车的丁慧立即折返奔向老人，蹲在地上为老人进行人工呼吸和心肺复苏。经过4组心肺复苏急救（每组30次，3次人工呼吸），不断大声呼喊唤醒老人意识，最终老人终于恢复了心跳和呼吸，转危为安。没赶上火车回家的丁慧拒绝了老人家属的酬谢，称"这是我学医应该做的"。

丁慧同学跪地救人错过乘车的感人事迹经媒体报道和网络转载后，赢得无数网友纷纷点赞，引发了社会各界的强烈反响，传递了强大的正能量。

【寄语广场】

有了生命就有了责任，一个真正有责任的人，他不会畏惧任何艰难困苦，有责任的人，才是真正高尚，真正值得尊重的人。责任是一种高尚的情感，是一种博大的胸怀，是一种坚毅的品格，是一种执着的精神，是一种奉献的自觉，有了责任，活着才有意义，有了责任，人生才会多彩，有了责任，生命才会绚丽！责任面前，不要退缩，不要放弃，尽自己的最大努力去承担。心怀责任，你将创造精彩。

奉献不是阳春白雪的高调，而是责任心的转化和体现，是最平常、最朴实的东西。对家庭的热爱，对事业的执着，到最终都将转变成责任：对父母有赡养的责任、对子女有抚养的责任、对工作有尽职的责任、对他人有帮助的责任、对社会有奉献的责任、对国家有报效的责任……只要你承担起了这些责任，就意味着你必须要为之奉献体力、心力、财力和物力，乃至于生命。奉献是一种自豪感、成就感和人生价值的体现，是人的纯正灵魂的再现，是人间真情的流露，是大我的创造。

同学们，拿出你的热情，伸出你的双手，给别人一点帮助，奉献别人，也是服务自己。只要我们每一个人都学会奉献一份热情，世界将会变得更加和谐美好。同学们，让我们坚守责任勇担当，无私奉献写青春。

【分享园地】

1. 把你为他人做的奉献的事情及感受写下来，分享到你的个人学习空间。

2. 完成本校大学生责任意识与奉献精神的情况调查，并深入思考造成这种结果的原因及改变现状的具体措施。

【邀约成长】

突出重围

【目的】

培养学生的责任意识，在面临巨大危机的时候，激发潜能智慧解决问题的能力和坚持到底不服输的精神。

【时间】

约 30 分钟。

【操作】

1. 准备安全的海绵垫，从学生中先选取一名同学作为实验者，体重一般，不要太重。另外选取志愿者 16 人左右为举人者；

2. 试验者平躺在地面上或是桌子上，双臂抱胸；

3. 另外 16 个人各伸出一个食指，不同的人分别用食指顶住试验者身体的头部、颈部、肩膀、后背、臀部、大腿、小腿、脚；

4. 准备就绪后，喊一声"一、二、三"，大家一齐向上用力，就能把实验者托举起来；

5. 再从学生中选一位体重更重的同学，重新做一次，看结果如何。

【分享】

1. 活动前后你有怎样的心理体验差异？

2. 活动中你有畏难情绪吗？你敢于承担自己的责任吗？

第十六章

孝心孝行传孝道

【学习地图】

知恩感恩是中华民族的传统美德，是一种修养，更是一种境界。传统孝德主张"孝之至，莫大于尊亲"，在今天仍闪耀着人性的光辉。一个常怀感恩之心的人，一个践行孝道的人，必定具有非凡的人格魅力。然而在现在的学生中，存在孝德意识模糊甚至缺失的状况。很多孩子以自我为中心，不理解父母的苦心和爱心，不懂得体谅、孝敬父母，传统的孝心面临着严重的冲击，孝敬父母长辈的传统美德正在逐渐遗失。如何以孝德文化滋润美好心灵，培养"知孝理、崇孝道、践孝行"的孝德青年，是学生要面对的重要人生命题。本章旨在探讨如何理解孝理、孝道，并将其渗透到自己的日常生活和实际行动中，确保对父母行孝之意、尊崇之礼和践孝之行，成为有爱心和责任心，有良好的行为习惯和个性品质的优秀大学生。

【案例分享】

背着妈妈上大学

刘霆是浙江林学院一年级学生，与别的大学生不同的是，他不住在学校提供的宿舍里，而是在校外租下一间小屋与罹患尿毒症的母亲同住。刘霆几乎把所有的课余时间都用来照顾母亲。他说："母亲含辛茹苦地把我养大，我自然要力所能及地回报。"刘霆依靠勤工俭学的收入来照顾自己的母亲。他替大学食堂打扫卫生，除了有收入外，每日三餐还可以免费。他把免费饭菜留下一半，带回去给卧病在床的妈妈吃。

为了节省费用，这个 19 岁的大学生还学会了如何打针、量血压和电疗。天气好的时候，他会背着母亲到楼下晒太阳。在刘霆所在的学校，他背着母亲上大学的故事人人皆知。一个同学说："好久没感动得流泪了，没想到这样的事就在自己身边。"

名牌大学生变"不孝子"该谁买单？

央视一套《等着我》栏目讲述了这样一个故事：王某曾是家庭的骄傲，他通过自己的努力考上了名牌大学，家人对他万般宠爱，为了让他能安心学习，全家人都尽可能地满足他的要求，甚至不惜耗尽家中的所有资源供他读书，出人意料的是大学毕业后他竟主动与家人断绝一切联系，一晃九年，杳无音讯。当亲人历经千辛万苦找到他时，他身穿光鲜的西装，对待亲人的态度却异常冷漠。嘉宾愤怒地批评他："你难道没有一点愧疚之情吗？"王某发出冷笑并反问："你觉得我应该怎样面对？"不少网友看完节目后纷纷留言斥责这位"不孝子"。有网友直言："如果连基本的道德观和价值观都没有，读那么多书又有什么用？这种人是怎么进高等学府的？或许以后学校招生不能只看分数，也该考考道德了。"

以上两个案例，引发了你对孝的哪些思考？

【知识之窗】

知孝理

孝是中华民族最具特色的文化现象之一，经过几千年的传承发展其已深深地浸染于国人的心灵，并积淀和内化为最具民族特点和凝聚力的文化基因，成为一种普遍的伦理道德和恒久的人文精神。

一、"孝"含义之解析

何谓"孝"？《说文解字》说："孝，善事父母者。从老省，从子。子承老也。"从许慎的解释来看，其主要说明了以下三点：一是从"孝"字的结构来看，它是一个会意字：上面是"老"字的上半部分，下面是"子"字，意为子在下面侍奉上面的老人。此为孝的本义。二是"善事父母"，意为子女要好好照顾、侍奉父母。三是"子承老"。这是说子女尽孝，不仅要从物质方面侍奉好父母，而且还有责任完成父母未完成的志愿。此外，"子承老"还有将家族血脉传承下去之义，《孟子·离娄上》所言"不孝有三，无后为大"即是此意。"无后"就是"不娶无子，绝先祖祀"。当时的人们认为家族的每一分子都有责任和义务将自己的血脉延续下去，否则就是对祖先最大的不孝。这是要把家族的血脉延续下去，以避免因为家庭成员个体的死亡而导致家族乃至种族不能够继续发展下去，甚至消亡。

二、"孝"文化之起源

孝的起源，有其思想、认识、物质基础和制度环境。孝起源是一个历史过程，是历史多种原因共同作用的结果。中华民族历史悠久，文化灿烂，是四大文明古国之一。华夏儿女孝亲敬老，代代相传，贯穿于整个历史长河，形成了中华民族的传统美德，孝文化作为一种中国传统文化，深深地浸染于中国人的心灵，并积淀和内化成最具民族特点和凝聚力的文化基因，成为一种普遍的伦理道德和恒久的人文精神。"孝"观念起源于殷商时期，形成于周代。"孝"观念最早起源于广义的"事鬼神"，它的发展经历了从广义的"事鬼神"到"事人"的过程。殷人狭义的"事鬼神"是"孝"观念之"事人之死"的起源；殷人"孝的行为"是"孝"观念之"事人之生"的起源。

三、"孝"文化之内核

"孝"是中华民族传统道德的根本和核心，是一种全民化的道德观念。它经过几千年的延续和积淀，不断适应着时代的发展，已成为国人稳定家庭、凝聚民族、传承文化的重要心理机制。

传统文化中，"孝"的内涵是：奉养双亲；尊敬父母；"无违"周礼；"无改"父之道；后继有人；谏诤。其基本含义就是：人类通过家庭繁殖后代，子女对生养自己的父母感恩相报而尽力奉养，行孝即尊敬和赡养父母、老人，是出生于家庭、成长于家庭的人应该而且必须履行的道德义务。古时孝道思想的内涵丰富而具体：珍爱生命，善待自己；无违于礼，顺从父母；感恩知报，敬养父母；继承遗志，建功立业。传统孝道强调了晚辈对父母及长辈绝对地服从和顺从；孩子是父母的附庸，"父让子亡，子不得不亡"是我国古时孝道的真实写照；它是封建不平等的社会制度的产物，满足了上下尊卑中央集权制的需求，一定程度上维护了当时的社会稳定发展。

现代孝道随着社会的发展对传统孝道进行了扬弃，使孝道内容得以有效丰富和延伸，这种新孝道的内涵是：敬爱双亲，爱护自己，为亲分忧，使亲无忧，奉养双亲。具体而言包括以下几个方面：

1. 赡养父母

给父母提供必要的生活用品和费用，让父母吃饱穿暖，从物质上供养父母是孝敬父母的最低纲领。赡养父母不仅是社会道德要求，也是法律上需履行的责任义务。《中华人民共和国宪法》规定：赡养父母是子女应尽的法定义务，任何人不得以任何方式加以改变，也不得附加任何条件进行限制；《中华人民共和国刑法》第二百六十一条规定：对于年老、年幼、患病或者其他没有独立生活能力的人，负有扶养义务，而拒绝扶养，情节严重的，处五年以下有期徒刑、拘役或者管制。

2. 敬爱父母

仅仅让父母吃饱穿暖还不够，孔子说过："今之孝者，是谓能养。至于犬马，皆能有养，不敬，何以别乎?"也就是说，对待父母不仅仅是物质供养，还要顺从恭敬父母，否则，用什么来区分孝顺与饲养呢？父母将我们带到人世，含辛茹苦地把我们养大，让我们衣食无忧、接受良好的教育，对我们存在生育之情、养育之恩、教育之泽。作为子女，有义务用善意的思想和行为来对待他们，多听从父母的想法，尽量满足父母的要求，多体恤父母；学习、工作之余尽可能多陪伴他们，悉心照料，给予他们心灵上的慰藉，让父母内心愉悦。

3. 立身立业

"立身"即要确立自己的品格和修养，要培养高尚的道德品质，这是每个人立足于社会最起码的要求；"立业"即要确立自己所从事的事业，要有一技之长，这是为生的必备。《孝经》中强调孝的最高层次是尊亲、荣亲，做子女的必须有积极的、优秀的嘉言善行，有积极出色的成就，能使父母受人尊敬，得享尊名，殊荣加身。

4. 珍爱生命

俗话说：身体发肤，受之于父母，不敢毁伤，孝之始也。我们的身体包括每一寸肌肤都是父母所生，是父母生命的延续，我们有义务珍惜生命，好好生活，而且不仅要珍惜自己的生命，也要珍惜他人的生命，不能随意伤害他人，这是行孝的开始，是最基本的孝。

崇孝道

意大利作家亚米契斯说："一个人如果使自己的母亲伤心，无论他的地位多么显赫，无论他多么有名，他都是一个卑劣的人。"英国科学家法拉第满怀对母亲的深切感激说："慈母的泪有化学分析不了的尊贵和深厚的爱在其中。"在世界上任何一个国家，一个哪怕是地位最显赫或最富有的人，如果他不孝敬自己的父母，也不会得到人们的尊敬，必定会遭到社会的强烈谴责。孝敬父母是我们每个公民的义务，是每个人最基本的道德要求。对当代大学生进行孝道教育，引导学生崇尚孝道意义重大，不仅有利于将我国传统文化发扬光大，同时也有利于提升个人修养，从而担负起奉献社会、建设祖国的重任。

一、有利于社会的稳定发展

孙中山先生说："讲伦理道德，敬老人是道德教育的起点，也是道德修养的起点，它既能展现出一个人的道德品质，又能反映出一个社会的道德风貌。如果我们建立起新型孝道，加强孝道建设，使孩子由尊敬父母进而推广到全社会的尊老爱幼，整个民族的文明素质提高了，社会风气就会大大改观，社会环境就会安定祥和，从而促进经济发展，国家才能长治久安。孝是无所不适的道德，不能没有孝。"孝文化中父慈子孝、谦和好礼、尊老爱幼等思想对人们的行为具有指导作用。随着人们生活水平的不断提高，不论是家庭私德还是社会公德都出现了不同程度的滑坡；许多传统的中国文化正受到西方强势文化的冲击。面对社会道德危机，我国精神文明建设任重而道远。对即将走入社会、肩负着祖国未来重担的大学生群体进行孝文化教育，对于改善不良社会风气有着重要作用，同时也有利于推动社会的和谐、稳定、发展。

二、有利于家庭的和谐融洽

家是幸福的港湾，是在外经受了困难挫折、辛苦工作了一天后休息放松的场所。一个美满和睦的家庭是离不开父母之慈和儿女之孝的。但是现代家庭中出现的很多不和谐现象，如亲子间争吵不断，情感淡漠；子女漠视生命自残自杀等都让家蒙上了一层阴影，所谓的幸福感荡然无存。中国人历来强调"家和万事兴"，家庭和睦则心情畅快，工作安心，事事顺利，而"孝"是维系家庭关系的道德准则。当父母关爱子女，尊重子女人格尊严，与子女平等交流；子女关心父母，时常与父母沟通谈心，体谅父母的不易时，则家庭便呈现出其乐融融的景象。因此，提倡孝文化教育是构建和谐家庭、健康幸福家庭的重要保障。

三、有利于大学生道德品质的提升

1. 能够培养大学生的感恩意识

中国有句俗话："滴水之恩，当涌泉相报"，当我们遭遇困难时即使受别人一点小小的恩惠也应该加倍报答。父母恩情重于山，培养感恩意识应从孝敬父母开始，一个连自己父母都不尊敬、不懂感恩的人，将很难常怀感恩之心，走入社会也难以与别人建立融洽的人际关系，这样的人即使在工作上出类拔萃，但他的精神世界却是贫乏的，孤独的，也是不快乐的。

2. 能使大学生克服个人主义、利己主义

在今天独生子女家庭，父母长辈对孩子的偏宠已经让这些独生子女形成了"自我为中心"的性格，个人主义、利己主义在大学生中蔓延。如果不加强孝道观念的教育，让他们明白爱是需要返本报恩的，那将很难想象由无数自私自利的人组成的社会将变得何等冷漠无情。

3. 有利于培养学生的爱国主义情感

列宁曾指出：爱国主义就是千百年来巩固起来的对自己祖国最深厚的感情。大学生是国家的希望，肩负着振兴中华的神圣使命，一个具有孝道观念的大学生，将由对父母、家庭、亲人的爱升华为对祖国大好河山、灿烂文明、优秀传统的爱，这些将构成报效祖国的行为基础。

行孝行

一、当代青年中孝道缺失的表现

文学家莫泊桑说："我们几乎是在不知不觉地爱自己的父母，因为这种爱像人活着一样自然，只有到最后分别的时刻才能看到这种感情的根扎得有多深。"鲁迅先生曾说："不孝的人是世界上最可恶的人。"由于受市场经济及西方价值观的影响，目前大学生中出现了一些不孝敬父母的行为，主要表现在以下几方面：

1. 缺乏感恩意识，不懂回报

"乌鸦反哺""羔羊跪乳"，动物存有感恩之心，可很多人却不懂感恩，不懂回报。在他们的观念中，父母关心照顾子女天经地义，无须回报，然后便心安理得地享受着。他们把父母的关心，生活中的嘘寒问暖当作唠叨，心生厌恶和嫌弃；他们抱怨父母思想观念陈旧，于是不屑于跟他们交流，很少向父母汇报自己在学校的情况，甚至隐瞒自己的联系方式，不让父母联系到自己；还有些同学认为父母出生为农民，怪罪父母没有给自己提供很好的物质条件，不愿对外谈及家庭的事情，认为那是一件很丢人的事情；有些大学生可以很清楚地记得朋友同学的生日，并精心准备礼物按时送上，而对于父母的基本信息他们竟然全然不知；跟朋友打电话似乎有聊不完的话题，一张电话卡可以直接打爆，而对于父母，一分钟的通话时间仿佛过了一个世纪；对于父母的养育之恩他们绝口不提，既没有语言上的感恩，更没有行动上的表示。

成长故事

父母不丢人，嫌弃父母才丢人

一条"学生暴打女子"的视频在网上引起热议。14 岁男孩对一名中年女子拳打脚踢，甚至用自行车往她身上推压。中年女性正是孩子的妈妈，患有精神疾病，孩子觉得她跟着自己"太没面子"，于是报以拳脚。

"儿不嫌母丑"，对于生病的妈妈，不是爱护，而是嫌弃，这孩子的自私冷漠，让人寒心。类似的事件并不少见：

有人在街上装作不认识正在清理卫生的妈妈；

有人在学校花钱雇人参加自己的家长会；

有人嘲笑父母是不会使用智能手机的"土老帽"……

当你在嫌弃他们不体面的时候，他们正用双手打造你体面的明天。

哲学家柏格森曾说，"虚荣心很难说是一种恶行，然而一切恶行都围绕虚荣心而生"。

2. 缺乏敬长意识，漠视父母的艰辛和付出

当今大学生是典型的"被抱大的一代"，移情能力较弱，难以体会为人父母的艰辛。生活中遇到一点不满意便拿父母当出气筒，完全不顾父母的心理感受，平时也鲜跟父母进行心灵的沟通，凡事以自我为中心，缺乏敬长意识；还有一部分大学生全然不顾家庭经济基础薄弱

的现状，也不去体谅父母为自己、为家庭的辛苦付出，为了满足内心扭曲的欲望，盲目攀比，超前消费，花钱如流水，没钱了只管伸手向父母要，将父母视作无止境的提款机。他们从不去想自己一双只穿了几次就丢弃在角落的鞋也许花费了父母大半个月的工资；也不会思考自己在外面花天酒地、逍遥自在，而父母在家吃的是咸菜加馒头，他们不舍得买新衣服、得病了不舍得去看病，尽可能省下每分钱只为了让子女过得好一点。

成长故事

辽宁一女大学生嫌妈妈土气不让进校只准快递

女儿今年考上了黑龙江省的一所大学。因为那边气温比大连低，张女士怕女儿冷，就给女儿买了鸭绒被、厚外套等几件防寒衣物，打算给女儿送过去。可女儿却因觉得母亲跟其他同学的母亲比起来十分老气，让张女士把这些东西快递过去。

3.沾染陋习，荒废学业

立人先立德，修业先修德，大学生是引领社会风气的重要社会力量，青年一代的道德水准和精神面貌能反映出一个民族、一个国家的文明素养和道德水平。大学阶段是修身立德的重要时期，也是学习知识的关键时期。当今世界飞速发展，瞬息万变，科技进步日新月异，新信息、新事物应接不暇，大学生唯有把握时代发展脉搏，夯实知识基础，打牢专业根底，练就过硬本领，才能在实现中华民族伟大复兴"中国梦"的生动实践中放飞青春梦想。然而有些大学生在校期间不注意道德品质的培养，沾染社会陋习，不把精力放于学业，通宵游戏，逃课缺考，虚度大学生活，临近毕业不去找工作，到了适婚年龄也不想着谈婚论嫁，整天无所事事，给父母带来了极大的心理伤害和精神折磨。

4.拿生命当儿戏，随意践踏自我和他人生命

人的生命只有一次，我们应该倍加珍惜。鲁迅曾说过：自杀是卑怯的行为。不管遭遇什么，总会有解决方法，活着不仅仅是为自己而活，我们要真切地理解生命的价值所在。

据有关部门数据统计：近三年来，湖南省高校大学生跳楼自杀成功人数，分别是2015年15人，2016年17人，2017年截止到5月已有8人；纵身一跃了结了生命，留给父母、亲人的是无尽的痛苦，如此轻视生命的行为真不算是孝顺的表现；还有部分大学生不爱惜身体，透支健康，保持不良生活习惯，引父母担心；更有甚者，拿生命当儿戏，随意践踏、剥夺他人生命，如震惊全国的马加爵案、复旦大学投毒案、北大高才生弑母案、杭州富阳弑父案、留日学生弑母案……

二、当代青年孝道缺失的原因

现在越来越多的青少年缺乏孝敬父母、感恩父母的意识，不知恩、不感恩、不报恩。导致大学生孝道意识缺乏的原因涉及很多方面，既有客观的也有主观的。

1.大学生对孝道的认知偏差

成长故事

孝心出租：是呼唤传统美德还是恶搞？

在某家网站上出现了一条出售"孝心"的信息，标价为1000元，具体价格可与客户商量，服务内容包括：倒茶、陪聊天、说顺心的话、捏背捶肩……此消息一出即

引发网友激烈讨论，支持方表示：现在的年轻人大多为独生子女，学业、工作繁忙，加班不断，对于照顾父母实在是心有余而力不足，如果有人能代替自己陪伴父母聊聊天，打发下时光也未尝不可；反对方表示：租来的"孝心"，那还叫"孝心"吗？靠这种方式来维系亲情能让老人感到幸福吗？这种"孝心"对老人来说不是一种享受，反而是一种痛苦。

对于"孝心出租"一事，你怎么看？

大学阶段是身心机能趋向完善和成熟的一个时期，也是一个人心理走向成熟的重要阶段，但是生理和心理的发展往往不同步，前者总是快于后者。对大学生来说，他们个性鲜明、独立自主、对新事物敏感，同时也存在致命缺陷：阅历浅、独立生活能力不强、以自我为中心、责任心欠缺、勤俭意识不够，他们在父母的羽翼下长大，容易养成懒惰和只接受别人劳动果实的习惯，他们对亲情的感悟不够深刻，难以做到换位思考，也不能体会父母的呕心沥血。当前许多大学重视德育工作，开展了传承孝文化的相关课程，大学生接受了孝道教育后，具备了行孝意识，但是他们对于孝道的意义和内涵存在认知缺乏的问题，呈现出践行面窄、流于形式的现状，对于尽孝的形式和内容较为模糊，在孝道文化践行方面存在一定的不足。

2. 大学生多元价值观的存在

在经济全球化进程中，西方价值观念和伦理文化对我国传统文化的渗透和影响日益严重，以自由、平等为核心的个人本位思想猛烈冲击着我国孝道的心理基础和文化基础，造成大学生孝道观念发生诸多转变。当代大学生的价值观冲破了"绝对服从父母""父母在、不远游""不孝有三，无后为大"等传统的孝道观点，开始注重自我价值、社会价值，树立开放意识、主体意识。虽然大学生的主流价值观是健康积极向上的，但是有少数大学生的价值观发生了扭曲，他们不重视提高学识素养，不练就过硬的本领，过分追求物质享受，讲排场、摆阔气，树立了错误的人生观、消费观，滋生出"傍老族""啃老族"，"养儿防老"的观念被彻底颠覆。

他山之石

父母在，要不要远游？

"父母在，不远游"，出自孔子的《论语·里仁》，意思是父母在世的时候，不出远门去求学、做官。古人认为，父母健在时，子女的义务，便是在家陪伴父母，与父母共同生活。但这个是否要求子女不能外出发展事业呢？

其实，孔子的原话是："父母在，不远游，游必有方。"远游是要有方向的，万一要出远门，必须有一定的去处。孔子特别强调"游必有方"，其重点是对父母尽责。因此，无论游子在哪里，都要让父母知道你的所在，这样才能让父母少一分牵挂，多一分安心与祝福。

3. 家庭结构的剧烈变化

随着经济的飞速发展，农村城镇化进程加快，青年劳动力向城镇转移，老年人被迫留守在家，无形中增加了年轻人照料老人的压力；计划生育政策的施行让现在的大学生大部分为独生子女，家庭结构调整为 4-2-1，长辈把所有的爱倾注在一个孩子身上，忽视了对他们责任意识、担当意识的培养，忽视了"孝"知识的教育和孝行的训练，在教育子女的方式上缺少潜移默化的"感恩"教育，没给学生"孝"的体验。当父母年老体衰之时，一个孩子要照顾多人，还要应付繁忙的学业、工作，实在是有些分身乏术，导致心有余而力不足。

三、当代青年如何弘扬孝道文化

正可谓可怜天下父母心，父母对孩子的爱是无私的，没有更多的渴求，只希望自己的孩子平安快乐，健康成长成才。作为当代大学生，应从以下几个方面践行孝道：

1. 自觉确立孝敬父母的观念，增强敬亲孝亲的意愿

充分认知弘扬孝道的意义和必要性是大学生行孝的前提和基础。孝敬父母不仅仅是责任，也是义务，它不应成为我们的负担，而应该是发自内心觉得很幸福的一件事。只有将敬亲孝亲思想内化于心，才能做到外化于行。在传承孝文化的过程中，大学生要坚定自己的孝亲志向，提高自我觉醒意识，真正从内心感恩父母、爱戴父母，如此才会对父母进行无微不至的照顾，善事父母等种种行为才会出于自然。

2. 加强孝文化理论学习

中国传统文化博大精深，孝文化作为其精髓，有很多深奥和难以理解之处，大学生要广泛学习孝文化知识，深刻理解孝道精神的内涵，用历史唯物主义的辩证法观点，科学审视传统的孝文化，对孝文化进行批判地继承，取其精华，去其糟粕，不能愚孝，要用发展的眼光、创新的思维将孝文化传承发扬下去。

他山之石

新"24 孝"行动标准

1. 经常带着爱人、子女回家　　2. 节假日尽量与父母共度
3. 为父母举办生日宴会　　4. 亲自给父母做饭
5. 每周给父母打个电话　　6. 父母的零花钱不能少
7. 为父母建立"关爱卡"　　8. 仔细聆听父母的往事
9. 教父母学会上网　　10. 经常为父母拍照
11. 对父母的爱要说出口　　12. 打开父母的心结

3. 注重孝道实践

将孝道意识转化为实践是关键。行孝须及时、行孝须尽早，从家庭到学校到社会都是大学生行孝的场所。在家力所能及地帮助父母做家务，减轻父母的负担，理解父母，花钱有度，闲暇之时多陪父母聊聊天。在学校扎实学习、学好本领；主动远离思维偏激、虐待父母的不良青年，多结交道德品质高尚的朋友，向身边的榜样和优秀典型学习；加强锻炼，增强身体素质；积极参加学校组织的孝道实践活动，努力陶冶自己内心的孝道情操。在社会严格遵守社会公德，不做违法犯罪的事情，做一名遵纪守法的好公民。

【寄语广场】

孝心无价

相信每一个赤诚忠厚的孩子，都曾在心底向父母许下"孝"的宏愿，相信来日方长，相信水到渠成，相信自己必有功成名就衣锦还乡的那一天，到时可以从容尽孝。可惜人们忘了，

忘了时间的残酷，忘了人生的短暂，忘了世上有永远无法报答的恩情，忘了生命本身有不堪一击的脆弱。

父母走了，带着对我们深深的挂念。父母走了，遗留给我们永无偿还的心情。你已经永远无以言孝。有一些事情，当我们年轻的时候，无法懂得。当我们懂得的时候，已不再年轻。世上有些东西可以弥补，有些东西却永无弥补。

"孝"是稍纵即逝的眷恋，"孝"是无法重现的幸福，"孝"是一失足成千古恨的往事，"孝"是生命与生命交接处的链条，一旦断裂，永无连接。

赶快为你的父母尽一份孝心。也许是一处豪宅，也许是一片砖瓦。也许是大洋彼岸的一只鸿雁，也许是近在咫尺的一个口信。也许是一顶纯黑的博士帽，也许是作业簿上的一个红五分。也许是一桌山珍海味，也许是一只野果一朵小花。也许是花团锦簇的盛世华衣，也许是一双洁净的旧鞋。也许是数以万计的金钱，也许只是含着体温的一枚硬币……但在"孝"的天平上，它们等值。只是，天下的儿女们，一定要抓紧啊！趁你父母健在的光阴。

【分享园地】

我们思考过考试中如何得高分，思考过哪里能搜寻到美食，思考过如何追到心仪的另一半，但我们很少思考要做一个怎样的子女。至亲之情不应该是看着彼此渐行渐远的身影，而应该是你养我长大，我陪你变老。请在学习空间分享一个你与父母的难忘故事。

【邀约成长】

"爱要大声说出口"

【目的】
学会向爸爸妈妈表达自己的情感，增进与父母的情感交流和互动，融洽亲子关系。

【时间】
约 30 分钟。

【操作】
以宿舍为单位，每个宿舍选择 1 位同学给父母打个电话，表达你对父母的情感。如果你暂时没想到该说什么，那就只说三个字："我爱你"。

当某个同学没有勇气行动时，请全班同学给他一点爱的鼓励，握紧拳头对他说："加油"。

第十七章

惜缘感恩毕业时

【学习地图】

每年六月，都是毕业生离开母校，走上工作岗位，实现自己人生价值的时候，很多同学怀抱感恩之心，为学校做出有意义的事情，给老师说几句感谢的话语，为学弟学妹传送一些宝贵的经验，当学校、老师、校友回忆起他们时，涌上心头的是思念和牵挂，油然而生的是骄傲和自豪。但与此同时，也有部分同学毕业留下的是酩酊大醉、垃圾成堆，甚至是打架闹事、砸物毁物，给学校管理带来了很大的负面影响。以怎样的姿态离校，考验的是每位毕业生的整体素质。如何在这依依惜别的时刻，用实际行动感恩母校，用自己的片片真情献给恩师，做到文明、感恩、理性、务实离校，本章将就这些问题一一展开探讨。

【案例分享】

"赠人玫瑰，手留余香"

5月20日，某校书卷飘香，爱心相传，"赠人玫瑰，手留余香"捐书活动在图书馆门口举行，活动引起学院学子广泛关注。

弹指一挥间，又到了一年一度离别的季节。在这个特别的季节，该校奋斗了三年的2018级毕业生们纷纷将书籍无私地捐献出来，让这些陪伴他们走过大学三年的良师益友，在他们离开大学后还能继续发挥余热。"一听到我们要举办捐书活动，学姐学长们都很热情，不但提供了很多专业教科书，还把很多'压箱底'的资料都找出来了。"负责本次活动的大二学生说。这次活动，总共收集到书籍500多本，很多毕业生还在自己捐赠的书中留下了一个"小秘密"，希望收到书籍的学弟学妹能够看到。翻开一本专业书籍，我们发现，在这本书的扉页，画着一个笑脸，笑脸下方是这样一句话："亲爱的学弟学妹们，享受大学美好时光的同时可不要忘记用功学习哟，在通往成功的路上希望这本书能够给你力量，加油吧，学姐支持你！"

负责本次活动的老师和学生把所捐的书籍分类整理好放置到图书馆，让每一本书都用得其所，充分发挥其价值。其间，阅读了所捐书籍的同学们都自发在展板上留下了自己的"阅读感言"，表达自己对即将毕业的学长学姐们的感谢和祝福。"感谢此次捐书活动，感谢学长学姐们的无私奉献，我愿在来年今日，继续将这美丽的书香传递下去，传递知识，传递爱心，传递正能量，传递美院梦想！"

直击毕业生离校不文明现象

7月，是各大高校毕业生离校的日子。记者在河西部分高校毕业生宿舍看到，各种离校前的不文明现象令校园频频遭受"伤害"：墙壁涂满污言秽语，门窗玻璃被损坏，寝室和走廊里更是垃圾成堆。

镜头一

推开一扇宿舍门，刺鼻的霉臭味扑面而来，满室的废弃物让记者无法踏足。布满霉点的牛仔裤高挂于日光灯管上；发黑破旧的蚊帐垂吊于床沿边；塞满了臭袜子的脏鞋摆在书桌上；破损的窗棂在风中摇摇欲坠；各种废书废纸漫天飞舞。

镜头二

在某高校一间男生宿舍里，泛黄的墙壁上涂着毕业生们的"大作"："呜呼，冲出牢笼万岁！依依呼，我的大学生活！"而在这些文字旁边，五颜六色的图案更是让人眼花缭乱。墙壁似乎成为他们宣泄离别情绪的画板。

镜头三

在混乱不堪的楼道里，几名清洁工正忙着清理成堆的垃圾。不一会儿，好几个大垃圾桶就已被塞得满满的。一名清洁工对记者说："我们都已经忙活一个多礼拜了，可这里还有这么多垃圾。"记者注意到，许多看起来比较完好的球鞋、衣物、电风扇等日常用品在楼道、宿舍里丢得到处都是。

据了解，一些大学毕业生在离校之际上演"最后的疯狂"，喝酒毫无节制，彻夜大叫大嚷，甚至摔酒瓶、砸玻璃。"大学校园是走向社会前的最后一站，如果大学生以不文明的方式告别校园，这意味他们不可能将文明的意识带到人生的下一站———就业单位。对这样的人，我们用人单位不要也罢！"目睹大学生毕业离校时的种种不文明现象，赴河西高校招聘员工的某公司老总发出了如此感慨。

看到以上两种截然不同的离校心态和行为，你有怎样的感慨？

【知识之窗】

饮水思源　感恩生活

一、什么是感恩？

"感恩"是个舶来词。牛津字典给"感恩"的定义是："乐于把得到好处的感激呈现出来且回馈他人。"《现代汉语词典》则把它解释为"对别人所给的帮助表示感激，是对他人帮助的回报"。

感恩是一种生活态度，是一种基本品德。如果人与人之间缺乏感恩之心，必然会导致人际关系的冷淡，所以，每个人都应该学会"感恩"，学会尊重他人，对他人的帮助时时怀有感激之心。当我们感谢他人的善行时,第一反应常常是今后自己也应该这样做,这就给自己一种行为上的暗示,让我们从小就知道爱别人、帮助别人。

📖 他山之石

生而为人报四重恩

1.报父母恩:一个人来到世间为人,首先是父母之恩。十月怀胎,生养哺育,才能长大成人。

2.报国土恩:我们赖以生存的国土是无私的,山川、水土、粮食、矿藏等都是国土对人们的奉献。

3.报上师恩:我们的慧命得自于老师,要弘扬尊师重道的优良传统。

4.报众生恩:作为一个社会的人来说,衣食住行无不来自众生之恩,每个人的劳动都是对众生的报答。有了这种意念才有人与人的平等关系,互相尊重,互相照顾,建设文明的社会。

科学家爱因斯坦曾说过:"我每天上百次提醒自己,我的精神生活和物质生活都依靠别人(包括活着的人和死去的人)的劳动,我必须以同样份量来报偿我领受了和至今还在领受着的东西。我强烈地向往着俭朴的生活,并且常为感觉自己占有了同胞们过多的劳动而难以忍受。"

感恩是一种处世哲学,也是生活中的大智慧。一个智慧的人,不应该为自己所没有的斤斤计较,也不应该一味索取,使自己的私欲膨胀。学会感恩,为自己已有的而感恩,感谢生活给予你的一切,这样你才会有一个积极的人生观,才会有一种健康的心态。成功时,感恩的理由固然能找到许多;失败时,不感恩的借口却只需一个。殊不知,失败或不幸时更应该感恩生活。因为人生在世,不可能一帆风顺,种种失败、无奈都需要我们勇敢地面对、旷达地处理。英国作家萨克雷说:"生活就是一面镜子,你笑,它也笑;你哭,它也哭。"你感恩生活,生活将赐予你灿烂的阳光;你不感恩,只知一味地怨天尤人,最终可能一无所有!

二、为什么要感恩?

羊有跪乳之恩,鸦有反哺之意。人也应怀有一颗感恩之心,心怀感恩,世界才会美好,学会感恩,生活才会快乐。感恩是笑傲人生的前提,感恩是收获成功的条件,感恩是照亮迷途的灯塔。

1.拯救心灵之需——医治麻木,获得快乐

人们常说世态炎凉,人情冷暖,社会的大染缸把人们的快乐染成了灰色,没了真正意义上的快乐,人间缺乏真爱。可是,事实真是这样吗?其实,快乐从不曾少,烦恼从不曾多,少的只是一份爱人的情。当老师站在讲台上辛勤耕耘时,你可曾真诚地感谢过他们的劳动?当朋友在严冬里给你补课时,你可曾感谢过他们的帮助?当双亲为你的学费奔走劳累时,你可曾感谢过他们的付出?尤其在我们的人生道路上,危困时刻有人向你伸出温暖的双手,解除你生活的困顿;有人为你指点迷津,让你明确前进的方向;甚至有人用肩膀、身躯把你擎起来,让你攀上人生的高峰。当你战胜了苦难,扬帆远航,驶向光明幸福的彼岸的时候,你能不心存感激吗?你能不思回报吗?

所以，感恩能使我们感受到大自然的美妙、生活的美好，能保持我们积极、健康、阳光的良好心态。对于生活心存感恩，你会发现世界如此美好，人间如此温暖，你就不会有太多的抱怨，你会明白世上没有十全十美的事物。比抱怨更重要的是自己为改变这一切做了哪些努力。感恩之心足以稀释我们心中的狭隘和蛮横，还可以帮助我们度过最大的痛苦和灾难。常怀感恩之心，我们就可以逐渐原谅那些曾和你有过结怨甚至触及你心灵痛处的那些人，会使我们已有的人生资源变得更加深厚，使我们的心胸更加宽阔。所以，感恩让我们反思自己、净化心灵，唤醒良知，使个体麻木的心灵感知痛苦，蒙昧的良知得以警醒。

他山之石

罗斯福的"另类感恩"

一次，美国前总统罗斯福家失盗，被偷去了许多东西，一位朋友闻讯后，忙写信安慰他，劝他不必太在意。

罗斯福给朋友写了一封回信："亲爱的朋友，谢谢你来信安慰我，我现在很平安。感谢上帝：因为第一，贼偷去的是我的东西，而没有伤害我的生命；第二，贼只偷去我部分东西，而不是全部；第三，最值得庆幸的是，做贼的是他，而不是我。"

对任何一个人来说，失盗绝对是不幸的事，而罗斯福却找出了感恩的三条理由。

2.激发潜能之需——获得帮助，顺利成功

感恩，是生命潜能的催化剂。当一个人拥有感恩之心时，他会因为别人对自己的付出而感动，感动之余，他也会以实际行动来报答。需要指出的是，感恩不是目的性的做作，而是要怀有真挚的诚意，拥有感恩之心，从而打动别人，获得他人的援助之手，让自己的事业之路多些援助，少些坎坷。

所以，感恩作为一种美好的情感，是道义上的净化剂、事业上的原动力和内驱力，是通往成功阶梯的要素。感恩将使你的心和你所企盼的事物联系得更紧密，感恩将使你对生活、对一切美好事物的信念增强，从而一生被美好的事物包围。常怀感恩之心，我们便能够生活在一个感恩的世界，这个世界一定是非常美好的，我们的人生也会变得更加美好。

成长故事

感恩之举带来命运的改变

巴西著名球王贝利，其成功与他的感恩之心密不可分。当贝利还是一个孩子的时候，意外收获了一个足球教练赠送的足球，为了感谢教练的恩惠，他在圣诞节那天，跑到教练的花园里为教练的圣诞树挖树坑，其行感动了教练，教练就让贝利进入了他的球队，从此一代球星开始了他的光辉旅途。

试想，如果贝利没有一颗感恩的心，他的人生会是怎样？

3.敬业爱岗之需——感恩工作，珍惜拥有

时刻拥有一颗对工作感恩的心，我们每一个人即使只有五分能力，也能干出十分成绩，因为我们不再抱怨了，不再畏缩了，在困难面前我们会义无反顾，勇往直前；拥有一颗感恩的心，在自己的领导面前我们不会有对立的情绪，因为我们明白这是为企业做事，这是我们

应该做的事；拥有一颗感恩的心，同事之间的关系会更加融洽，即使在误会面前，我们也会用温暖的话语慢慢解释，从而化解误会；拥有一颗感恩的心，任何一个人包括自己就会在工作之中心无邪念，不会再有损公肥私、损人利自己、消极怠慢之事发生。因为拥有一颗对企业感恩的心，我们便成为企业真正的主人，荣辱与共，兴衰同在。

4.和谐社会之需——弘扬美德，倡导仁爱

当前，在商品经济大潮的冲击下，一些人的世界观、人生观和价值观发生了扭曲，拜金主义、享乐主义、极端个人主义滋长，道德的缺失和信仰的危机给人们带来了严重的负面影响，致使有些人急功近利，心地浮躁，情感苍白，行为失范。与此同时，许多家长对子女十分溺爱，从而使孩子养成了"自我中心"。许许多多有着各种心理偏差的孩子，正迫切需要感恩思想伸入他们每个人的心灵深处，来一次灵魂的洗礼。感恩可以感化迷途中的人，照亮希望的路途。一颗感恩的心，就是一个和平的种子，因为感恩不是简单的报恩，它是一种责任、自立、自尊，是一种对阳光人生的精神境界的执着追求！

成长故事

"盗窃专家"的华丽转身

有个偷盗专家在一次入室行窃的时候善心大发拯救了昏倒在家的老人，结果因暴露行踪而被捕入狱，被救老人心怀感恩去探监，一年三百六十五日天天如一，小偷被感化，从偷盗专家转行为防偷盗专家，他的防盗产品造福了全社会。

感恩之情自古有之，学会感恩是人性本善的起码要求，一个人应心怀感恩，多一点爱，多一份抱恩之情，要笑傲人生，请记住带着感恩上路！

毕业季　感恩情　责任心

大学三年，青春岁月从我们身旁呼啸而过，转瞬就是离别。几夏斑斓的海棠终为满地落红，连同我们绚丽的青春一起变成回忆。往昔已成一部黑白电影，一帧一帧模糊的画面，一个一个浅淡的音节，回忆起来竟是那么珍贵：学校的优美环境、老师的谆谆教诲、同学的互相帮助……这一切都在我们心底留下了最深刻的烙印。在大学冶炼三年的天之骄子，将收拾行囊离开校园，踏上一片未知的旅程。毕业不仅仅是感伤，还有感恩。初入校园的懵懂无知，离开时的依依惜别，母校是一个念及便会带着温暖的词汇，它是一片包容的土地，见证了所有，拥抱了所有。马上就要毕业了，似乎还有许多话被埋藏在心头，来不及诉说；似乎还有许多事被搁置在昨天，来不及实现。流逝的青春和回忆是带不走的曾经，感恩与祝福是最后离别的礼物。在这段即将离别的日子里，我们应该以怎样的心态和姿态感恩回馈呢？

一、有一颗感恩的心

心灵改变，态度就跟着改变；态度改变，习惯就跟着改变；习惯改变，性格就跟着改变；性格改变，人生就跟着改变！所以，感恩之心非常重要。一个人有所成绩，除了自己的努力外，还应该明白，与很多机会，很多有形或无形的帮衬，是分不开的。不要以为自己的所有所得是理所当然的。马云就说过："一个没感恩之心，认为一切所得都是理所当然的人，他是团队里的人渣。"

他山之石

我们一生中要感恩的 6 种人

1. 把你带到这个世界的人——父母；

2. 帮你对人生有所释然的人——师长；

3. 总喜欢和你吵嘴抢东西，但却默默地爱护着你，与你有着最亲密的关系的人——兄弟姐妹；

4. 陪你走到天涯的人——夫妻；

5. 关心你给你帮助的人——朋友；

6. 最终能让你觉悟，并陪伴你一生一世的人——自己。

二、有自发的行动

感恩是积极向上的思考和谦卑的态度，它是自发性的行为。当一个人懂得感恩时，便会将感恩化作一种充满爱意的行动，实践于生活中。所以，感恩的关键在于回报意识。回报，就是对哺育、培养、教导、指引、帮助、支持乃至救护自己的人心存感激，并通过自己十倍、百倍的付出，用实际行动予以报答。感恩，说明一个人对自己与他人和社会的关系有着正确的认识；报恩，则是在这种正确认识之下产生的一种责任感。感恩，使我们在失败时看到差距，在不幸时得到慰藉、获得温暖，激发我们挑战困难的勇气，进而获取前进的动力。感恩能促使你形成温暖、自信、坚定、善良等美好的处世品格。学会"感恩"，才能懂得尊重他人、理解他人、帮助他人。当我们感怀师恩，珍视友情，就能用自己的辛勤汗水为母校增添光彩，以实际行动来报答母校的培育之情。

三、感恩父母养育我们的生命

我们长大了，要能够感受到父母的舐犊情深，用一颗感恩之心去体谅父母的唠叨，并担当起照顾、孝敬父母的责任。据报道，北京某中学的抽样调查显示：有近50%的学生竟不知道自己父母的生日。"百善孝为先"，让我们一起行动起来，用一颗真诚的心去与父母交流，用一颗感恩的心去对待我们的父母，让我们的家庭充满幸福和快乐。

四、感恩学校培育我们成才

你可曾记得，刚入学时，报到处"绿色通道"那里"不让一位学生因家庭经济困难而辍学"的庄严承诺，我们就是从那里开始了美好的大学生活，走过我们人生中最为绚丽的一段青春时光的。你可曾记得，老师指导我们签署国家助学贷款的情景，我们签下的，是国家对我们的培养，是社会对我们的信任！你可曾记得，每年寒暑假老师那一声"路上要小心"给我们带来的无限感动，学校为寒假留校不能回家的同学在除夕之夜准备团圆饭时让我们感受到的家一般的温暖……俗话说"滴水之恩，当涌泉相报"，将来我们走上工作岗位的时候，定要以"致用致美"的精神激励我们，主动承担更多的社会责任，努力成为国家的栋梁之材，回报社会，回报母校！

📖 **他山之石**

"三个一"活动给母校留点什么

郑州大学毕业生们在离校之际，积极响应"留下一条好建议、留下一部好作品、留下一个好印象"的"三个一"离校活动，以饱满的热情、良好的风貌度过最后的大学生活，很好地营造了文明、理性和务实的离校氛围。

"好建议"——为学校发展建设献计献策

30多个院系的毕业生积极地向学校领导提出了900多条合理化建议，字里行间无不流露出毕业生对母校的无限眷恋和热爱，以及对母校未来发展的期待与希望。

"好作品"——表达自己对母校的感恩与认同

拍摄校园DV、刻成光盘，留给母校，也成为郑大毕业生最为热爱的选择之一。一件件作品在凸显了毕业生专业特色和个人兴趣的同时，更表达了毕业生对母校的眷恋与认同。

"好印象"——永远定格在母校

郑大"最佳印象毕业生"评选活动中，他们积极的人生态度和刻苦学习的精神，对全校学生都有榜样示范作用。

五、感恩老师给予我们的谆谆教诲

当我们跨进校门时，是老师阳光般的笑容给我们信心，将我们那颗求知的心带进了知识的殿堂；当我们面对难题时，是老师耐心细致的讲解为我们解决了心中的疑团；当我们犯下错误时，是老师语重心长的话语教给我们做人的道理，使我们正确认识错误，勇敢面对生活。父母养育了我们的生命，老师塑造了我们的生命。临近毕业，我们要衷心地对老师们说一声"感谢"。

六、感恩同学一路陪伴我们成长

友情是严冬的炭火，是酷暑里的浓荫，是湍流中的砥石，是雾海中的灯塔。忘不了遇到困难时同学伸出的援助之手；忘不了孤寂忧伤时同学无声的陪伴和鼓励；忘不了三年来一起哭一起笑的日子……当然，我们也会有摩擦，也会有不和谐，但这些都抹不去友情在我们心中留下的深刻烙印。毕业之后，也许我们将天南海北、各奔东西，但我们要永远记住我们的同学，感恩我们的同学。让我们把这三年的友谊永远定格于我们心中，珍藏到老。

【**寄语广场**】

又到一年毕业时，又是一年毕业季。在这片生活了三年的热土上，因为有母校的培育，有老师们的辛勤付出、鼓励和斥责，有同学们的互帮互助，我们才能成长成才，才能有正确的航向和美好的未来。在这里，我们收获知识，收获理想，收获成长，走向成熟，完成了破茧成蝶的华丽蜕变。即使我们心里有诸多的不舍和留恋，我们还是得启程，因为下一站在等着我们。那就让我们用一颗感恩的心，感谢母校，感谢恩师，感谢同学，怀着一颗感恩的心踏上新的征程，回报社会，回报祖国。"昨天我以学校为荣，明天学校以我为荣。"让我们记住这句承诺，互道一声珍重，各自起程，奔向远方。

【分享园地】

1. 把你最想感谢的人和最想对他说的话分享到个人学习空间。

2. 以小组为单位撰写"毕业季，感恩在行动"活动计划，并将活动成果用展板的形式展示出来。

3. 以小组为单位撰写"毕业季，感恩在行动"活动计划并予以实施。

【邀约成长】

爱的传递速度

【目的】

提升感恩能力，培养感恩行为。

【时间】

约 30 分钟。

【操作】

1. 让所有队员手拉手站成一圈，随意在圈中选出一个人，让他用自己的左手捏一下相邻同伴的右手。问第二个人是否感受到了队友传递过来的捏手信号，这里我们把它称为"电波"。

2. 大家收到"电波"后要迅速把电波传递给下一个队友，也就是要快速地捏一下一位队友的手。这样一直继续下去，直到"电波"返回起点。

3. 教师用秒表记录"电波"跑一圈所需要的时间，并适时给予表扬，鼓励下次电波传递速度更快。

4. 学生熟练规则后，学生闭上眼睛或是背向圆心站立，同时变更"电波"的传递方向，使电波由原来的沿顺时针方向传递变为沿逆时针方向传递。

【分享】

1. 为什么"电波"传递方向突然改变后，"电波"传递速度会变慢？

2. 为什么闭上眼睛后，"电波"传递速度会变慢？

3. 在"电波"沿两个方向同时传递的情况下，"电波源"对面的队员们感受如何？

4. 当别人将"电波"传给你的时候，你感觉怎么样？与你传给别人的时候有什么不同？怎样引导学生学会感谢别人的给予？

拓展篇

第十八章

守望生命之阳光

【学习地图】

近年来，大学生漠视生命的现象越来越触目惊心，因为恋爱困扰、学习压力、人际关系等所导致的自杀或他杀事件屡屡发生。当一个个洋溢着青春活力的生命骤然离去，刺痛的是人们的心灵，留给人们的则是不尽的思考。究其原因，是因为我们在着力"何以为生"的本领学习的同时，放弃了"为何而生"的思考。当我们驻足回首，我们是否体味到了生命的幸福美好？我们是否秉持着无愧于心的生命态度？我们是否创造了独特丰富的生命价值？我们又该以怎样的姿态和他人一起守护我们共同的精神家园？本章将就这些问题一一解答。

【案例分享】

正能量"绣哥"的励志传奇

蒋桐万，湖南工艺美术职业学院湘绣工艺与设计专业 1001 班学生。自幼家境贫寒，2 岁时患上了格林—巴利综合征导致全身瘫痪，经过无数次手术，忍受无尽的痛苦，终于能勉强站立行走。身体残疾行走不便的他求学之路异常艰辛。进入大学后，他自立自强，不甘人后，大学整整三年，绣棚前，画架边，书海里，同学们总能看他那熟悉的艰难移动的忙碌身影，从懵懂的门外汉到人人赞誉的"绣哥"，他以实力拼搏成为自己命运的掌舵人！

2011 年，蒋桐万因为自立自强、奋发成才的典型事迹被授予"中国大学生自强之星"的荣誉称号，颁奖典礼现场，他将 5000 元奖金悉数捐给了湖南红十字会。面对他人的善意规劝，蒋桐万如是说，"我是不幸的，从小就被剥夺了健康的身体，尝尽了人世间的辛酸与苦难；然而，我又是幸运的，我的父母和家人丝毫没有放弃过我，我的老师、同学、朋友们更是竭尽所能帮助我，我的心灵从来没有因为身体的残疾而颓废，今天，我得到了社会的帮助，我也想用我微薄的力量来报答社会，帮助需要帮助的人"。

复旦大学投毒案

2013 年 4 月上海复旦大学上海医学院研究生黄洋遭他人投毒后死亡，犯罪嫌疑人林森浩是受害人黄洋的室友，投毒药品为剧毒化学品 N—二甲基亚硝胺。2014 年 2 月 18 日，上海市第二中级人民法院一审宣判，被告人林森浩犯故意杀人罪被判死刑，剥夺政治权利终身。2015年1月8日，上海市高级人民法院终审维持原判：因故意杀人罪被判死刑。2015年12月11日，林森浩因故意杀人罪被依法执行死刑。

"绣哥"蒋桐万面对命运的重重关卡，以顽强乐观的生命姿态绣出了自己生命的精彩，也以真诚善意的激励温暖着别人的生命；林森浩因生活琐事与黄洋关系不和、心存不满，就以投毒的方式伤害室友的生命，给双方的父母、亲人都造成了无法挽回的损失。这两种迥然不同的生命态度，给了你怎样的启示？现实中的你，又该怎样践行着你的生命之路呢？

【知识之窗】

认识生命——生命告诉了我们什么

生命是什么？这个古老而深刻的问题自人类有了意识起就被提出了，却一直没有终极答案。生物学家、物理学家、哲学家当然也从来没有放弃过思考生命。

从生物学的角度讲，生命泛指有机物和水构成的一个或多个细胞组成的一类具有稳定的物质和能量代谢现象（能够稳定地从外界获取物质和能量并将体内产生的废物和多余的热量排放到外界）、能回应刺激、能进行自我复制（繁殖）的半开放物质系统。生命个体通常都要经历出生、成长和死亡。生命种群则在一代代个体的更替中经过自然选择发生进化以适应环境。

从哲学的角度说，生，就是无中生有，就是创造，就是事物的存在；命，就是期限，就是过程。生命，就是一段有限的存在，因为生而有命，生命唯一继续存在的机会就是生生不息地创造——创造新的生命，创造生命的延续。

一、生命是来之不易的——珍惜生命

每一个生命的诞生都充满艰辛，经过母亲的十月怀胎，家人多年的谆谆教导，每一个生命都能以其独有的姿态存活，就已是一曲英雄的壮歌。经历了这么多年的成长与磨砺，我们的生命并不仅仅属于自己，而是属于含辛茹苦抚养自己长大成人的父母与亲人，属于成长过程中每一个给予自己支持与帮助的人，更属于养育自己的一方土地与祖国母亲。所以，敬畏并尊重生命，是一种最基本的道德观念。生命对于每个人都只有一次，只有生命的存在才会有生命价值的实现和创造。生命是社会存在和发展的基础，每个个体生命的存在更是社会发展的前提。所以，维持生命是人类不可推卸的生命责任。生命给我们提供了种种机会：让我们去爱，去学习，去工作，去欣赏花儿的美丽，去聆听鸟儿的歌唱，去仰望天上的星星……生命使我们能够认识这个世界的丰富多彩，领略大自然的五彩缤纷，体验人生的酸甜苦辣。所以，我们应当珍惜大自然赋予我们的生命。

他山之石

蜥蜴的繁衍之道

南澳大利亚的沙漠中，生存着一种矮胖的蜥蜴。这种蜥蜴行动迅捷，在沙漠中来去如风，许多捕食者都拿它们没有办法。

但是，每年的七八月份，这些蜥蜴竟一反常态，行动迟缓得如同乌龟。原因是它们正在妊娠状态中，令人吃惊的是，蜥蜴腹中胎儿的重量竟达到了母体重量的三分之一。如此推算，这相当于人类的一个妇女要生出一个七八岁大的儿童。

并且，这个生长中的巨型胎儿就位于蜥蜴母亲的肺部和消化道之上。在巨型胎儿的挤压下，蜥蜴母亲的肺部几乎全部萎缩，食道也变得狭窄异常。在妊娠后期，是这些蜥蜴母亲最痛苦的时刻，因挤压而产生的憋闷，使它们无法正常呼吸，无法正常活动，也无法吃下太多的食物。窒息和饥饿，会让这些蜥蜴母亲苦不堪言，行动缓慢，甚至成为天敌的美餐。

从澳大利亚蜥蜴的繁衍群体来看，蜥蜴母亲被天敌捕食的概率达到了三分之一，但是新生蜥蜴的成活率却可以达到百分之百，这创造了动物繁衍成活率的世界之最。

每种动物都有自己的繁殖策略。有些动物繁衍的成本很低，她们往往只要产下大量的卵或后代就可以了，但是由于发育不完全或哺育期过长，这些卵或后代中的大部分个体往往在长大成年之前就会夭亡或被天敌捕食，这是许多动物濒临灭绝的重要原因。而这些蜥蜴母亲，在繁殖中虽然投入了高昂的代价，但她们最终换取了极高的后代成活率，使这一物种在沙漠中一直生生不息。这道出了一个亘古不变的真理：生命的孕育是不易的，付出和回报永远都是成正比的。感受美好生命的前提，必须是巨大成本的付出。

二、生命是脆弱的——珍爱生命

"天有不测风云，人有旦夕祸福"，作为拥有无限智慧的人类也无法摆脱死亡威胁的命运。在这个世界有上许多事，成了败了还可以重来，花开了谢了还可以重开。只有生命，每个人只有一次。所以，生命的脆弱性无时无刻不在提醒我们应抓住生命中的每一个瞬间，在享受生命的同时，努力提高自身的生命质量，激发生命潜力，尽可能多地创造生命的价值，从而获得现时生命的充盈。当遇到困难与挫折时，应努力利用自身内在的生命力量去突破困境，让生命重焕光彩。

三、生命是独特的——尊重生命

他山之石

斑马为什么有黑白条纹

草原上，没有保护色的斑马很容易成为狮子、土狗之类食肉动物的攻击目标。为什么斑马会有色彩对比强烈的黑白花条纹？

原来，在非洲大陆，有一种可怕的昆虫——舌蝇。动物一旦被舌蝇叮咬，就可能会染上"昏睡病"——发烧，疼痛，神经紊乱，直至死亡。科学家研究发现，舌蝇的视觉很特别，一般只会被颜色一致的大块面积所吸引。对于有着一身黑白相间条纹的斑马，舌蝇往往是视而不见的。斑马的条纹正是在这种情况下，自然选择、优胜劣汰的结果。在进化过程中，斑马的选择虽然使它有更多的被捕猎的风险，但也使它成功地躲掉了昏睡病的困扰，使它们的群体不断地发展壮大起来。现在，斑马已经成为非洲大草原上数量最多的动物之一。

在这个世界上，没有一劳永逸、完美无缺的选择。你不可能同时拥有春花和秋月，不可能同时拥有硕果和繁花。你不可能把所有的好处都占完了。人要学会接受生命的残缺和悲哀，而后心平气和。

正如世界上没有两片完全一样的树叶，每个人的生命也都是独一无二的，每种生命都有其存在的意义与价值。每个人生命的独特性不仅体现在外貌、性格、兴趣、意志等方面，而且在人生道路上，实现人生价值的方式途径也呈现出多样性。正因为每个人都是独一无二的，所以一方面我们要尊重自己的生命，发挥自己的优势，选择一条适合自己的、独特闪光的成才之路，展示自己的风采，为社会贡献自己的智慧和才能；另一方面，人的生命存在于自然界之中，每一个生命，包括自然界中的每一个生命都与我们息息相关，因此，我们还应尊重他人以及人类生命以外的一切生命。因为生命存在本身就是最高的价值，对于任何生命我们都不应轻易地去蔑视和践踏，应对生命充满关爱与尊重，这是人类生命存在的必然之责。

四、生命是美好的——享受生命

有没有发现，在这个世界上，最珍贵的东西都是免费的。

阳光，是免费的。芸芸众生，没有谁能够离开阳光还能活下去的；然而，从小到大，阳光普照我们的光彩，可曾有谁为自己享受过的阳光支付过一分钱？

空气，是免费的。一个人只要活着，就需要源源不断的空气。每个人都离不开空气的给予。可从古至今，又有谁为这不可缺少的东西买过单？

爱情，是免费的。那份不由自主地倾慕，那份深深搁置的思念，那份风雨同舟的深情，那份相濡以沫的挚爱，那份心灵相约的期盼，正是我们生命中最深切的感受与最坚实的依靠。这一切，都是免费的，更是金钱无法买到的。

亲情，是免费的。每一个赤身裸体的你来到这个世界，都受到了父母亲无微不至的呵护，那是一份深入血脉不求回报的疼爱。可没有哪一个父母会对自己的孩子说："你给我钱我才疼你。"父母的这份疼爱，不会因为你的成年而贬值，更不会因为他们的衰老而削弱；只要父母还活在这个世上，你都始终如一地会得到这份疼爱。

友情，是免费的。寂寞时默默陪伴你的那个人；摔倒时向你伸出手臂的那个人；伤心时让你依靠欣慰的肩膀的那个人；无助时向你伸出援助之手的那个人；而他（她）有否把这些付出折合成现金，然后向你要钱？

梦想，是免费的。无论是锦衣玉食的公主王子，还是衣不蔽体的流浪汉，只要愿意，就能为自己的人生确立一个梦想。这个梦想可以伟大，也可以平凡；可以辉煌，也可以朴实；既可以深刻，也可以浅薄；既可以远大，也可以渺小。只要你肯付出努力，你就能够拥有。

信念，是免费的。每一个生存者，都抱有一份自我的信念。信念是在成长的过程中建立起来的一种斗志，遇到困难要用它来克服，无论是小时候的你，还是长大的你，你对待事物的态度都是靠它来维护的。只要你想到了，就会拥有它的光辉！

还有很多，比如希望、意愿、目标等。所有的这一切，都是免费的。只要你想要，你就能得到。还有大自然给予的春风细雨，还有皎洁的月光，还有灿烂的星辉……世间多少滋润心田的美好事物，都是免费的……

因此，我们不要对着苍天白云唉声叹气了！它是公正的，更是慷慨的；苍天早已把最珍贵的一切，免费地给予了我们每一个人，我们还有什么理由不享受生命的美好呢？

经营生命——生命该如何演绎

一、生命在于奋斗

生命本身是没有价值的，关键在于我们如何赋予生命以价值。生命的价值在于无限的奋斗，没有奋斗的人生是平庸的人生，不敢奋斗的人生是懦弱无能的人生，不会奋斗的人生是悲哀的人生。只有在奋斗中才能最大限度地发挥我们生命的价值，才能体验成功，拥有幸福的人生。

幸福不是单纯的快乐享受，而是一种不懈努力追求、永远进取的动态过程。正如美国心理治疗专家罗杰斯所说："美好生活是一个过程，而不是一种存在的状态。它是一个方向，而不是一个终点。"一个不迷茫、不孤独、不颓废的生命，应该培养健康的身心和积极的人生态度，在不懈奋斗中追求高层次的精神需求，从而获得更持久的幸福感。

现实中，追求幸福的人生并不是一条平坦舒适的路途。生命是一段布满荆棘的征途，只有不怕艰难的勇士，用钢铁般的意志跨越横在我们面前的障碍，才能最终摘取芬芳的玫瑰；生命是一段蜿蜒曲折的山路，道路坎坷在所难免，只有不畏艰辛迎难而上的人们，才能领悟"一览众山小"的英雄视野和旷世气魄；生命是一段航程，只有劈风斩浪，奋勇前进的人们才能到达成功的彼岸。生命就是不断地前行中，遭遇各种各样的障碍；在跨越和战胜所有的障碍和困难后，继续奋勇开拓，不断进步，从而领悟生命的真实含义，赢得生命的尊严。"梅花香自苦寒来"，生命的"花香"也来自不懈的奋斗。

他山之石

一只手也能拍出掌声来

卡斯特罗生于1914年，因为年少时的一次车祸，卡斯特罗的右手肘部以下被截肢。然而他并没有因此自暴自弃，反而通过自身的努力入选了乌拉圭国家足球队。

1930年第一届世界杯，在乌拉圭队的首场比赛中，卡斯特罗攻入制胜一球，从而帮助球队以1∶0击败秘鲁队。在随后的比赛中，卡斯特罗被主教练作为秘密武器，一直没有出战，直到最后与阿根廷队的决赛他才被派遣出场。不失所望，卡斯特罗在下半场乌拉圭队反败为胜的过程中起到了关键作用，并踢入最后一球。最终，乌拉圭队如愿获得第一届世界杯冠军，卡斯特罗也被称为"独臂将军"。

有一次，比赛现场，卡斯特罗没有上场，可是，当他看到队友精彩的表现时，他总是用仅有的一只手拍打胸膛，发出"叭叭叭"的声音，以此来为队友鼓掌。旁边的人注意到他，这个不愿向命运低头的"独臂将军"，问他："为什么你一只手也要拍出掌声来？"卡斯特罗说："我想让队友相信，我这样的残疾人，用一只手也可以拍出掌声来，加倍努力吧，我的队友们，胜利就在前面。"

卡斯特罗用他那句"一只手也能拍出掌声来"告诉我们，相信自己，坚持信念，梦想才能实现。

179

二、生命召唤感恩

感恩是每个生命应具备的最基本的道德准则，是做人的起码修养。感恩，是人性善的反映；感恩，是一种生活态度，是一种品德，是一片肺腑之言。学会感恩，就是要学会尊重他人，对他人的帮助时时怀有感激之心；学会感恩，就是让你知道每个人都在享受着别人通过付出给自己带来的快乐生活；学会感恩，要培养谦虚的品德，对待比自己弱小的人，要知道躬身弯腰伸出援助之手；学会感恩，要有奉献精神，无论做什么事，都应以"公"为先，做一个大公无私、乐于奉献的人。作为当代大学生，当我们得到了许许多多的恩泽和帮助时，更应该知恩，懂恩，感恩，报恩。

他山之石

为失去的感恩

法国一个偏僻的小镇，据传有一个特别灵验的水泉，常会出现奇迹，可以医治各种疾病。

有一天，一个挂着拐杖、少了一条腿的退伍军人，一跛一跛走过镇上的马路。旁边的镇民带着同情的口吻说："可怜的家伙，难道他要向上帝请求再有一条腿吗？"

这一句话被退伍的军人听到了，他转过身对他们说："我不是向上帝请求有一条新的腿，而是要请求他帮助我，教我没有一条腿后，也知道如何过日子。"

学习为所失去的感恩，也接纳失去的事实，不管人生的得与失，总是让自己的生命充满亮丽与光彩，不再为过去掉泪，努力地活出自己的生命色彩。

三、生命在于付出

托尔斯泰说："人生最大的遗憾在于没有付出应当付出的力量，没有给予应当给予的爱。"生命的意义就在于付出，人生的价值就在于奉献。

翻开历史的扉页，众多奉献者用他坚定的脚印写下了：生命的价值就在于付出！马克思的一生几乎都是在贫困中度过，但却创造了放之四海而皆准的马克思主义理论，成为苍穹中一颗耀眼的明星，引导人们前行；特蕾莎以她为穷苦民众无私奉献的成就，得到了诺奖垂青，成为世界爱好和平的人们的偶像；居里夫人醉心于放射性研究，成就了人生的巅峰；布鲁诺为追求真理甘于付出生命，百花广场的火焰照耀了他生命承载的价值；谭嗣同为中国的进步抛头颅洒热血，留名青史彰显了他生命的意义。当人们为当代雷锋郭明义十年如一日行善的古道热肠而唏嘘不已时；当人们为袁隆平将青春献给稻田，挥洒汗水，解决十几亿人温饱问题的传奇而感动不已时；当人们为怒放高原的并蒂雪莲胡忠、谢晓君老师用爱和信念，提携了孤儿的成长而感慨万千时；当人们为遥远苍穹中最亮之星朱光亚，为中国的"两弹一星"付出了毕生的精力而肃然起敬时；当人们为不负群众的草鞋书记杨善洲绿了荒山白了头发，无私付出造福百姓而赞叹不止时；当人们为医者吴孟超坚守肝胆事业，用他60年日日夜夜的付出把一个又一个病人驶向健康的彼岸而口口相传时……古道热肠的春风便拂过心中的坚冰，付出与奉献的阳光将它蒸融，滋润幸福的人生之花。无须顾虑贡献的多少，不用忌讳奉献的大小，只要真心付出，就能筑造无悔人生。

四、生命需要反思

著名心理学家维克托·弗兰克说："人们不必问自己，生命的意义是什么，而必须认识到，自己才是被生命诘问的人。"我们每个人都无法逃避对生命的反思，唯有反思我们才能在正确的方向下行走得更好、更远。

那么，我们活着的价值和意义是什么呢？活着，就应当带着感恩的心，珍惜自己拥有的，追求美好的理想，为人生目标不懈奋斗、开拓进取。同时，让我们爱着的人能够感受到我们的爱。这样，我们才能活得快乐，活得充实，活得精彩。如果一辈子浑浑噩噩地活着，而始终没有明白活着的价值和意义，那么，简直就是白在这世上走了一回。

在大学三年里，一时的迷茫和颓废似乎是难免的，但是持续迷茫却是可耻的。大学生不是什么天之骄子，要学会在反思中摆正自己的位置，更好地学会时间管理、人际管理、爱情管理、学业管理，抓住每一天的锻炼机会控制自己与完善自己，才能真正走出迷茫，过有意义有价值的大学生活，才能最终在就业大潮中傲然挺立。

成长故事

我的自白

逝去的两年大学生活，我过得很平庸，甚至是空虚，浑浑噩噩。我真正认识到自己是被生活推着往前走的，等到要面对的时候才匆忙应对。

有人说"大学好比一部多幕剧，主角是你，导演也是你，只是配角不同而已。大学的每天都是一幕戏，丰富多彩的生活需要你去把握。始终知道自己在做什么，知道自己想要做什么，这是一个决定大学生命运的问题"。我知道自己在做什么，但我有时就是没做。空虚时沉迷小说，孤独时在校园里徘徊。

我清晰地知道我不应该如此堕落，但我依然困惑，我认识到人生不应该如此消极。我的乐观不过是为了给我荒唐的行为和思想做掩饰，我想我是应该觉醒了，是该正视自己了。

珍爱生命——守护生命的家园

一、笑对挫折，珍爱自己的生命

在生活中，我们难免有时高兴，有时悲伤，高兴的时候，我们不必压抑自己的感情，该笑时就笑，让自己充满信心，乐观向上。俗话说："笑一笑，十年少，愁一愁，白了头。"因而，我们面对生活，应有一种积极乐观的态度。其实，我们度过一天时，心情高兴，一天的时间会逝去，心情愁闷，一天的时间也会逝去，那么为何不高兴地度过每一天呢？我们遇到挫折时，微笑是成功的起点；遇到烦恼时，微笑是思想上的解脱；心情舒畅时，微笑是愉悦的表现。当见到久别了的朋友，激动之情难于言表时，微笑便是表达感情最好的方式；当朋友陷于困境时，给他一个微笑，这是对他最大的鼓励；当相互之间产生误会时，给对方一个微笑，便是让误会烟消云散最好的方法；当自己遇到挫折时，微笑面对困难，能使自己重新树立生活的信心。

困难没什么大不了，就怕自己不敢面对；挫折也无所谓，就怕自己没了信心；坎坷又如何，只怕自己还未曾尝试。生活中，艰难困苦、伤心忧郁在所难免，没有人能随随便便成功，把握生命里的每一次感动，用真心的笑容，去迎接雨后的彩虹。

📖 他山之石

学会说"三句话"

第一句话是"算了吧"。生活中有许多事，可能你经过再多的努力都无法达到，因为一个人的能力必定有限，要受各种条件的限制，只要自己努力过、争取过，其实结果已经不重要了。

第二句话是"不要紧"。不管发生什么事，都要对自己说"不要紧"。因为积极乐观的态度是解决和战胜任何困难的第一步。上天对每个人都是公平的，它在关上一扇门的同时，必定会打开一扇窗。

第三句话是"会过去的"。不管雨下得多大，连续下几天，总会有晴天的时候。所以无论遇到什么困难，都要以积极的心态去面对，坚信总会有雨过天晴的时候。

人生在世不可能事事尽如人意，遇到困难和烦心的事就要学会自己化解，时刻拥有乐观的心态和快乐的心境。在生命中碰到烦恼事，不妨学说三句话，对自身健康大有好处。

二、自杀干预，关爱他人的生命

面对当今社会严重的经济和心理压力，有部分人因不堪重负而选择自杀这种方式来结束生命。有统计称，中国每年约有25万人死于自杀，有约200万人自杀未遂，每1个自杀者都会对周围的5个人产生巨大的心理影响。自杀在中国已成为仅次于心脑血管病、恶性肿瘤、呼吸系统疾病和意外死亡位列第五的死亡原因。在15岁至34岁的人群中，自杀更是成为首位死因。由于新生代青少年缺乏挫折感的磨炼，加上外界赋予的期望较高，心理较为脆弱，容易自杀。那么，如何帮助自杀个体进行有效的自杀干预呢？

一般说来，大学生自杀要经历一个过程，有比较明显的征兆。把握自杀过程，准确识别自杀征兆是预防自杀和进行救助的关键。

（一）自杀的过程

自杀过程大致可以分为四个阶段。第一，自杀动机产生阶段。因某些负性事件的刺激，使心理出现巨大的失衡，以致不能自我控制，从而产生轻生念头。第二，矛盾冲突阶段。自杀者面临生与死的两难选择，同时又要考虑自己的自杀对他人（尤其是亲人）带来的影响，因此，会陷入矛盾冲突之中。第三，做出自杀决定阶段。此阶段自杀者会选择自杀方式、场地和时间等。第四，实施自杀行为阶段。

（二）自杀的征兆

自杀通常是有征兆的。有研究表明，52%～60%的自杀者在自杀前1～8周曾发出过求助信号。80%的自杀者曾向外界表达过自杀意图。因此，那些认为"自杀是没有先兆的""说自杀的人是不会自杀的"观点是错误的。大学生自杀的征兆具体表现为：

（1）语言——通过话语表现出厌世念头，或谈论有关死亡的话题。如"人生意义何在""人活着真没意思""人是不是真的有来世"等。这实际上是有自杀意图的大学生发出的自杀信号，表明其正处于生与死的两难选择中。另外，一般情况下，大学生自杀者会在自杀前与最亲近的人（一般是父母）联系，对后事作交代，如"感谢你们的养育之恩""今后一定要注意身体"等。此时，如果能及时通过这些信息发现其自杀意图并予以有效的帮助，很可能促使其放弃自杀。但是，这些重要信息却往往被当事人所忽略。

（2）行为——明显的行为改变。如突然整理自己的物品，将自己有用的物品赠送给他人；个人喜好发生改变，对以前关心的事物漠然处之；作息时间和饮食习惯发生改变；逃学旷课；夜不归宿等。

（3）心理——在情绪等方面，发生较大改变。人们在自杀前，会处于复杂的心理矛盾中，会有一些明显的表现，如情绪不稳定，忽悲忽喜；平时乐观开朗，突然郁郁寡欢；平时寡言少语，突然爱说爱笑等。

（4）生理——突然的身体不适。一个人想自杀，在生理方面会有所反映，如呼吸急促、疼痛、出汗、颤抖、失眠、体重下降等。有的自杀者本身没有生理疾病，但在自杀前常常感到身体不适，其实这是心理冲突在生理上的反应。

（三）自杀干预的原则

对于存在自杀危机的个体，在实际干预过程中需要做到"五要""十不要"。

1."五要"

（1）保持平静、沉稳，对当事人随之而来的暴风雨般的情绪要有心理准备；（2）给当事人充分的机会倾诉，以便确定危机类型、诱发事件及严重程度。不要试图消解自己被当事人引起的沮丧感；（3）必要时询问客观问题，只要得当，即可有镇静作用；（4）要直接面对事情，勿涉及深层及潜意识原因（这些留待以后）；（5）可向社区、医务、法律等机构求援。

2."十不要"

（1）不要对求助者责备或说教；（2）不要批评求助者或对他的选择、行为提出批评；（3）不要与其讨论自杀的是非对错；（4）不要被求助者所告诉你的危机已过去的话所误导；（5）不要否定求助者的自杀意念；（6）不要过急，要保持冷静；（7）不要分析求助者的行为或对其进行解释；（8）不要让求助者保持自杀的秘密；（9）不要把自杀行为说成是光荣的、浪漫的、神秘的，以防止别人盲目仿效；（10）不要忘记跟踪观察。

【寄语广场】

生命对每个人来说都是短暂的，我们应该怎样把握生命？冰心说："生命就像向东流的一江春水，一路上享受着他所遭遇的一切；生命又像一棵小树，他从地底聚集起许多生命力，勇敢快乐的破壳出来。"保尔·柯察金也说过："每当回忆往事的时候，能够不为虚度年华而悔恨，不因碌碌无为而羞愧。"

人生就是一次快乐而艰巨的生命之旅，在这次生命的旅途中，有一马平川，也有崎岖不平。当生命旅途一帆风顺时，我们应该学会珍惜和仰望；当生命旅途崎岖不平时，我们应该学会敬畏和尊重。当生命之花绽放的时候，也是它最美的时候。我们要在生命最美的时候，珍惜生命的每一天，好好地生活，好好地做人，让自己每天都活得充实，每天都活出别样的精彩。这就是我们给生命价值献上的最好的礼物。

【分享园地】

1. 体味生死，活在当下

分享交流作业：假如你身患绝症马上就要离开这个世界，你有哪些遗憾？如果上天再多给你三天时间，你会怎样度过？

2. 观看视频，畅谈感想

选择一部你感兴趣的生命励志电影，谈谈你的观后感。

【邀约成长】

1. 生命之源

[目的]感受生命的神奇，了解生命的诞生，体会生命孕育过程中伟大的母爱，感受生命诞生的不易。

[时间]20分钟。

[过程]播放视频《生命的诞生》或者深圳卫视真人秀节目《来吧孩子》。

2. 生命之重

[目的]让学生思考对于自己生命中最重要的东西，懂得珍惜和感恩身边的人，学会珍惜此时此刻拥有的资源。

[时间]30分钟。

[规则]给每位学生发一张纸，每人用笔在纸上写上对自己最重要的20个人的身份，比如父母、男朋友、姐姐、老师、朋友等。然后将20个身份舍弃10个，再舍弃5个，再舍弃3个，再舍弃一个，在此过程中回答自己的选择及理由。

3. 生命"微幸福"

[目的]引导学生以珍惜、感恩的心态面对生活，仔细回味每一个平凡但快乐的生活片段，体验生活的幸福与美好，强化内心的力量，从而建立温暖、舒畅、有安全感的内心世界。

[时间]15分钟。

[规则]将同学分为5~8人一组，要求每个人写出自己的"微幸福"事件和感受，并与团队成员分享探讨。

4. 生命畅游

[目的]做好个人成长规划，让生命活出深度和宽度。

[规则]播放轻音乐，学生选择舒服的姿势，调整呼吸，闭上双眼，跟随老师的指导语进行幻游。想想毕业时、五年后、十年后、二十年后自己所处的场景，体验当时自己的情绪感受。

[时间]20分钟。

[道具]班得瑞轻音乐、冥想轻音乐。

[分享]引导全体学生反思生命的成长历程，感恩生命中的重要他人，科学规划自己的未来，促进学生自我探索与成长。最后播放音乐"怒放的生命"作为结尾。

第十八章

享受友情不孤独

一位哲人说，"人生的美好是人情的美好，人生的丰富是人际关系的丰富"。进入大学，当我们起飞梦想时，不仅需要成才，确保学业有成，更需要成人，学会与人交往。大学是人际关系走向社会化的一个重要转折时期，作为一名大学生，培养良好的人际交往能力，是顺利度过大学生活、成功走向未来职场的必备条件。著名的励志专家卡耐基说："一个人的成功，只有百分之十五是由于他的专业技术，而百分之八十五则要靠人际关系和他的做人处世能力。"面对大学更加丰富多元的人际关系，你是否做好了准备？本章结合大学生在人际交往中的典型案例，阐述人际交往的基础知识，重点分析大学生人际交往的特点，从而帮助学生建立良好的人际关系，达到提高自信和自尊，自信快乐地与人交往，提高人际交往能力的目标。

【案例分享】

"向日葵"女孩的快乐秘籍

丁闪闪，女，高考前苦恼地向老师求助："我文化成绩很烂，考不上好学校，能有其他办法吗？"在老师的建议下，她报了学院的单招考试。一年后，曾经自卑的她成为很多人喜欢羡慕的"向日葵"女孩，在新生开学典礼中，她骄傲地走上主席台接受了"学院一等奖学金"的表彰。

在学院"每日一刻"微信平台上，她分享了自己的"快乐秘籍"：记得当我来到学校这个离家很远很陌生的地方时感觉很痛苦，周围都是陌生人。还好我的性格很开朗，而且笑点很低很爱笑，我就把我的微笑送给我身边的每一个人，向他们传递我的友好，然后我们都成了朋友。人与人之间都会害羞，也会因此而错过很多好朋友，但是我的热情胜过了我的害羞，使我获得了很多友谊。有的同学见到老师就会躲，我喜欢向老师问好，不仅出于尊重，也因为老师就像我们的亲人朋友一样。我喜欢和谐的氛围，我觉得我只有在这种环境中才能生存。我们的宿舍很和谐，同学之间相互关怀。每当我忙碌了一天回到宿舍时，就感觉像回到家一样温馨。渐渐地我变得很喜欢我的学校，习惯我的生活，这感觉真的很奇妙，我的大学生活发生了你们所看到的质的变化，其实，这种微笑的力量，你也可以拥有！

他成了"隐形人"

小臻，男，大三，平时总是独来独往，很少与同学交谈，也不爱与人分享或者帮助别人，周围的同学对他清高、孤傲的性格也表示"伤不起"。三年大学生活下来，他被同学称为"隐形人"。被贴上这样一个标签，小臻也很是无奈。高中时，他因为勤奋努力，在学习方面一直是同学心中的标杆，算是班上的佼佼者。进入大学后，他发现成绩并不是唯一的比拼指标，同学们殷实的家境，广博的见识，突出的特长，开朗的个性，都让小臻有种低人一等的感觉，原来的优越感迅速消失，总感觉同学在言语和行为细节中有意无意地忽略甚至歧视自己，"有时同学一起外出，别人总是三人一群，两人一伙，只有我被落在后面；班里搞活动，大家都有说有笑，在一起很热闹，唯独把我晾在一边，让我感到很尴尬，也很孤独"。这种情况下，小臻与同学相处总是不自在，从而产生了强烈的自卑感与失落感，再加上原本内向木讷的性格，独来独往的"隐形人"状态似乎就成了自我保护的最好武器。

实际生活中，你是一个主动展示微笑、传递善意的"向日葵"，还是独来独往、不善言谈的"隐形人"呢？你是否能顺利迈过人际交往的沟沟坎坎，营造温暖的交往环境呢？

【知识之窗】

五彩缤纷的青春交往

一、人际交往与人际关系

人际交往是指人与人之间通过一定的方式进行接触、交流思想、沟通感情、传递信息，并在心理和行为上相互产生影响的互动过程。

人际关系则由认知、情感和行为三种心理成分构成，它以人们的需要为基础、以交往为手段、以感情为纽带、以自我暴露的深度为标志。根据人际关系的媒介不同，可分为血缘人际关系、趣缘人际关系、业缘人际关系、地缘人际关系等。根据人际关系的固定程度可以分为固定的和非固定的人际关系。根据人际关系对人的影响程度可分为利害关系和非利害关系。根据人际关系的需求可以分为包容型、控制型和感情型三种。根据人际关系的外部表现可分为外露型、内涵型和伪装型三种。

二、人际交往的意义

（一）人际交往确保正常生存

人是社会的动物，不能离开群体而单独生存。亚里士多德曾说："能独自生活的人，不是野兽，就是上帝。"在社会生活中，人们几乎每天都要和他人打交道。有人估计，个人每天除8小时睡眠以外，其余16个小时中有70%的时间是在进行人际交往。可以说，人际交往构成了人生的主要内容，个人在复杂的人际交往中不断成长与发展。

（二）人际交往促进身心健康

处于青年期的大学生，思想活跃、感情丰富，人际交往的需求极为强烈，人人都渴望真诚友爱，大家都力图通过人际交往获得友谊，满足自己物质和精神上的需要。

一般而言，具有良好人际关系的学生，较好地满足了自身对友谊、归属、安全的需要，可以更深刻、更生动地体会到自己在集体中的价值，大都能保持开朗的性格，热情乐观的品质，从而正确认识、对待各种现实问题，化解学习、生活中的各种矛盾，获得充实、愉快的精神生活，促进身心健康。

相反，如果缺乏积极的人际交往，不能正确地对待自己和别人，心胸狭隘，目光短浅，则容易形成精神上、心理上的巨大压力，难以化解心理矛盾，从而导致焦虑、紧张、恐惧、愤怒等不良情绪，影响学习和生活，严重的还可能导致心理病态，如果得不到及时疏导，可能会形成恶性循环从而严重影响身心健康。

（三）人际交往助力成长成才

1. 人际交往是大学生交流信息、获取知识的重要途径

人与人之间的社会交往是信息沟通的最基本的形式。现代社会是信息社会，信息量之大，信息价值之高，是前所未有的。大学生通过与他人的交往，实现信息的沟通、思想的交流、经验的共享，可以获得很多宝贵、有效的知识和经验。

英国作家萧伯纳曾经形象地比喻过人际交往中的信息沟通："如果你有一个苹果，我有一个苹果，彼此交换，那么每人还是一个苹果。如果你有一种思想，我有一种思想，彼此交换，我们每个人就有了两种思想，甚至多于两种思想。"

2. 人际交往是个体认识自我、完善自我的重要手段

孔子曾说过："独学而无友，则孤陋而寡闻。"人际交往，可以帮助我们提高对自己的认识，以及自己对别人的认识。大学生在交往中，可以了解到不同人对世界的不同看法，可以"以人为镜"，学习对方好的个性品质，修正自身不良的特点，从而逐渐理解生活，丰富知识，扩大视野，锻炼能力，学会处事，最终获得自身的成长。

3. 人际交往是大学生走向集体成长和社会发展的需要

人际交往是一个协调集体关系、形成集体合力的纽带。而一个良好的集体，能促进青年学生优良个性品质的形成。如正义感、同情心、乐观向上等都是在民主、和睦、友爱的人际关系中成长起来的。良好的人际关系还能够增进学生集体的凝聚力，成为集体中最重要的教育力量。人际交往是人与人之间的一种互动。良好的人际交往能力是积极向上的，反之，则不利于个体的全面健康的发展。

三、大学生人际交往的类型

大学生交往呈现出多元与开放的特点。具体而言，大学生交往的对象分为以下几类：

1. 师生交往

大学生接触最多的是自己的辅导员和班主任，他们与学生的关系平等，会像朋友一样与学生交流思想、促膝谈心，并参与班级组织的各项文体活动。因此，相对于中学阶段的师生关系，大学师生之间的交往相对较轻松、随意。

任课教师因为要面对不同班级的学生，数量多、时间短、流动性大，一般情况下课外接触机会相对较少，只有在其授课时间与学生接触，切磋学问，探讨问题。对此，大学生要主动与老师进行交流，明确提出自己的学习困惑和诉求，只有这样才能得到针对性、个性化的指导。此外，学校的管理服务人员等也是大学生经常要面对的人际交往对象，比如宿舍、食堂、图书馆的管理人员等，这些交往的顺利进行，必须建立在自觉遵守相应的规章制度的基础上，否则大学生的行为就会受到批评和制约。

2. 生生交往

同学是大学生人际交往的基本关系，也是大学生人际交往的主要对象。大学生同学间关系比较频繁的场合有三个方面：即班级内的同学关系、宿舍关系与老乡、社团等关系。班级同学关系以学习与班级活动为主；而宿舍同学关系以情感交往与生活交往为主，老乡关系以情感交往为主，社团关系以兴趣与工作交往为主。

一般而言，同学的交往往往存在微妙、复杂的关系。一方面，大学生年龄相仿，经历相同，兴趣爱好相近，又共同生活在一个集体，学习相同的专业，沟通与交往容易；另一方面，大学生来自不同地域、不同家庭背景，生活习惯、个性气质迥异，再加上大学生之间空间距离小，交往密度高而自我空间相对狭小，容易产生冲突。所以同学交往中大家必须遵守共同的规则，必须学会彼此尊重、宽容、忍让、与性格、生活习惯不同的人友好共处，否则必然会感到孤独，感觉同学间没有友情，使自己的大学生活备受煎熬。

3. 亲子交往

大多数的大学生觉得自己长大了，会有意识地、积极地调整心态以适应新的环境。他们能体谅父母对自己思念的心情，因此，他们会通过书信或电话及时、主动地向父母汇报自己的学习、生活等情况，和父母加强思想感情的交流。

有的同学因家境困难，很体谅父母的辛苦，进入大学就开始勤工俭学，经济上逐步独立，不仅减轻了家里的负担，有时还给家里一定的帮助。他们让父母欣慰地感觉到孩子真的是长大了，懂事了。有些平时对父母依赖性很强的学生会非常想家甚至导致退学。也有少数学生则完全相反，和父母的沟通冷漠。大学生究竟应该如何与自己父母保持感情的沟通和联系，值得每一位同学认真思索。

4. 社会交往

在大学阶段，对人际沟通能力提出了更高的要求，要想在激烈的竞争中脱颖而出，找到理想的工作，较强的社会交往能力是必不可少的条件。扩大社会交往的方式多种多样，如加入学生社团，参加社会公益活动，勤工助学，兼职实习等积极健康的社会实践活动都是扩大社会交往面的一个必不可少的途径。通过各种社会实践活动，大学生们既可以增加对社会的了解，也可以扩大社会交往的范围，还能够提高自己独立谋生的本领。

5. 网络交往

网络拓展了人类交往的空间，网络交往已经成为一种重要的新型人际交往方式。网络人际交往一方面拓展了交往对象，获取了信息，开拓了思路，使自己受益匪浅；另一方面也容易导致网络人际依赖症，导致与现实的交往对象疏远隔离。为了消除网络交往的消极影响，同学们要学会充分利用网络为自己的学习、工作和生活服务；不在网络上无谓地消磨时光。只有"进得去，出得来"，才能使虚拟社会与真实社会相互补充，相得益彰，才能在虚拟社会与真实社会中健康成长。同时，要具备必要的网络伦理知识，培养道德自律意识，正确把握网络人际交往。

人际交往的沟沟坎坎

一、不敢交往——自卑羞怯心理

羞怯心理是一种常见于大学生人际交往中的现象。大学生羞怯心理包括两个方面：一是害羞，二是胆怯。认为自己在某个方面或几个方面不如他人，大多较为敏感，缺乏自信，他们处事过分谨慎，为减少挫折，会尽力避开人群，因而丧失许多发展机会。还有一部分有自卑心理的大学生则表现为凡事对自己要求很高，在交往中总是力求完美，以免遭到他人的耻笑，常以一种盛气凌人的架势来掩饰自己自卑而脆弱的心理，这使他们将自己的社交圈子限制得非常狭小。

成长故事

别人都不喜欢我

"因为严格的家教，我一直以来就只知道学习，很少与别人接触。看到其他同学嘻嘻哈哈亲密无间的样子，其实心里是很羡慕的。我觉得自己压根没什么亮点，长相平平、无趣乏味，很多话题我都插不上话，不知道说些什么，总担心大家不理睬我，不喜欢我。这种感觉压得我太难受了！"

人对环境的适应，主要是对人际关系的适应。有了良好的人际关系，人才有了支持力量，有了归属感和安全感，心情才能愉悦。

羞怯一般有三种类型：一是气质性羞怯，即生性内向，害怕社交；二是认识性羞怯，即过分注重自我，怕自己被否定，在交往中缺乏主动性；三是挫折性羞怯，即由于在交往中曾遭受挫折，丧失了社交的自信心。克服这种不良情绪应从以下几方面着手：首先要清除消极的自我暗示，克服这种不良情绪，学会肯定自己，增强信心；其次不要过于考虑别人对自己的看法，患得患失；最后要学习必要的交往技巧，进行实践锻炼和心理训练，提高交往能力。

二、不会交往——多疑猜疑心理

猜疑是由主观推测而产生的不信任的复杂情感体验。体现为对他人言行敏感，总以为别人看不起自己、议论自己。猜疑会把无中生有的事强加于人，甚至有时把别人的好心曲解为恶意，人际交往陷入困境，找不到交心的知己，难免感到孤独和无奈。产生猜疑的原因有很多：一是主观臆断，往往是无根据的猜测怀疑；二是性格多疑、孤僻、内向，由于与人接触少，对人情世故了解少，认识他人时总有一种不信任的心态；三是心理反常，不适当的自尊和自卑，影响对他人的看法；四是错觉反应，对某种偶然的现象或偶然的信息纳入错误判断的轨道，以致越看越像，越看越真，从而造成错觉反应。

成长故事

"小心眼"惹的祸

小翠，女，某大学一年级学生。自述由于自己爱计较，也就是有些"小心眼儿"，往往为了一点儿小事，哪怕是同学的一句玩笑也会生气，因此，在与同学的交往过程中经常闹别扭，弄得大家都很不开心，自己心里也总是不能平静，总想着那些细枝末节，放也放不下，很是烦恼，为其所累。其实她自己也不想这样，但又不知道该如何改变。

有小心眼儿的人，多半是由于神经系统过于敏感，有些杞人忧天，小题大做，庸人自扰。"小心眼儿"的人往往患得患失，吃一点亏就如鲠在喉；特别爱计较别人的一言一行，总感觉是针对自己的。正如本案例中的小翠，首先，应懂得人际交往的互酬心理，要明白自己付出多少，就会得到多少。其次，要避免"自我中心"，缩小"自我"，不要凡事只想到自己，总觉得事情是有意针对自己，即使确是针对你而来，也不妨宽容大度地解决。再次，应充实自己的知识，拓宽自己的知识面，开阔眼界，因为人的"心眼"与其知识修养有密切联系。

三、不愿交往——孤僻闭锁心理

闭锁心理又称自我封闭心理。出现这种心理一方面是因为不相信别人会理解自己，缺乏与人交往的热情，不愿意向别人敞开交往的大门，总是把自己的真实思想、情感欲望掩盖起来，有这种心理的大学生在交往中大多少言寡语，感情冷淡，从不与人推心置腹，给人高深莫测、不可捉摸的感觉和印象，使人无法接近。另一方面是他们认为人际关系不重要，甚至瞧不起所有人，自我封闭，孤芳自赏，性情内向，沉静在自己的内心世界中。

成长故事

大学交往有必要吗？

小林以优异成绩考入某高校，第一学期期末，本来踌躇满志准备获取奖学金却未能如愿。她的情绪从此一落千丈，变得郁郁寡欢，无心学习，也无法处理好与同学的人际关系，而且整夜失眠。最后不得不去医院精神科检查，结果诊断她是患了抑郁症。

在高校学生中存在抑郁现象的也比较多，究其主要原因，是由于自我价值没有得到很好的体现，开始自我否定。一般这样的学生情绪都比较低落、不稳定，不爱搭理人，做事情没有兴致，时间长了，容易造成情绪累积，对学习、生活肯定会造成影响，严重的则会患上抑郁症。

大学生产生闭锁心理的原因大致有三个方面：第一，中国传统文化中"明哲保身""逢人只说三分话"等观念是产生闭锁心理的文化因素。第二，清高、自负等认知偏见使一些大学生不愿暴露、公开自己的思想的真实性，以显示自己城府深，水平高。第三，自我保护意识较强，不少大学生之所以自我封闭，还因为怕在人际交往中暴露自己真实的思想，被别人看轻。人际交往中的闭锁心理实际上是人为地在自己与社会、集体、与他人之间筑起的一道阻碍交流的心理屏障，从而影响自己的学习、工作，妨碍自己的全面发展。

打开孤僻闭锁心理，首先要充分认识到人际交往能力是衡量一个现代人是否具有适应开放社会能力的标准之一；其次，要消除思想顾虑，积极参加交往。要敢于让别人了解自己；最后，要掌握一些人际交往的技巧，如多多参与集体活动，为参与而参与，不必要求立即获得回报。记住：温暖别人的火，也会温暖你自己。

心灵沟通的钥匙

一、塑造个人形象，打造个人魅力

社会交往中，个人的知识水平与涵养直接影响着交往的效果。要想改善自己的人际交往，首先应该提高自己的人格魅力，只有让自己成为一个有着高尚人格魅力的人，人际交往的技巧才能拥有施展的平台。对于大学生来说，以下几个方面的品质是在人际交往过程中所必须具备的。

1. 积极进取，奋发向上

积极者乐观开朗，豁达大度，给人以如沐阳光的愉悦感，相反，消极者悲观阴沉，多疑狭隘，会给与之相处的人以如头顶乌云之感。外向的积极者因富有感染力而能让人心境豁然开朗，愁云一扫而光；内向的积极者会因其温和宽厚的态度而给人以一种可信可托的安全感；两者都有吸引人的特质，从而都会有不错的人缘。

2. 不卑不亢，真诚坦率

孤傲、目空一切的个性固然不会受广大同学的欢迎，但自卑、瞧不起自己的人只知其短不知其长，缺乏应有的自信心，甘居人下，这种不平等的感觉也会让与之相处的人感到压抑，难以互动。而不卑不亢者则犹如四平八稳的天平，既不会盛气凌人，也不会盲目自卑，对己能保持个性的独立，对人能一视同仁地给予平等和尊重，给人以公正信赖的感觉，真诚坦率使得人与人之间能够倾心相谈，去用心感知心与心的相通、心与心的牵引、心与心的信任和鼓励，这样，大学的友情天空才会晴空万里、风和日丽。

3. 心胸宽广，热情大方

宽广的心灵不仅可以容纳来自不同地区的同学的个性、生活习惯，也可以体谅和理解同学的缺点及所犯的错误。当与同学意见不一时，不是互相攻击、恶言相向，而是用宽容的心态去理解他人的不同想法，正是有了宽广的胸怀，热情大方的态度，主动地与同学交往，容纳不同的思想和意见，我们才会赢得不同的朋友，也才会有更精彩的大学生活。

二、积极主动交往，释放友善信号

1. 尊重理解，学会倾听

倾听是沟通的一半，主动和善于倾听的人，永远是善于沟通、深得人心的人。与人交往时，要注视说话者，身子稍稍前倾，面部保持自然的微笑，表情随对方的谈话内容有相应的变化，恰如其分地频频点头。

他山之石

"听"的字意小解

"听"的繁体字是"聽"，从耳德，指用耳朵感受声音，即耳有所得。"聽"字，左上方是"耳"，下面有个"王"，简单套用就是"听为王"，右上方是"十四"，右下方是"一心一意"，联结起来就是"用十四个心去听"。

正常人基本都是一张嘴巴、两只耳朵。这意味着造物主让我们多听少讲，只有听清楚了，才能说得明白。倾听不仅仅是用耳朵，更要去用心。所以"倾听"在现代汉语中被解释为"用心聆听"。

2. 传递善意，微笑示人

人基本上都是以"自我"为中心的，任何事都先想到"我"，因此有时便会想：为什么同学不主动关心我？某人为什么不先对"我"打招呼？某人为什么不请"我"吃饭，而要请别人？其实，你这样想，别人也是这样想的，也就是说，每个人都把"得"放在心上，挂在眼前，如果双方都不愿意主动，那么这份关系便不可能开展。

要建立良好、广阔的人际关系，必须主动出击，先去满足对方的自我。既然如此，你为何不主动出击，先去满足对方的自我，为双方关系的建立踏出第一步呢？所以，微笑示人的人更容易在人际交往中获得成功。美国著名心理学家、人际关系学家卡耐基说："微笑，他不花费什么，但却创造了许多成果。它在一刹那间产生，却给人留下永恒的记忆。"

需要注意的是：有时你主动出击，有一些人并不领情。但是，"一样米，饲百样人"，你不必去期待对方是否有善意的回应，但要相信，有付出，总是会有收获的。

成长故事

谁都不要冷冰冰的帮助

她与寝室里的同学一直处得不好，为此她很苦恼。她说她虽然每天最早起来，但都是轻手轻脚的，可室友老说她故意弄出声音。她说每次下雨收衣服，她们总是收她们的而不帮她收，而且还一直说她自私。她说每回打水，唯有她的水瓶是空的，尽管有时她跟她们说她会晚回来。

她苦恼而不知所以然，她不知道在寝室这个小集体中，有一样东西是不可少的——那叫宽容。晚上室友讲话，只要灯已熄灭，她会以并不婉转的语词要求寝室马上无声，于是她的要求引来了室友的反要求——早上，我们都要安静。晾衣收衣在一段时间后有了基本固定的位置，她小心地护着一处，自己的衣服决不多占地方，而一旦别人的衣服晾过来，她就会摆到一边，别人的湿衣服碰到她快干的衣服时，她又颇有微词。久而久之，她们约定俗成，而她被她们戏为"脱俗"。她也会多打水，次数不在少数，只是人家倒了她的水瓶她的态度又会不复和蔼，谁愿意接受这种冷冰冰的帮助呢？人家都这么想而她不知道。寝室里的人其实都不错，而她却至今没有朋友，甚至没有伙伴。

她一直不明白，也一直没有人对她明说。宽容一旦飞走了，理解也就只剩下个空壳，更别说沟通了。

3. 拉近距离，学会赞美

心理学家威廉·詹姆斯说："人性最深切的渴望就是拥有他人的赞赏。"

的确，从心理学角度讲，渴望被人赏识是人最基本的天性。然而，在现实生活中，有相当多的人不习惯赞美别人，因为很多人会把赞美与拍马屁画等号。其实二者是有区别的。赞美用于位高权重、有钱有势的人身上，难免有奉承的嫌疑，而普通同事、朋友之间的赞美只要掌握好原则，则会拉近关系，有助于协调交往气氛。如果我们既了解自己的内心世界，又能经常真诚地赞美别人，相信我们的人际关系会越来越好。

4. 将心比心，优化细节

要习惯设身处地地站在别人的立场上去理解和处理问题。大学里的同学来自五湖四海，个性丰富多彩，许多同学因为生活习惯、做事方式、性格脾气等不同而相互抱怨、互相指责，其必然会导致矛盾的冲突。将心比心，需要积极地参与他人的思想感情，意识到"我也会有这样的时候""我遇到这样的事情会怎么样"，这样才能实现与别人的情感交流。生活中，我们可以从自身交往细节的审视中获得启示。

【寄语广场】

人际交往五点箴言

作为大学生，在人际交往过程中要清醒地认识到以下几点：

1. 交往是双向的，没有交流就没有了解。只有开放自己，才能更有效地接近他人。

2. 交往是平等的，只有尊重他人，才能使别人尊重自己。在与他人进行交往时，要把双方放在平等的位置上，既不能觉得低人一头，也不能自高、自傲、高高在上，在交往中对自己要有信心，对别人要有诚心，平等互利交往，才有可能良好持久。

3. 交往是有选择性的。交往的双向性，决定了交往的互动性和选择性，并不是所有的人都适合你，要选择能够与你产生共鸣的人作为交往对象，不要一味地寻求数量的多少，一定要注意交往对象与自己是否真的可以持久交往，一厢情愿只会造成两败俱伤。

4. 交往的期望值不要太高。不要希望每个人都能成为你的知心朋友。"人生得一知己足矣。"有层次的交往中一定要避免因感情投入过多而回报较少造成的心理失落感。

5. 交往过程中要相互信任。美国哲学家和诗人爱默生曾经说过："你信任人，人们才对你重视。"要从积极的角度去理解他人的动机和言行，不要妄加揣测，不要以己之心度他人之腹。否则，交往是不会持久的。

【分享园地】

请在个人学习空间提交自己在人际交往中遇到的实际冲突或困惑，每个同学可自由选择其他同学(至少 2 人)所提的问题尝试解答，最后评选出大家认可的最好的几种解决方法。

【邀约成长】

1. 有缘相识

[活动目的]让学生体会到与人交往的乐趣，增强学生主动与人交往的意识。

[活动规则]播放背景音乐，发给每位同学一张卡片；在 3 分钟的时间内，要求每个同学分别去寻找与自己持有相同数字和形状扑克牌的人；找到后两个人互相自我介绍，并且找到彼此 3 个以上的共同点；全体同学交流感受。

[活动时间]15 分钟左右。

[活动道具]欢快的背景音乐；将各种不同颜色的卡片，根据班级的人数做成不同形状的

颜色卡片（扑克牌一幅，根据人数决定随机发放卡片）。

2. 你说我画

［活动目的］培养人际交往中的倾听能力、观察能力和表达能力。

［活动规则］全体成员分成三组，5 分钟的时间内，一组扮演"倾听者"，一组扮演"传话者"，一组扮演"观察者"；"传话者"将图片用非语言的形式向"倾听者"传达，"倾听者"则根据他的描述进行绘画，"观察者"则主要观察整个过程，在有限的时间内对比各组描绘的图形与标准图形的差异；互换角色，在允许使用语言交流的情况下再次绘画，对比各组描绘的图形与标准图形的差异。最后，让大家发表感悟，对比非语言交流和语言交流情境下绘图有什么区别？

［活动时间］30 分钟左右。

［活动道具］自制的标准图形 3 张。

3. 同舟共济

［活动目的］增进同学友谊，感受集体的力量，意识到团队合作的重要性。

［活动规则］分组（可以根据上个游戏，引路人一组，盲人一组），分别围成一个圆圈，每个人脚尖靠着前一个人的脚跟，根据老师的指导语"坐"，集体往后坐下，倒数 30 个数。再两组合并围成一个大圈，集体往后坐，倒数 60 个数。

［活动时间］15 分钟左右。

［活动总结］游戏结束后，同学们分享今天参与心理游戏体验的感悟，引导学生认识到人际交往的重要性、主动性，意识到倾听、换位思考在人际交往中的重要性。伴随着《相亲相爱一家人》的音乐，活动结束。

第二十章

解读爱情之密码

　　"哪个青年男子不善钟情，哪个妙龄女郎不善怀春。"爱情是大学校园里的热门话题，也是校园里一道亮丽的风景线。鲜艳绚丽的爱情是美好的，也是浪漫的。健康的爱情能给人以鼓舞，给人以力量，给人带来精神上的激励、情绪上的欢愉、生活上的充实、事业上的信心，激发生命的潜能。而不健康的爱情则给人带来精神上的痛苦、事业的挫败，甚至人生的创伤。由于年轻人的青春懵懂和热血冲动，大学生在恋爱时，经常会发生焦虑、沮丧、挫败、逆反、不平衡等一系列心理矛盾冲突，轻则影响学习和人际关系，重则导致抑郁，影响整个人生。大学是人生中积累知识、增长才干的美好时期，也是追求美好幸福爱情的花园。如何处理好学习和恋爱的关系？如何正确地与异性交往？如何追求自己健康幸福的爱情？本章将带你走进美丽湛蓝的、伴随着惊涛骇浪的爱情海洋，认识爱情的真相，了解恋爱的魅力和爱的艺术。

周总理的完美婚姻

　　周总理和结发妻子邓颖超的爱情让人感慨。敬爱的周总理一辈子忠于自己的婚姻，和结发妻子邓颖超不弃不离，共度一生。从1925年8月到1976年1月，在长达半个多世纪的婚姻生活中，周总理和邓颖超奉行"互敬，互爱，互信，互勉，互助，互让，互谅，互慰"的"八互原则"，堪称恩爱的模范夫妻。

　　"互敬"是说夫妻双方互相敬重，而不是越到后来就越看到对方的缺点。"互爱"是基础，夫妻双方不仅要珍视相互的爱，而且要不断创造爱情，使它日新月异。"互信"就是夫妻双方要互相信任，不可心存猜忌。"互勉"就是夫妻双方在工作、学习、生活中互相勉励，共同前进。如遇到不愉快的事情，夫妻双方要互相体谅、安慰，即"互慰"，切不可互相指责、埋怨，伤了感情。如果有不同意见和争执，则要懂得让步，做到"互让"，避免无休止的争吵。对方做了错事，应该"互谅"，以宽容大度加以原谅。在共同生活中，还要做到"互助"，即彼此关心，互相帮助。周总理对邓颖超的爱情经历了"出生入死，艰险困苦，患难与共，悲喜分担"的战火纷飞年代和革命胜利后的考验，他们的爱情"经历了几十年也没有任何消减"。

从周总理的美满婚姻中我们可以看到，婚姻并不是爱情的坟墓，而是用心经营的爱情的延续，只有双方的相互尊重，互相体谅，积极沟通，才能让爱情之树长青。

中南大学情杀案

2011 年 5 月 8 日下午 3 时许，某大学宿舍楼下发生了一起命案。一男子持刀将该校一女生杀死，随后自杀。警方初步查明，嫌疑人王某，因追求女生被女生拒绝遂将其杀害。2012 年 6 月 13 日，在长沙中院一审宣判，被告人王啸犯故意杀人罪，判处死刑，剥夺政治权利终身。

这件事情在网络上引起了网友的热议，有网友说："交友不慎很危险，特别是谈恋爱，姑娘们尽量找靠谱青年吧，那种脾气暴躁，心理有问题的还是避开好了，血的教训啊！"同学们，该醒醒了，该长大了，爱情不是一切，大学里那无聊似肥皂剧的爱情不再值得我们为之疯狂。男人们，醒过来吧！明天有可能不能拥有她，为什么不任她离开呢？不要活在象牙塔里，在现实里拥有一份成功的事业比拥有一份爱情难得多，秀爱情你不会拥有太多的观众，秀成功你将拥有无数的崇拜者，为之疯狂的，为之冲动的不应是爱情而应是成功。

从上面两则故事不难看出，爱是一种改变命运的力量，它影响人的一生。那么，好的爱情应该是怎样的？我们又该如何去保持健康的恋爱状态呢？

【知识之窗】

拨开爱情的面纱

一、爱情的真谛

学术界对爱情虽有诸多的定义，但是现实生活中人们的体验则是难以言表的。正如苏联作家叶·邦达列娃所说的："真正的感情是毋需用语言表达的。爱只能是心领神会的隐秘。"爱情具有强烈的社会性，处于不同文化背景下的人对爱情有不同的理解。恋爱双方是否幸福，并不取决于他们具有哪种爱情，而是取决于他们对爱情的理解是否一致。

爱其实更多的是个人内心极其主观的感受。当你说那是爱，那就是爱！当你说那不是爱，那就不是爱了！当你真正爱的时候，你发现自己会发自内心地、无条件地为所爱的人做任何事情。

爱不仅是一种情感，更是一种责任。哲学家弗罗姆认为：婚姻之爱是成人之爱而非儿童之爱，也非父母之爱，爱是责任、关心、照顾、了解。当一个人确认一份爱情时，他或她就要承担起对爱情的责任和义务，要学会尊重和信任对方，要懂得关心和照顾对方，要做到宽容和体谅对方。这才是爱的真谛！

他山之石

爱情和婚姻

有一天，柏拉图问他的老师什么是爱情，他的老师就叫他先到麦田里，摘一棵全麦田里最大最金黄的麦穗。期间只能摘一次，并且只可以向前走，不能回头。柏拉图于是照着老师说话去做。结果，他两手空空地走出了麦田。

　　老师问他为什么摘不到，他说："因为只能摘一次，又不能走头路，期间即使见到一棵又大又金黄的，因为不知前面是否有更好的，所以没有摘；走到前面时，又发觉总不及之前见到的好，原来麦田里最大最金黄的麦穗，早就错过了；于是，我便什么也没摘到。"老师说："这就是爱情。"

　　人生就正如穿越麦田和树林，只走一次，不能回头。要找到属于自己的最好的麦穗和大树，你必须学会选择和放弃。

二、爱情的含义

　　爱情是指男女之间基于一定的社会关系和共同的生活理想，在各自内心形成的对对方最真挚的爱慕，渴望对方成为自己终身伴侣的最强烈的情感体验，是两颗心灵互相吸引，达至精神升华的产物，是人类特有的一种高尚的精神生活享受。

三、爱情三角理论

　　美国耶鲁大学著名心理学家斯滕伯格提出，爱情由亲密、激情、承诺者三元组成。其中"亲密"是爱情的第一元素，是在情缘中能心心相印，灵犀相通的因素，是为对方着想，看重对方，了解对方，相互分享，相互支持的感受与心态，这种感受是令人舒畅的；是感受到伴侣的无条件接纳。亲密感出自一种不自私的愿为满足对方牺牲自我的精神。

　　"激情"是爱情的另一要素。它是一种渴慕与对方结合的心态，是一种强烈的渴望与需求。它很多时候是导致性满足的需求，但却不等同性关系。激情与亲密感是相辅相成的，但若没有真正的亲密感，这种激情是不能持久的，其满足亦是短暂的。故此，没有爱的根基的性行为是需要不断重复及提升的，否则它就会失去其激情与亲密感。幸福并且能持久的爱情，都是先有了亲密感才会发展成为激情的。

　　"承诺"是爱情的第三元素，是维系爱情关系的基础，并且是爱情长期存在的决定因素。相爱的人愿意排除万难，培养亲密感和激情。反过来有亲密感和激情的关系亦使承诺更能持久。在中国古代靠媒妁之言的婚姻不少也能擦出爱情的火花，不少盲婚哑嫁的夫妇亦能白头到老，就是因为旧社会的婚约从正面来看是重视婚姻的承诺。但是不同的是，今日我们所需要的承诺是二人心甘情愿地承诺对方一生。

四、爱与喜欢

　　许多初涉爱河的大学生都可能存在类似的困惑："我俩到底是朋友？还是恋人？""男女间有没有纯友谊？""友情可能变成爱情吗？""爱情和喜欢的区别在哪里？"这些看似简单的问题，却是大学问！因为至今尚无统一的定义。包括辞海在内的大多数国内词典是这样定义爱情的：狭义的爱情指的是男女之间相互爱恋的感情。广义的爱情则是指人与人之间相互爱恋的感情。爱情被认为是人际间相互吸引的最强烈的形式。

　　有学者认为，爱情与喜欢有三点不同：

　　1. 爱情有较多的幻想；喜欢则是由对他人的现实评价引起的，喜欢不像爱情那样狂热、激烈、迫切，始终比较平稳、客观。

2.爱情是与许多相互冲突的情绪有联系的，常给人又爱又恨的感觉，喜欢则是一种单纯的情感体验。

3.爱情往往与性欲有关，喜欢则不涉及这方面。

我选择　我喜欢

一、大学生的恋爱心理特点

1.直觉性

所谓直觉性，就是双方在见到对方第一眼就产生的直觉判断，即这个人我一看就顺眼或这个人我一见就来电，人们常说的一见钟情就是由这个直觉性决定的。虽然这种直觉性未必正确，但这种初印象（或第一印象）在恋爱中起着相当重要的作用。如果双方都直觉地认为对方正是自己心仪的对象，那么在接下来的交往中，就很容易出现期望效应，即把自己所希望出现的特征赋予对方，所谓"月移花影动，疑是玉人来"，即把自然景物和周围环境都打上爱情的印记。

2.隐蔽性

友爱从始至终都是可以公开的，而恋爱在最初却是隐蔽的，双方对外都不希望把恋情公开化，以免产生不必要的干扰，对内则都会展现自己最优雅的一面，隐藏起缺点和不足，给对方一个完美印象。在表达爱意时，常有眉目之间的传情，使用语言含蓄而富有诗意，行为隐蔽而富有德行，言谈、举止、目光、表情、行为都体现了一个爱字。

3.排他性

恋爱的排他性表现为两个方面：一方面表现为对意中人专一执着、忠贞不渝的心理特点；另一方面也希望对方只对自己专一执着、忠贞不渝，不能对第二个异性如此。它们组成了一个具有特殊共享物和亲密感的系统，本能地抗拒他人亲近自己的恋爱对象，一旦发现有异性靠近自己的恋人，就表现出强烈的独占对方的欲望，敌视靠近自己恋人的人，有的甚至摆出决斗的架势。这个特点对维持爱情的稳定长久很有必要，但如果发展到极点，就会引起青年对恋人行动的猜疑，爱情发展和心理健康。

4.波动性

波动性体现为情绪变化很大，热可达到白热化，冷则骤降至冰点。高兴时喜笑颜开、手舞足蹈，懊恼时垂头丧气。这种大起大落的情绪变化有时会给身心健康带来不良影响。故要通过加强自我修养、不断进行自我完善，减少情绪的波动性。

"恋爱中的人智商为零"，这句话充分说明了处于恋爱阶段的人，由于激素的分泌，其理智分析能力往往受到抑制，对行为的意义和后果不能做出正确预见，因此习惯行为会一改常规，常常做出平时根本不可能做出的事情。同时由于自己的能力减弱，他（她）还不能正确评价自己行为的意义和后果。

二、大学生恋爱动机面面观

大学生恋爱现在是一个较为普遍的现象，由于年龄相近，空间高度共处，彼此了解更多，产生感情是特别自然的一件事情。这种情感是很单纯的，不带有功利色彩，不在乎对方挣多少钱，也不在乎对方有没有房子，不在乎对方的家庭状况如何。恋爱是难以驾驭的人生艺术，渴望谈恋爱是一回事，会不会谈则是另一回事。许多人疯狂地投入进去，却惨败地退出来。有的成功，有的失败，大学生中因恋爱动机不同而显现多样化的趋势。

1. 比翼双飞型

这类学生基本上具备成熟的人格，有正确的恋爱观，能够以理性引导爱情，正确处理恋爱与学习、感情与爱情、情爱与性爱的关系。双方都有较强的事业心、进取心和自控能力，有共同的理想抱负、价值观念，把事业的成功作为爱情持久的目标，不仅仅把恋爱看成人生的快乐，而且能把幸福的爱情转化为学习和工作的动力。他们认为恋爱应该促使双方进步和成长。

2. 生活实惠型

进入大学后，毕业去向是大学生最为关注的主题。恋爱无可非议地揉进了毕业动向的条件，同时家庭条件和对方的发展前途也是各自关注的必不可少的条件。一些大学生彼此间的爱慕与向往也许并不强烈，但是却有确定的生活目标。大三是这类学生谈恋爱的高潮期。他们认为这时处朋友、谈恋爱、相互了解，信任度高。这种爱情是理智的、现实的，确定恋爱关系引起的争议也比较少。

3. 时尚攀比型

在一些高校，恋爱成为一种时尚。当周边的许多同学都有了异性朋友时，一些男同学为了不使自己显得无能，一些女同学为了证明自己的魅力，也学别人的样子匆匆地谈起了"恋爱"。由于目的性不强，缺乏认真的态度，常常是跟着感觉走，把谈恋爱看成是一种精神上的补偿，常以"因为没想那么多"为借口而各奔东西。这种恋爱带有很大的随意性。

4. 玩伴消费型

这类学生在精神上不太充实，同性朋友较少，时常感到孤独、烦闷，为了弥补精神上的空虚，急于与异性朋友交往，"恋爱"成为一种近景性的精神需求。尤其是周末，当寝室的室友成双成对地走出校园，自己一人在寝室时，有一些同学会有一种空虚得想谈恋爱的感觉。女生的这种心理体验尤为明显。据报道，有一所大学的一个班的全部女生在大二时就都有了"相恋对象"，用她们自己的话说，"我其实不是真的在谈恋爱，只是生活太乏味了，又没有知己，想找个伴畅快畅快"。

5. 追求浪漫型

这类学生情感比较丰富，罗曼蒂克的爱情对他们有着强烈的吸引力，对爱情浪漫色彩的追逐和窥探心理日趋强烈。他们并非不尊重爱情，而是觉得出没于花前月下的刺激比爱情的责任和义务更富有色彩和韵味。他们接受爱情时，对爱情的缠绵悱恻有较深的体验并乐在其中，时时沉浸在两人的世界里，忘却了集体，甚至忘却了学业。

6. 功利世俗型

这类学生往往以对方的门第、家产、地位、名誉、处所、职业、社交能力、驯服度等为恋爱的前提条件。这就是所谓的现实之爱，其实质是一种相互交换，是出于互惠的理性考虑。

爱的困惑与解惑

爱是一种能力，也是一种艺术。只有掌握了正确的方法，才能正确地处理好爱情关系。"强调爱的权利，缺乏爱的能力。"大学生中的恋爱大都是激情碰撞下的初恋，在激情平息之后，却不懂得如何培养爱情，在爱与被爱的磨合期显得笨手笨脚，往往造成对彼此的伤害，轻易地恋爱，轻易地分手，强调爱的体验，负不起爱的责任。

一、迎接爱的艺术

遇到了自己心爱的人，怎么办？别怕，爱本无罪！当心中有了爱，在理智分析之后，要敢于表达、善于表达，这是一种爱的能力。就算遭到了拒绝，也要勇敢地去迎接这一挑战。恋爱之前你应该在心理上做好以下准备：

1. 客观的自我评价

即认真地"看看"自己，客观地评价自己的不足和闪光点。这样才能树立起自信心，在恋爱中保持自己的相对独立性，不失去自我，在恋爱受挫时也能有效地把握自己，调节自己。此外，我们之前也谈过，爱情不仅是一种情感，也是一种责任，爱是需要能力的，客观的自我评价也应包含有评价自己的爱的能力。

2. 了解对方

初涉爱情时，揣摩对方的心思几乎是本能的举动，但是要注意把握好对方的心意，不要把对方无心的言行误解为爱的暗示。此外，虽然此时对方给自己的印象是美好的，但我们要褪去美好的光环，客观地了解对方。有人说过，看你是否真的爱一个人，就需要面对对方最难看的一面。如果事先没有很好地了解对方，在恋爱过程中就容易发生因不能忍受对方某一方面的特点而遭遇分手的情况，从而带来双方的痛苦。

3. 做好失败的心理准备

除非两人心意早已相通，只剩下一层窗户纸没捅破，否则，暗恋的你，在表白之前要做好失败的准备：如果他（她）对自己没意思，怎么办？其实，如果失败也不是大不了的事情。因为爱一个人并不是一件丢人的事，你的表白将是对对方最大的赞美，他（她）会感激你的。爱是以尊重对方为前提的，如果对方不接受你的爱，那么也不要勉强。千万不要因为被拒绝就妄自菲薄，也不要因此记恨对方，否则只会让自己更加受伤。

二、爱的选择艺术

学习爱的选择艺术主要应了解大学生的恋爱标准，并了解怎样的选择才能保证爱情的和谐发展。据调查，爱情和谐至少需要以下三项保证：相互了解、地位背景相配、气质类型相投。要使大学生的恋爱生活和谐，减轻恋爱对大学生心理健康的不良影响，选择与自己心理特点相配的恋人是有必要的。

爱情不是树荫下的甜言，不是桃花源中的蜜语，不是轻弹的眼泪，更不是死硬的强迫，爱情是建立在共同基础上的心灵沟通。因此，在恋爱的选择上最重要的条件应该是志同道合，思想品德、事业理想和生活情趣等大体一致。大学生作为新时代的栋梁，其恋爱观应该是理想、道德、义务、事业和性爱的有机结合。

三、爱的表达艺术

爱的表达艺术主要是指恋爱之初的表达，即求爱的表达以及爱情发展到一定程度后的表达艺术。

1. 求爱的表达艺术

怎样恰到好处地求爱呢？最重要的是要准确地把握对方的性格特点和心理状态，并根据自己的特点，选择最佳的表达时机和恰当的表达方式。选择最佳时机，即首先要选择对方和自己都处于好心情的时候，双方关系十分融洽，情绪轻松愉悦。然后应选择合适的地点，应是一个能私下面谈的地点，一个不会给对方和自己造成心理紧张和不适的地点。选择恰当的方式，即选择你自己最擅长，对方又最容易接受的表达方式。

他山之石

马克思向燕妮的求爱表白

在一次约会中，马克思显得愁眉不展，他说："燕妮，我已经爱上一个姑娘，决定向她表白，不知她是否同意。"

燕妮一直暗恋着马克思，不禁大吃一惊："你真的爱她吗？"

"是的，我爱她。我们相识很久了，她是我碰到的姑娘中最好的一个，我从心底里爱她！你愿意看她的照片吗？"说完，马克思递给燕妮一个精致的小木匣。

燕妮用颤抖的手打开后立刻呆住了，原来木匣里面放着一面镜子，"照片"就是她自己！燕妮扑向了马克思的怀抱。

2. 发展爱的艺术

确定爱情关系后，如何维护感情的发展呢？男女间的爱情发展到一定程度，渴望用语言、行为、礼物尤其是身体的接触来表达自己的感情。如何双方在交往的过程中过度地倾向肉体的接触或屈从于性的生理诱惑，则是粗俗的表现。含蓄而文明的爱的表达方式，不仅符合社会道德要求，而且有助于爱情的健康发展。

四、爱的行为艺术

如今，有的大学生刚进校园就忙着找对象、谈恋爱，而且很疯狂，各种动作很露骨，不分时间场合，建立恋爱关系的时间也很短。这让人不禁质疑：这是恋爱吗？美丽的爱情是讲道德的，需要注意以下几个方面：

1. 要含蓄典雅

有的大学生在恋爱过程中，卿卿我我，形影不离，除了上课、休息，几乎所有时间，两人都厮守在一起，或路边私语，或街上闲逛。特别是那些网恋的菜虫们，更是通宵达旦，在网络和电话之间来回穿梭，把学习抛到了九霄云外。还有的同学疯狂示爱，目中无人，无论是在走路时、吃饭时，还是在食堂、教室等，都做出一些"儿童不宜观看"的动作，让人瞠目结舌。

热恋中的情侣接触频繁，情切切，意绵绵，这很正常。但还是要注意情意的表达方式，保持恋爱行为的端庄，显示出含蓄典雅的格调。马克思曾指出："在我看来，真正的爱情是表现在恋人采取含蓄、谦恭乃至羞涩的态度，而不是随意流露热情和过早的亲昵。"在恋爱中，过分亲昵的粗野方式，超越阶段的非礼行为，都是缺乏道德情操的表现。只有理性与爱的情感真正融合一体时，才能奏出优美动听的爱情乐曲。

2. 要专一忠贞

爱情具有鲜明的专一性和排他性，这就需要恋爱双方要对自己的感情、对对方负责，保持专一、忠贞。或许对你的恋人，你可以不够理解、不够奉献、不够关心或不会欣赏，但千万不可以脚踏几只船。幸福的爱情必须有专一的投入。一个人可能一生不只爱一个人，但不应该发生在人生的同一时刻。正如学习需要专注一样，爱情也需要专一，这才能使得两人的感情经得起时间、空间的考验，经得起困难、挫折的洗礼。

3. 不仅要相互尊重，更要自尊自爱

恋爱是两个人的事情，尊重是恋爱关系建立的基础，要尊重对方的感情和人格，不把自己的意志强加给对方。只有给予对方尊重，才是对自己的尊重。同时，恋爱中更要注重自尊自爱。一些大学生在恋爱过程中，对传统的贞操观意识淡薄，随意闯红灯、偷吃"禁果"。事实上，尊重自己、爱护自己才能获得别人更大的尊重和爱护。

成长故事

我错过了什么？

明和芳是邻居又是大学同学，明经常关心帮助芳，两人情绪稳定且温馨。暑假有一天，明来到芳家，没别人在家。

明对芳说："你太可爱了！我无法控制自己了！我们试一次好不好，就一次！"

芳说："但是我可以控制我自己。"

明生气地说："你知道你错过了什么吗？"

芳想了想说："错过了性病、艾滋病、未婚先孕、堕胎以及担忧！"

五、爱情问题处理艺术

在谈恋爱的过程中，有两种情况必须明确地拒绝。一种情况是当别人追求你，你却觉得对方并非你所爱的人时，要理智地拒绝。另一种情况是当恋爱进入心理碰撞阶段后，发现对方并不是你心目中的他（她）时，也应理智地拒绝。

关于学会争吵。当恋人之间发生矛盾时，要尽量局限在以理智为主导的争论范围内，避免演化为以情绪为主导的争吵。

关于如何面对"多角恋爱"。多角恋爱历来被认为是典型的爱情不专一，朝三暮四，视爱情为游戏，把自己的幸福建立在牺牲他人感情的基础之上的行为，我们应鲜明地反对三角或多角恋爱。

五、爱的升华艺术

要使爱得到升华，必须做到以下几点：

第一，培养高尚的恋爱道德。爱情是人类最美好、最圣洁的感情之一。只有懂得了爱情的真谛，才能采取对他人和自己都高度负责的态度。慎重选择恋爱时机，在自己真正成熟、恋爱观基本稳定、成才目标基本实现以及彼此了解较深、真正相互倾慕的时候，文明节制地进行恋爱交往，自然而然地步入爱情殿堂，并使爱得到升华。

第二，摆正爱情与事业的位置。理性地对待学习与爱情，使爱情与学习相助相长，爱情才会绽开美丽的花朵，结出丰硕的成果。

第三，处理好爱情与友谊的关系。在谈恋爱的过程中不要局限于"二人世界"，这无益于身心发展，应以友谊作为它的补充。友谊能为爱情提供养料，开阔视野，有利于丰富、更新爱情生活，有利于爱的升华。

第四，注意克服恋爱中的心理偏差。恋爱中的心理偏差主要有自卑心理、猜疑心理、嫉妒心理、控制心理、报复心理等，这些都不利于恋爱的健康发展，更妨碍爱的升华。

【寄语广场】

大学三年，你们正是青春，涉入爱河无可厚非。但谈恋爱时，更希望彼此用真心去对待。恋爱应该是一面明镜，在爱中温暖彼此，成长彼此。

要了解，也要开解；要道歉，也要道谢；

要认错，也要改错；要体贴，也要体谅；

是接受，而不是忍受；是宽容，而不是纵容；

是支持，而不是支配；是慰问，而不是质问；

是倾诉，而不是控诉；是难忘，而不是遗忘；

是彼此交流，而不是凡事交代；

是为对方默默祈求，而不是向对方诸多要求；

可以浪漫，但不可浪费；可以随时牵手，但不要随便分手；

以上的都做到了，即使不再爱一个人，也只有怀念，而不会怀恨。

亲爱的朋友，你明白了多少？做到了多少？

【分享园地】

读过甜蜜美满的爱情故事，看过相濡以沫的情感传奇，又感受了残酷现实中的难以抉择。我们不得不思考，对于自己，怎样的恋爱才是最好的恋爱？才是最适合自己的？请结合自己，谈一谈怎样的恋爱才是最好的恋爱？

【邀约成长】

同心协力

【目的】

体验男女生之间的协作及亲密交往的情感，训练沟通合作能力。

【时间】30 分钟。

【操作】

准备绳子或毛巾。

1. 按照男女生成双的人数平均分为若干组，每组不超过三对，如果有多余的人就参加下组的活动。做完一次竞赛游戏，再重新交换女生组成新的组，完成下一次活动。

2.每次两组参加比赛，每组的男女生一只左右腿绑在一起准备跑。

3.50米或100米，看哪组最先跑完，输的一组必须跳一支舞或共同唱一首歌。

【分享】

1.当你们小组失败时，你有什么感受？

2.你在活动过程中会感到哪些压力？

3.参加这样的活动，你突破了哪些心理极限？有什么收获？

第二十一章

长风破浪会有时

【学习地图】

孟子说："故天将降大任于斯人也，必先苦其心志，劳其筋骨，饿其体肤，空乏其身，行拂乱其所为，所以动心忍性，增益其所不能。"巴尔扎克曾说："挫折对于天才是一块垫脚石，对于能干的人是一笔财富，对于弱者是一个万丈深渊！"同学们，在人生的成长路上，有坦途，也有坎坷；有鲜花，也有荆棘。当你伸手摘取美丽的鲜花时，荆棘同时会刺伤你的手。如果因为怕痛，就不愿伸手，那么再美丽的鲜花也是可望而不可即的。不经历风雨何以见彩虹？挫折和失败在人生的道路上不可避免。那么，我们该如何面对这些困难和挫折呢？本章将一起探讨如何面对挫折、摆脱困顿，如何笑对生命，审慎而理智地走向成功。

【案例分享】

当代大学生的"励志读本"

湖南大学学生秦锦辉从小身患残疾，半边身体不能行动，但顽强的毅力让这位家境贫寒的河南农家娃不仅学会了走路、骑车，更是以他在求学路上的艰辛与成就，成为当代大学生的"励志读本"。

秦锦辉家境贫寒，为了给自己治病，懂事的弟妹辍学打工，送残疾哥哥读书。"我能站起来，就能走下去！"在弟弟妹妹的资助下，秦锦辉实现了自己的读书梦，于2006年以优异的成绩考入湖南大学。大学里，他勤俭自强，最困难的时候，一个人兼打六份工顽强自立。学业上他不甘人后，屡获国际大奖，被湖南大学保送硕士研究生。

"不怕苦，吃苦半辈子；怕吃苦，吃苦一辈子。"秦锦辉一直用母亲的这句话激励着自己，一路走来，总能笑对苦难。

大学生求职受挫发帖"生命倒计时"

2008年9月19日，天涯论坛上出现一篇名为《囚禁自己12天，我只想找到一个轮回》的帖子，发帖人"死or重生"，声称自己要在网上连载一部《谁也别较真》的书，12天后他将结束自己的生命。他说自己大学毕业快3个月了，至今还没找到工作，家中父亲患病，自己没有收入，房租快要到期，目前生活十分窘迫，"最后的90元买了点肉，买了8个橘子，买了两包面包，还有点水，10斤米的样子"。自杀的目的是希望两部原创"小说"（《氓村》和《谁也别较真》）可以得以发表，以此留给父母一点财产和安慰。

上面两位命运截然不同的主人公告诉我们，挫折可能让人萎靡不振，对生活失去信心，产生轻生的念头，然而挫折也可以让人屹立坚强，对生活充满希望，努力为生活拼搏。在每个人的人生路上，挫折在所难免，作为当代大学生的一分子，你如何看待人生中遭遇的各种挫折呢？

【知识之窗】

当理想人生撞上现实挫折

一、当代大学生应树立远大的理想

理想和信念是一个人的精神支柱和动力源泉。远大的理想、崇高的信念能点燃人生的激情，激发人们的才智，激励人们奋发向上。古今中外，凡是为人类进步事业作出杰出贡献的人，无不具有远大的理想、崇高的信念。青年时期，是播种理想、确立信念的黄金时期，是规划未来、设计人生的关键阶段。诗人流沙河曾经说过："理想是石，敲出星星之火；理想是火，点燃熄灭的灯；理想是灯，照亮夜行的路；理想是路，引你走向黎明。"作为一名当代大学生，担负着实现中国梦的历史使命。确立怎样的理想和信念，直接关系到青年大学生度过什么样的人生，从根本上决定着青年大学生人生的意义与价值。因此，当代大学生应该胸怀祖国，心系人民，勤奋学习，勇于创新，树立远大的理想，为自己的人生目标努力奋斗，做一名"有理想、有道德、有文化、有纪律"的社会主义一代新人，成为实现中国梦的有力推动者。

1. 什么是人生理想

理想是对未来有可能实现的奋斗目标的向往和追求。它是以一定信念为基础的，是信念对象的未来形象和具体内容。根据理想的内容，可把理想分为职业理想、政治理想、道德理想和生活理想。职业理想指自己将来想要从事哪方面的工作；政治理想指为实现什么样的政治目标而奋斗；道德理想指要做一个具有什么样道德品质的人；生活理想是人们对一定的生活方式、生活标准，以及对物质生活、精神生活、家庭生活的向往和追求。这四种理想彼此密切相连。

理想是个性倾向性的重要形式之一，它是在人的社会生活中通过人的活动而形成的；理想具有社会历史制约性。不同的历史时代、不同的社会、不同的阶级、不同世界观的人，具有不同的理想；理想在人的生活中的作用也是巨大的。理想可以鼓舞一个人为崇高的目标而奋进，也可以抑制自身行为的冲动，加强自我修养，培养良好个性。

成长故事

一个少年的108个梦想

1939年冬天，一个十五岁的美国腼腆少年约翰·葛达德听到父母的一位朋友说："假若再让我回到约翰的年纪，我干的事就大不一样！"这句话深深触动了葛达德的心灵。他在活页本新的一页上方端正地写上："我的终生计划。"葛达德花了五个小时，一口气写下了一百二十七个梦想实现的目标。下面是这些目标中的一部分：

目标第一：探索尼罗河；

目标第二十一：登上珠穆朗玛峰；

目标第四十：驾驶飞机；

目标第五十四：去南、北极；

目标第一百一十一：读完莎士比亚、柏拉图等十七位大师的全部名著；

目标第一百二十五：登上遥远、美丽的月球。

为了实现这些梦想，葛拉德在他的小本子上写上了周计划和月计划并全力以赴地朝着目标而努力。结果怎样呢？到葛拉德六十一岁时，他已经成功地实现了原定的一百二十七个目标中的一百零八个。

例如他的第四十个目标是驾驶飞机，他后来驾驶过四十六种飞机，其中包括时速达到一千五百英里的 F－111 战斗机；他把自己实现第一个目标的经历写成了一本名叫《漂下尼罗河的皮划子》的畅销书。

有志者，事竟成。目标高，飞得高！朋友，趁着年轻树立远大的理想和目标吧，把你的梦想和目标分解成一步一步地具体行动，全力以赴，你一定能获得惊人的结果！

2. 大学生应树立怎样的理想

当代大学生要正确认识社会的发展规律，正确认识国家的前途命运，正确认识自己的社会责任，确立在中国共产党领导下走中国特色社会主义道路、为实现中华民族伟大复兴而奋斗的共同理想和坚定信念。

首先，将个人理想与共同理想相结合。当代大学生要热爱祖国，坚定对中国共产党的信任，坚定走中国特色社会主义道路的信念，坚定实现中华民族的伟大复兴的信心。因为党的领导是社会主义取得胜利的关键。大学生要将自己的理想与中国特色社会主义道路紧密地联系在一起，自觉按照党和人民的要求学会做人、学会学习、学会做事，健康成长成才。

其次，将立志高远与始于足下相结合。立志当高远，立志做大事，同时立志需躬行。志当存高远就是放开眼界，不满足于现状，也不屈从于一时一地的困难和挫折，更不要斤斤计较个人私利的多与少、得与失。当然，雄心壮志只能建立在踏实的基础上，雄心壮志需要有步骤、踏踏实实地去实现。

🌑 成长故事

过好"不理想的生活"

一位女大学生毕业都 7 年了，却一直过着足不出户的生活，她的父亲不得不带她去看心理医生。"我的女儿快 30 岁了，大学毕业后一直待在家里，不敢出门，跟外界没有任何交往。要她出去找点事做，赶都赶不出去。我实在没有办法了，难道我要养她一辈子！"

原来这位女大学生是学计算机专业的，毕业那年突然发现古文很简洁，开始喜欢上文言文，所以她希望中国人都讲文言，写繁体字，认为现代人都简单、粗俗，觉得现在的生活离她理想中的生活实在太远了。因此她不仅不愿意投身到那种不理想的生活中去，而且也懒得跟人说话，不得已就用嘴撇一下或者用手指一下，如果对方不明白，她就会很生气或表示不屑。

这件事让人看到，有的人虽然读过大学，脑子里装了不少知识，但因为缺乏过好"不理想的生活"的能力，结果不仅荒废了自己的人生，还害得生她养她的亲人忧心如焚，痛苦不堪！那些缺乏过好"不理想的生活"能力的人，他认定的"理想的生活"将像拦路虎一样拦住他的去路，然后遮蔽他的视野，扰乱他的思维，毁灭他的理智，让他一天天变成一个偏执妄想狂！

看来光跟一个人讲理想是多么重要、一个人为理想而献身是多么崇高，那是远远不够的。我们还应该跟一个人讲，能够过好"不理想的生活"也是一种能力，甚至是更重要的能力；我们还应该讲，一个人能够善待"不理想的生活"，能够在"不理想的生活"面前拥有理智、保持克制，那也是一种可贵的美德和修养。

再次，正确对待实现理想过程中的顺境和逆境。在逆境中孤而不堕，逆境的恶劣环境，对于挑战者而言，可以磨炼意志、陶冶情操。在顺境中不骄不躁，应高潮而快上，乘顺风而勇进，抓住时机不断丰富与完善自己。因此，当代大学生要杜绝拜金主义、享乐主义等不良思想，树立崇高的理想和坚定的信念，使自己的理想适应祖国和人民的需要，真正做一个对社会有用的人。

二、当代大学生实现理想时遭遇的挫折

(一)挫折的含义

挫折是指在从事有目的的活动中，遇到干扰或阻碍，致使预定目标不能实现，与之相应的需要得不到满足时产生的一种心理紧张状态和情绪反应。

(二)大学生可能遭遇的挫折

1. 学业挫折

大学生由于学习环境、学习方式的变迁，在学习上面临着新的竞争和考验。部分学生在高中时是佼佼者，到了大学后不再像中学时那样"拔尖"，从而产生了心理落差；部分学生由于大学的学习方式与高中不同，更强调自主性，自觉性不强的学生在学习方面可能不尽如人意。

2. 生活挫折

进入大学之前，很多同学从来没有经历过集体生活，生活自理能力较差。在高中阶段，主要任务就是学习，真正是"两耳不闻窗外事，一心苦读圣贤书"。进入大学后，一般都远离家乡，远离父母，开始寄宿制的集体生活，许多大学生由于自理能力相对较差而不适应这种生活，产生了生活上的不适应感，从而造成挫折。

3. 人际挫折

进入大学后，大多数学生都有交往的需要，但由于涉世不深，独立自主能力较差，缺乏人际协调能力和交往技巧，与同学之间、室友之间和老师之间的交流存在一定的困惑，尤其是寝室同学之间，往往因为生活习惯、性格、经济条件等方面的不同，容易出现矛盾，一些学生就遭遇到了人际交往中的挫折。

成长故事

为什么出卖我?

被班上的同学戏称为"连体婴"的娟和媛最近闹别扭了,娟很生媛的气,因为娟暗恋班上一个"名草有主"的男生的事被其他同学知道了并拿来起哄她,让娟好不尴尬,"不知道以后拿什么脸来见人了"。而这个秘密娟只对媛讲过,"不是她泄露的还会是谁"?但媛面对娟的质问一口否认不算,还说了"自己的事就要自己承担"之类的话来刺激娟。现在娟见到媛就觉得心烦、恶心,但两个人是一个班的又同住一间宿舍,抬头不见低头见的,娟越想就越恼气,有时候真想做点什么来报复媛,以解心头之恨。

如果是你,你将如何应对呢?

4. 情感挫折

大学生正处于青春发育后期,性生理发育已经基本成熟,心理上也产生了对异性的浓厚兴趣,开始关注、寻找异性朋友。但由于在恋爱观、道德观和自制力等方面还不完善,经验不足,容易陷入感情漩涡。在恋爱过程中经常会因恋爱动机、个性特征、兴趣爱好不一致等原因而终止恋爱关系,从而给一方或双方造成心理伤害,导致情感上的挫折。

5. 消费挫折

随着社会生活水平的提高,物价不断上涨,大学生的生活消费水平也在逐年提高,使一些家庭经济困难的学生在学习、生活上的某些需要无法得到满足。当今社会中的各种经济文化现象、消费观念、生活方式对大学生产生了很大的影响,部分经济拮据的学生不甘于艰苦朴素的生活,而家庭又无法提供资源,容易产生自卑感和挫折感。

6. 发展挫折

大学生具有较强烈的高层次的自我价值实现的需要,也有较明确的发展目标,但在现实社会中却难以事事如愿。尤其是近年来,就业形势比较严峻,大学生在求职过程中面临巨大的竞争压力和失败的风险,有些毕业生屡屡失败,体验到了较强的挫折感,他们对大学教育和自身的能力产生了怀疑;甚至有的大学生在入学时就想象着就业时的困境,感受着想象中的挫折情境。

(三)挫折产生的原因

1. 客观因素分析

(1)自然环境因素

自然环境对人具有直接的影响。即自然环境作用于人的感觉器官,引起特定的认知、情感、态度,决定人对环境的适应方式。

(2)社会环境因素

社会环境因素间接的影响即自然环境通过社会环境对人的心理和行为产生影响。人们在特定的社会环境中生产和生活,社会环境对个体的活动起着调节作用。随着改革开放的发展,中国社会发生了巨大的变化。社会主义市场经济以惊人的速度发展,加快了社会发展的进程。但是,经济飞速发展的同时,也带来了一系列道德意识、价值观念和法律意识方面的新瓶颈。人们的思想观念受传统观念的影响,但随着经济全球化和一体化的社会化进程,外来文化的流入使得传统文化和现代文化的分歧越来越明显。例如,老人摔倒了没人扶没人管的社会风气，政府官员贪污腐败事件的曝光等不良社会现象，都会使大学生产生挫折感。

他山之石

拿开挡在你面前的那块纸板

一个刚迈出校门的大学生，接连撞上了求职受挫、恋人分手等一大串失败。一时间，悲伤绝望弥漫了他的心头。于是，在一个华灯初上的晚上，他来到那座城市最高建筑物的楼顶，想最后看一眼多彩的人世，就悄然离去。这时，一位老者站到了他的身后。

"多美的夜色啊!"老者由衷地赞美道。

"可惜它是别人的，跟我毫不相干。"他心里这样想着。

"年轻人，为何心事重重呢?"老者关切地问道。

"失败，还是失败，我简直太笨了，干什么都是失败。"他一脸沮丧。

老人于是把一块白纸板放在他面前，并问他看到了什么。

"那我什么也看不到了。"他拿着，不解地回头望着老者。

"那你拿开纸板又看到什么?"

"整个城市，眼前的楼群、行人、车辆……还有远方的群山、田野、大江……"他想说站在这座城市的制高点上，他能看到的东西实在太多了。猛然间，他觉得心中一亮，茅塞顿开。

人生在世，谁不希望春风拂面? 谁不喜欢晴空万里? 但是，生活中不可能总是洒满阳光。失败与挫折人人都会遇到，如果两只眼睛只是仅仅盯着失败，那么他就会不自觉地夸大失败，以至于心理完全被失败充满，甚至走向绝望。生活中的你，能否像这位主人公一样，拿开挡住目光的小小纸板，最终迈向成功的人生呢?

(3)学校环境因素

当代大学生绝大多数时间都在学校，校园文化活动丰富多彩，但也存在着许多竞争压力。如进入大学的专业学习并非像以前高中的成绩一样名列前茅，由此学习竞争会给大学生带来挫折感。大学的学生会给每个大学生提供了展现自我的良好平台，但是学生会的竞选失败也会给大学生带来挫折感。

(4)家庭环境因素

家庭是每个人出生后最先接触的地方，家长是孩子的第一任教师。因此，家庭教育不仅是每个人的基础教育，而且对每个人都具有深远的影响。家庭教育方式是家庭教育中不可忽视的重要方面。一些家长为了让孩子全心全意地投入学习，在物质上尽可能满足孩子的要求，甚至溺爱孩子。一些家长对孩子的学习十分重视，却忽视了对他们道德品质的培养，当孩子犯错误时，只会用打骂的方式来教育孩子，这样只会使大学生从心底产生逆反的心理，甚至不愿意和父母多说一句话，他们觉得父母打骂的教育方式只是因为他们对自己不够重视，甚至是讨厌，因而会产生挫折感。

2.主观因素分析

(1)个体条件

因自己的身高、体重、容貌、体力、智力、能力、情绪、意志、性格、疾病以及某些生理缺陷等个体条件因素引起的挫折。

（2）需要冲突

需要是个体生活中感到欠缺而力求获得满足的一种内心状态，是有机体自身或外部条件的要求在头脑中的反映。

（3）动机冲突

动机冲突是指个体在有目的的活动中，出现两个及多个目标互相冲突或有两个及多个彼此排斥的愿望所造成的矛盾状态。在大学生活中，经常发生动机冲突。

（4）抱负水平

抱负水平是指个体对自己所要求达到的目标或标准，即自我要求的水平、学习、生活上遇到了困难，个体是否体验到了挫折、以及体验的深度、产生挫折反应的强度与其抱负水平密切相关。

（5）心理承受力

心理承受力是指个体对社会生活中的重大变动在心理上的可接受性、适应性与耐受性。个体的挫折感与其心理承受力的大小有很大关系。心理学研究表明，人对挫折的承受力受其身体的健康状况、个性的影响，但更主要的是受个体过去挫折的经历以及对挫折的主观认知与判断的影响。

逆风飞翔　笑对挫折

21 世纪是国内外形势变幻莫测的时代，尤其是在就业形势严峻的今天，面对诸多不如意的境况，大学生应对挫折的能力缺失暴露得非常明显，因而，培养其应对挫折能力的显得越发重要。"世界以痛吻我，要我回报以歌。"只要心中有光，任何外来的不利因素都扑灭不了我们的梦想。挫折最能锻炼人的能力、品质与意志，它是大学生成长成才必须经历的；挫折是个人迅速成长的渠道，只有经历过挫折，并通过自己的努力克服困难，才能真正成长成熟起来。

一、调整认知，正确看待挫折

挫折认知是指人们对挫折的认识、感知和评价。挫折认知可以是对实际遭遇到的挫折情境的认知，也可以是对想象中可能出现的挫折情境的认知。不同的人对相同的挫折情境产生的挫折认知也不尽相同，个人的生理状态、心理状态以及知识结构都会影响其对挫折情境的知觉判断。因此，当大学生面对挫折时，首先应正确地看待挫折。

1.善于调节自我抱负水平

个人的自我抱负水平必须建立在对自己的实际能力正确认知的基础之上，如果一个人的自我抱负水平总是高于自己的实际能力，则很难达到预期的目标，很容易遭受挫折。

2.增强挫折认知水平

挫折具有两重性，一方面对人有消极的影响，损害人们的身心健康；另一方面也有积极的作用，如挫折能增强个体情绪反应的力量，增强个体的容忍力，同学们应意识到挫折的双重性，尽可能地使挫折对自己产生积极的影响，降低消极的影响。

庆幸自己有一个强大的敌人

日本的游泳水平一直处于世界领先地位，主要是因为日本人在进行游泳训练时有独到的秘诀。那么这独到的秘诀是什么呢？

为了解开这个秘密，有一个人专门到过日本的游泳训练馆去察看。在游泳馆里，他惊奇地发现，日本人在游泳馆里养着很多鳄鱼，他对此感到十分惊讶，教练跟他解释说：在游泳训练的时候，队员们跳下水之后，教练随即就会把几只鳄鱼放到游泳池里。几天没有吃东西的鳄鱼见到活脱脱的人，立即兽性大发，拼命追赶运动员。而运动员尽管知道鳄鱼的大嘴已经被牢牢地缠住了，但看到鳄鱼的凶相，还是条件反射似的拼命往前游，久而久之，成绩自然就提高了。

庆幸自己有一个强大的敌人吧，这个敌人是我们的磨刀石，瞪着大眼睛，虎视眈眈地尾随在我们身后，激发起我们的斗志，使我们一往无前！感谢我们的敌人给我们创造了脱颖而出的机会，使我们强大起来。

二、培养能力，恰当应对挫折

(一)增强逆商

逆商是指面对逆境承受压力的能力，或承受失败和挫折的能力。曾有人说"苦难对于天才是一块垫脚石，对于能干的人是一笔财富，而对于弱者则是一个万丈深渊"。"苦难是人生最好的教育。"每个人在人生路上，都不可能一帆风顺，学会积极应对挫折也是人生的一堂必修课，大学生即将步入社会，更应该通过积极参与社会实践活动、参加培训、自我学习等方式来锻炼自己的逆商，增强应对挫折的能力。

三棵树的梦想

从前，有三棵树，它们都有各自的梦想。第一棵树想成为一只聚宝盒，里面装着金银珠宝等世界上一切珍贵的东西。第二棵树想被建造成一艘雄伟的大船，上面载着帝王将相、达官贵人。第三棵树想长成世界上最高的一棵树，这样便能离上帝更近一些。

许多年过去了，来了一群伐木工。第一棵树被砍倒，伐木工说："这棵树看上去很结实，我要把它卖给木匠。"这也是一个好消息，因为木匠会做聚宝盒。第二棵树被砍倒，伐木工说："这棵树看上去很结实，我要把它卖给船厂。"这是一个好消息，因为船厂会做大船。第三棵树看到伐木工走近自己的身边时，非常害怕，因为只要伐木工将它砍倒，就意味着它的梦想破灭了。但是，它还是被砍倒了，伐木工说："我暂时还没有想到用它干什么，先砍倒再说吧。"

第一棵树和第二棵树有没有梦想成真呢？第一棵树被木匠做成了马槽，用来装马的饲料。第二棵树被船厂做成了渔船，用来给渔民出海打鱼。它们的结局和第三棵树一样，都离梦想很远。

然而，有一天，马槽边来了两个人，是一对夫妻，女的生下了一个男孩，男孩无处安放，就放在了马槽里。第一棵树忽然明白，对这对夫妻而言，男孩便是世界上最珍贵的宝物。几年后，有几个人爬上了搁置在海边的渔船。从他们的谈话中，第二棵树了解到，这些人当中有一个是刚刚打了败仗的国王。因为有了这条渔船的相救，后来国王东山再起，成为史上最伟大的国王之一。而第三棵树则在当地建教堂时被做成了十字架，教堂是人世间离上帝最近的地方。

当梦想偏离了我们预先设计的路径时，别心灰意冷，因为有时梦想会以我们意想不到的方式变为现实。

(二)提高专业能力

在人才竞争激烈的21世纪，大学生作为一个知识时代的知识分子群，是社会发展的主要动力和后备，将会成为推动社会发展的主要力量。大学生整体素质的高低直接决定着一个民族的发展情况，决定着一个民族或者一个国家伟大复兴的共同理想的实现与否，也影响着个人一生的发展。大学的学习不同于以往的中学学习，学习的内容更专业，开始分专业和方向，学习方式更强调自主学习，大学生的学业情况也是部分学生产生挫折和压力的来源之一。因此，大学生应珍惜美好的学习时光，明确目标，勤奋学习，扎实学习专业基础知识，增强自身的文化底蕴，为以后步入工作岗位奠定坚实的专业基础。这也在一定程度上能减少挫折情境。

(三)提升综合素养

1. 建立和谐的人际关系

和谐的人际关系，是事业成功与生活幸福的前提。其表现为：乐于与人交往，既有广泛而深厚的人际关系，又有知心朋友；在交往中保持独立而完整的人格，有自知之明，不卑不亢；能客观评价别人和自己，善取人之长补己之短，宽以待人，乐于助人，积极的交往态度多于消极的态度，交往动机端正。

2. 学会宣泄内心的挫折感

挫折感憋在心里，只能越积越多，达到一定阈值，人就无法承受，要善于寻找合理途径进行宣泄。宣泄的方式有破坏、爆发、倾诉、议论、投射等。

3. 构建成熟的心理防御机制

他山之石

鹰的选择

鹰是世界上寿命最长的鸟类，如果能安享晚年的话可以活到70岁。然而，并不是每一只鹰都能活这么长时间的，也并不是只要体质好就能熬到最后的。动物学家发现，鹰要活到70岁，必须闯过40岁大关。

当鹰活到40岁的时候，它的飞翔、捕猎等一切功能都已退化，迟钝的爪子已抓不住稍微沉重一些的猎物，过长的喙也叼不住飞速奔跑的草原小动物，笨拙的翅膀更难以载动自己苍老厚重的身体。在这个时刻，鹰的选择只有两种：死与生。

死很简单，等着就行了。生，就要走完以下的程序：飞到人迹罕至的山顶，筑好一个温暖坚固的巢；用喙猛力击打岩石，直到其带着血迹脱落；等到新的喙长出来后，就用它把爪上的指甲一根根拔出；等崭新的指甲长出来后，就用它把身上的羽毛一根根拔掉。做完这一切后，鹰就能在巢里，静候新的羽毛长出。这一残忍的重生过程历时 150 天。只要能熬过这 150 天，获得新生的鹰就又可以重新称霸蓝天。

人生也是如此。我们的事业绝非一帆风顺，也常身处令人苦恼的困境，面临如鹰一样的艰难选择，是被困难吓倒，坐守危城，束手待毙，活到 40 岁就安如天命，还是向困难挑战，鼓起勇气，奋力闯关，再争得 30 年的辉煌人生？

心理防御机制是指个人在挫折与冲突的情境中，在其内部心理具有的能自觉不自觉地解脱烦恼，减轻内心不安，以恢复情绪平衡与稳定的一种适应性倾向。构建成熟的心理防御机制，不仅有助于大学生提高自身的心理健康水平，也有助于大学生自信心的培养与意志力的磨炼。

【寄语广场】

人生难免会遇到挫折，这是不可避免的，而挫折有着正面和负面双重的影响。它既可能使人走向成熟、取得成就，也可能破坏个人的前途，关键在于你怎样面对挫折。没有河床的冲刷，便没有钻石的璀璨；没有挫折的考验，也便没有不屈的人格。正因为有挫折，才有勇士与懦夫之分。英国哲学家培根说过："超越自然的奇迹多是在对逆境的征服中出现的。"无论你现在正面对挫折还是一帆风顺，都可以试试下面的建议：

1. 建立符合自身情况的目标。我们每个人都有自身的优势和劣势，应该在全面了解自己的长处与短处的同时，充分发挥自己的优势，努力改进自己的劣势，建立符合自己客观实际水平的奋斗目标。

2. 诚实而平静地检讨自己的过失。犯错误是我们人类的天性，人要想在社会中有所作为，不犯错误是不可能的，重要的是要以一种怎样的态度去对待自己的过错。我们应该坦诚地面对自己的失误，及时采取弥补措施，并且在自己的过失中吸取教训，争取一个错误不犯两遍。

3. 不把跟别人比较作为唯一衡量自己的尺度。释迦牟尼说："不要把你所得到的东西估价过高，也不要羡慕旁人，羡慕旁人的人，不会有宁静的心情。"我们应该收回自己放在外界的过多的精力，把力量转而投向自己的内心，努力培养精神上的独立性和自主性，建立自己的为人标准和处理原则，而不是把跟他人的比较作为衡量自己的唯一标准。

4. 学会自我接纳。自我接纳是主观幸福感的因素之一。所以要学会做到对自己进行比较全面客观的认识，摆正自己的位置，正视自己的优缺点，接受自我，欣赏自我，并在此基础上发展自我，不断完善自我。

5. 坚强的信念与理想。在生命的旅途中，我们常常遭遇各种挫折和失败，会陷入某些意想不到的困境。这时，信念和理想犹如心理的平衡器，它能够帮助人们保持平稳的心态，度过挫折和坎坷，防止偏离人生的轨道，进入心理暗示。

所以，面对任何挫折，给自己的伤痛加个期限，告诉自己，在这个期限以内，我可以无尽地消沉、低落，一旦期限已到，我就已经不需要再疗伤了，即使伤口还在，它也不能妨碍我的前行。时间是一服良药，它可以在不知不觉中治愈我们的伤口。但这种治愈，并不是简单地随着时间而忘记，而是在生活阅历不断累积的过程中，使我们的心变得更加豁达。

【分享园地】

在网上观看影片《当幸福来敲门》，并就如何看待人生中的挫折写一篇观后感，上传到学习空间的主题班会交流区。

【邀约成长】

1. 理想大比拼
全体同学在心愿纸上写下自己的人生理想，放入心愿箱，然后一起分享。

2. 黄金进化论
[活动规则]进化分为四个阶段：鸡蛋（在地上蹲走）→ 鸡（双手拍动）→ 原始人（作劈柴状）→ 超人（即右手手掌张开并拢，右手手肘放置在左手掌上）。初始时期，所有成员都处于鸡蛋的阶段；接着所有成员两两猜拳，胜者进化一个阶段，输者退化一个阶段；鸡蛋输了不用再退化，超人阶段可以结束游戏；20分钟结束后，仍然是鸡蛋的成员、顺利成长为超人的人、起起落落的人分别向大家分享成长的感悟。

[活动小结]人的一生就像是这个进化游戏一样，很少有人总能一帆风顺，在这个过程中我们会遇到很多挫折。如果甘愿放弃，那么你就会停滞在眼前这个状态，甚至会不断后退，正如"逆水行舟，不进则退"。如果你选择努力奋进，拼搏争取，那就会有无数个机会供你选择。

3. 人生曲线
[活动规则]请大家在人生曲线上选一个点，标明自己最遇到过的最大挫折或痛苦？小组成员一起分享当初是如何处理的？现在再看这个挫折，想对它说什么？

[活动小结]生活的挫折是一笔财富，能让我们看到自己的能量，也看到自己的不足。面对挫折，展望未来，热爱生活，享受人生。

4. 阳光总在风雨后
全班同学手拉手围成一个圆圈，跟随音乐齐唱《阳光总在风雨后》。

第二十二章

腹有诗书气自华

【学习地图】

新东方创始人俞敏洪曾公开表明，自己在招聘新东方员工时问的第一个问题就是："你在读大学期间读了多少本书？"二十一世纪是知识经济时代，读书的首要意义便在于获得知识，将知识转换成生产力，形成促进社会向前发展的推动力。在这个大时代背景下，阅读已成为一种自我投资，彰显了它不可取代的价值和意义。因为阅读是生命精神脊梁的支撑力量，读优秀的书籍，能为人格和灵魂增添正面积极的东西。深度的阅读，必然会心为所动，将阅读中的点滴感悟与思考，投射到现实生活中，在面对纷繁复杂的社会时，我们会少一些迷茫和浮躁，多一点坚定和安静。然而在近几年的关于中国人阅读水平的报告中，却显示国民的读书率连年走低。作为二十一世纪的大学生，如何有效地积极阅读，博览群书，从而构建自己的成功人生，是每个人必须思考的问题。本章节将介绍读书的意义和方法，帮助大家多读书，读好书，会读书。

【案例分享】

伟人毛泽东的读书故事

毛泽东总是挤出时间看书。他的中南海故居，简直是书天书地，到处都是书，床上除躺卧的位置外，也全都被书占领了。为了读书，毛泽东把一切可以利用的时间都用上了，外出开会或视察工作，常常带一箱子书，一有空闲就看起来。晚年虽重病在身，仍不废阅读，他重读了新中国成立出版的从延安带到北京的一套精装《鲁迅全集》及其他许多书刊。

毛主席反对只图快、不讲效果的读书方法。重点书他总是一篇篇仔细研磨，从词汇、句读、章节到全文意义，哪一方面都细细滤过。对一些马列、哲学方面的书籍，毛主席反复读的遍数就更多了，《共产党宣言》《资本论》等，他都反复读过，许多章节和段落还做了批注和勾画。

毛主席每阅读一本书，一篇文章，都在重要的地方划上圈、杠、点等各种符号，在书眉和空白的地方写上许多批语，有时还把书、文中精当的地方摘录下来或随时写下读书笔记和心得体会。毛主席动笔读书，还纠正原书中的错别字和改正原书中不妥当的标点符号。

毛主席还提倡"古为今用",非常重视历史经验,在他的著作、讲话中,常常引用中外史书上的历史典故来生动地阐明深刻的道理,他也常常借助历史的经验和教训来指导和对待今天的革命事业。

<h3 style="text-align:center">悲叹,不读书的中国人</h3>

《西宁晚报》2013 年 6 月 3 日刊出了一名旅居上海的印度工程师孟莎美的文章——《令人忧虑:不阅读的中国人》,并由此红遍网络。她说,或许不应过分苛责,但我只是忧虑,如果就此疏远了灵魂,未来的中国可能会为此付出代价。文中,孟莎美陈述,在飞往上海的飞机上,正是长途飞行中的睡眠时间,机舱已熄灯,她吃惊地发现,不睡觉玩 iPad 的,基本上都是中国人,而且他们基本上都是在打游戏或看电影,没见有人读书。这一幕情景一直停留在她脑海里。其实在法兰克福机场候机时,她就注意到,德国乘客大部分是在安静地阅读或工作。中国乘客的大部分人则要么在穿梭购物,要么在大声谈笑和比较价格。

据媒体报道,中国人年均读书 0.7 本,与韩国的人均 7 本,日本的 40 本,俄罗斯的 55 本相比,中国人的阅读量少得可怜。日本管理大师大前研一的著作《低智商社会》意外地触动了中国人的敏感神经。他在书中说:在中国旅行时发现,城市遍街都是按摩店,而书店却寥寥无几,中国人均每天读书不足 15 分钟,人均阅读量只有日本的几十分之一,中国是典型的"低智商国家",未来毫无希望成为发达国家!

一位学者说过:一个人的精神发育史,应该是一个人的阅读史,而一个民族的精神境界,在很大程度上取决于全民族的阅读水平;一个社会到底是向上提升还是向下沉沦,就看阅读能植根多深,一个国家谁在看书,看哪些书,就决定了这个国家的未来。

读书不仅仅影响着个人,还影响着整个民族,整个社会。要知道:一个不爱读书的民族,是可怕的民族;一个不爱读书的民族,是没有希望的民族。那么,在校的你们如何理解阅读?你们的阅读现状又是怎样的呢?

【知识之窗】

为什么读书

书是获取知识的渠道,是提高素质的有效途径,也是涵养静气的摇篮。读书妙处无穷,书香熏染人生。正如莎士比亚所说:"生活里没有书籍,就好像没有阳光;智慧里没有书籍,就好像鸟儿没有翅膀。"读书至少可以滋润心灵,开启心智,由琐碎杂乱的现实提升到一个较为超然的境界。读书至少可以增长知识,去除无知;提高素养,除去愚昧;充实生活,丰富精神;滋润心灵,减少空虚;淡定从容,明辨是非。读书能使人时时闪烁着生命的光辉,让人欣赏到不同的生命风景,从而使自己灵魂欢畅,精神饱满而丰盈。

一、丰富知识,开阔视野

有人说的好:"一个人的知识越多,越感到自己的无知。"一位先哲说过:"不读书的人,天和地都是狭小的,他充其量只能活上一辈子;多读书的人,天和地都是广阔的,他能活上三辈子——过去、现在和将来。"书籍在我们日常生活中所赋予我们的规劝和慰藉，质同金玉，价值无量。读书价值连城。正像宋真宗赵恒所说的："富家不用买良田，书中自有千钟粟。安居不用架高楼，书中自有黄金屋。娶妻莫恨无良媒，书中自有颜如玉。"读书，有如同最高尚的先哲们携手共游，飞越无数迷人的仙境和神奇的国土。读书，不仅可与孔孟谈礼，同老庄论道，与韩非议法，同孙武讲兵，也可与王羲之颜鲁公赏字，与齐白石徐悲鸿品画。读书，记载着历史，反映着当下，思考着未来。读书，让人变得懂事、文明；读书，让人变得高尚、完美；读书，使人类走出了蛮荒；读书，使人类有了自己的历史。

他山之石

读书的民族，智慧的民族

在这个世界上有两个国家的人最爱读书，一个是以色列，一个是匈牙利。

以色列人均每年读书64本。当孩子稍稍懂事时，几乎每一个母亲都会严肃地告诉他：书里藏着的是智慧，这要比钱或钻石贵重得多，而智慧是任何人都抢不走的。在犹太人眼里，爱好读书看报不仅是一种习惯，更是人所具有的一种美德。

在"安息日"所有的犹太人都要停止所有商业和娱乐活动，商店、饭店、娱乐等场所都得关门停业，公共汽车要停运，就连航空公司的班机都要停飞，人们只能待在家中"安息"祈祷。但有一件事是特许的，那就是全国所有的书店都可以开门营业。而这一天光顾书店的人也最多，大家都在这里静悄悄地读书。

以色列人口稀少，但人才济济。建国虽短，但诺贝尔奖获得者就有8个。匈牙利国土面积和人口都不足中国的百分之一，但却拥有近两万家图书馆，平均每500人就有一座图书馆，而我国平均45.9万人才拥有一座图书馆。匈牙利也是世界上读书风气最浓的国家，常年读书的人数达500万以上，占人口的1/4还多。据统计，匈牙利诺贝尔奖得主就有14位，涉及物理、化学、医学、经济、文学、和平等众多领域，若按人口比例计算，匈牙利是当之无愧的"诺奖大国"。

一个区区小国，因爱读书而获得了智慧和力量，靠着智慧和力量，将自己变成了让人不得不服的"大国"。

读书，有如最美丽、最优雅的思想交流。

二、增长智慧，提升才华

"书犹药也，善读之可以医愚。"书籍可以告诉人们许多相关的知识，让人在阅读中受到感动、教育和启迪。书本是文化、经验和知识的载体。书，是前人智慧的结晶，是智者真知灼见的积累。书中讲述着一个个鲜活的历史故事，记载着无数宝贵的历史经验和深刻的历史教训。只有借助前人的肩膀，才能使人站得更高，望得更远。学习经验，吸取教训，书便能使人心智聪慧不轻信，满怀自信不盲从。著名杂文家陈四益在回答中央电视台《东方书城》节目主持人巴丹关于读书问题的提问时也说："许多事情，过去有过；许多问题，前人想过；许多办法，曾经用过；许多错误，屡屡犯过。多读书，就会更多地懂得先前的事情，使自己不至于轻信，不至于盲从。"

我们的内心世界将因读书而更会做人、更会做事，从读书中获得的能量将给我们带来更为广阔的社会空间和舞台。有的人没有是非观念，不受社会规则制约，正是不读书的具体表现。读过的书不是一去不返的黄鹤，可以反复拜读，春华秋实，深刻印象留在记忆里，滋润着心田。杜甫有"读书破万卷，下笔如有神"的说法，书读得多了，知道的事情就多，思路也就非常开阔，解决问题的能力当然要高于常人了。

他山之石

跟着古人学处世

● 向孔子学谦虚

子曰：三人行，必有我师焉。放低姿态，学会谦虚，才有益于个人发展。但凡事都有个度，过分谦虚会给人虚伪的感觉。我们也应适当表现自己，获得认可，作为继续努力的动力。

● 向庄子学换位思考

惠子曰：子非鱼，安知鱼之乐？庄子曰：子非我，安知我不知鱼之乐？换位思考是一种处世美德，应该是静下心来扪心自问，真诚地考虑到对方的感受和需求，多一分理解和宽容。

● 向诸葛亮学修身

诸葛亮在《诫子书》有云：静以修身，俭以养德。非淡泊无以明志，非宁静无以致远。只有心态摆平了，才能发现自己的不足，完善自我。

● 向阮籍学慎言

《晋书·阮籍传》：籍虽不拘礼教，然发言玄远，口不臧否人物。面对身边的人和事，要从善良本真的角度出发，对人对事提出中肯的建议和建设性的意见，同时要识别出情绪化的评价和偏激的言论，并从中脱身。

● 向范仲淹学有志

范仲淹留下了"先天下之忧而忧，后天下之乐而乐"这样激励千百代国人的名句。"不以物喜，不以己悲"，别人的眼光不重要，重要的是对得起自己的内心。

● 向郑板桥学糊涂

郑板桥云游时写下：聪明难，糊涂尤难，由聪明而转入糊涂更难。人不可能对每一件事都掌握主动权，不必对所有事情斤斤计较。凡事要知上下、知轻重、知缓急，而不要自寻烦恼。只要不是原则性问题，我们大可不必非黑即白地苛求他人，不妨在"糊涂"的视角里让别人轻松，也给自己的心松绑。

三、开阔胸襟，坚定信念

读书，能够帮助我们走出自我的狭小，回首历史长河，触摸时代的脉搏，关照广阔的生活；当我们在读书与思考中，流连于每一条真理、每一种美好思想、每一幅富有震撼力的场景之中时，那正是将"小我"提升到更高层次的理想与信念之时。所以，读书对人的影响不只在于增长知识，也不只在于"立言"，还在于使人学会高尚，领略境界的高远和胸襟的开阔。

生活中，总会遇到挫折与失败。读书能使人坚定信念，在艰难中平添一股勇气，一股无所畏惧的力量，在迷路的时候，有一份必胜的信念，在遭遇黑暗的时候，便有一缕明媚的阳光照射。读书，则可以增长生活智慧，加深对人生的理解和思考，选择和坚定自己的理想信念。书籍指引我们渡过难关，书籍能安慰我们的心灵，使我们摆脱悲哀和痛苦的羁绊。人生需要不断读书和生动的实践，心中的理想与信念才能在对实践的感悟和阅读的思考中日益丰满与完善。

四、修身养性，纯洁灵魂

胸无江海心难阔，腹有诗书气自华。陋室常余书卷在，清心自有墨香来。读书，足以怡情，足以博采，足以长才，使人开茅塞，除鄙见，得新知，养性灵。有人说得好：浮躁的社会，心静者胜出。读书的力量常常不是通过肉体感官体现的，而是在源源不断的潜移默化中实现的。书中有人，人在书里，书人合一。这"人"，是作者，更是阅读者。读《巴黎圣母院》，在道德与罪恶的较量中，一位丑陋而善良的敲钟人夫西莫多，给美的分类提供了更多的可能。读《史记》，在历史长河中闪现的各色人生，使我们不免要思考生与死的大问题。读《少年维特之烦恼》，读出了纯真的青涩之恋，读《飞鸟集》，读出了博爱和仁慈，读巴金《随想录》，沉重得忧伤，在忧伤在奋进。所有的好书，都将给我们的骨骼补钙，给心脏输血，教会我们怎样靠近本真生活。这种美，源于广袤的自然，成熟于和谐社会，浸润了思考的智慧，所以它的力量才得以永恒传承。

多读书之人，任你红尘滚滚，我自清风朗月。面对芜杂世俗之事，一笑了之。读书，让人波澜不惊，做到每临大事有静气，处理问题从容不迫，举重若轻。正气在身，淡泊名利，使生命超然物外。读书，是一种精神的跋涉。一个人的心灵若能得到知识的浸润，就会生出许多灵气和色彩。

多读书的人，情怀开阔，境界高远，心无挂碍，思无羁绊，心态平和，谈吐风趣，举止得体，情趣高雅。读书是与高尚的灵魂沟通，与优雅的品德对话，读书不仅是高雅的休闲，倘若细细品味的话，还可以让思想有一点余香，情绪有一点缱绻，当然，灵魂也就在阅读中逐渐变得高尚优雅了起来，使心灵更纯洁、更美丽。读书的作用近似于中医调理，于无声处给人以强身健体的滋养和补充。

他山之石

高尔基救书

世界文豪高尔基对书感情独深，爱书如命。有一次，他的房间失火了，他首先抱起的是书籍，其他的任何东西他都不考虑。为了抢救书籍，他险些被烧死。

他说："书籍一面启示着我的智慧和心灵，一面帮助我在一片烂泥塘里站起来，如果不是书籍的话，我就沉没在这片泥塘里，我就要被愚蠢和下流淹死。"

读什么样的书

一、文学/美学方面的书籍

读文学、美学方面的书，其作用是：间接地体验人生、了解生活，提升和培养审美能力和鉴赏品位，增强心灵的敏感性和精神的丰富性。

书籍推荐——文学类：孔孟庄、《古文观止》、唐诗宋词、四大名著等；《悲惨世界》《简·爱》《生命中不可承受之轻》《飘》《双城记》《老人与海》等；《傅雷家书》《围城》《平凡的世界》《浮躁》《边城》《活着》等，鲁迅、沈从文、罗素、培根的小说或散文，当代中国作家中贾平凹、张承志、余华、莫言、苏童等的小说都值得一读。美学类：《美的历程》(李泽厚)、《美学散步》(宗白华)等。

二、历史/社会方面的书籍

历史、社会方面的书，其功能是：了解社会运行的状况与机制、获得处世待人的经验和智慧。历史是对旧时社会生活的一种总结，社会学则是当前社会的观察与描述。读此方面的书籍，可以培养一个人的大视野大格局和大气度，不会为小我的思想和利益所局限。

书籍推荐——历史类：《上下五千年》《中国大历史》(黄仁宇)、《史记》《潜规则》(或《血酬定律》)。社会类：《中国文化的深层结构》(孙隆基)、《菊与刀》《中国社会十大阶层》《中国人：观念与行为》《乌合之众》《断裂》《代价论》。

三、心理/哲学方面的书籍

心理、哲学方面的书，其功能是：帮助我们了解自我、知道如何构建良好的心理体系、培养良好的心理素质和极好的个性品质，有助于人生的自我启蒙和自我激励，提升人生价值观、社会历史观和终极人文关怀的层次品位。心理学，可以让我们了解人的心理和生理发展，培养健全的人格；而哲学，则解决我们的思维困境，帮助我们建立起自己的价值体系，独立思考，而不至于人云亦云，随波逐流，不知所终。

推荐书籍——心理类：《现代社会心理学》(周晓红)、《心理学与生活》等。哲学类：《中国思想史》《西方哲学史》等。一些传记、宗教类的书籍也有必要读一读。

四、科学/经济方面的书籍

这个类别其实也可以换个名称，叫现实应用方面的书籍，但要和一般应用性书籍相区别，它是形而上的应用知识。我们生活在现代社会，在经济生活成为我们生活的主流，信息化成为这个时代的本质特征的时候，了解科学和经济就显得十分有必要了。对于一般人而言，不必去读特别深奥的专业著作，但通俗化的了解却是必需的，这直接会影响到我们的生活质量。

推荐书籍——科学类：《第一推动丛书》选读、《第三次浪潮》《时间简史》、霍金、刘易斯等著名科学家的科普作品。经济类："当代中国经济学家随笔录"、《中国人的道德前景》。管理学、传播学方面的学科知识了解一下也是很有必要的。

五、专业领域相关书籍

专业领域是一个人将来安身立命的根本。这个方面的书不仅需要广而且需要精。这个专业书籍不一定是你的本专业，最好是你的兴趣和擅长所在，这才会激发你的潜能。

待我们读了一些书之后，渐渐地就知道自己该读哪些书，自己的兴趣在哪里了，我们就完全可以选择该读的书目了，到时也就有了自己的书单。

他山之石

大学生书目分享

《生命的活法》

命运在你手中，成败一念之间。只要回归心灵本质，悟出生命真相，就能迅速掌握健康、幸福、财富的秘诀。阅读这本书，帮我们找回内心最原始的平静，看清我们要走的道路。

《水知道答案》

水是最好的倾听者，水是一面心灵的镜子，水一直努力传达着"爱"与"感恩"的神奇力量。通过水去认识自我，认识宇宙！

《幸福从听见自己的声音开始》

在这里，你将向内寻回你内心的本我，听见属于自己的声音。一个完全、纯粹、干净、幸福的声音："在这个当下，只有你自己……"只有我们听到自己内心的声音，才能够找回真我，获得幸福！

《读大学，究竟读什么》

这本书应该距离学生的视角最近，是一个学长发出的振聋发聩的声音。对于那些在上学阶段不知道该怎么消磨大学时光的同学，极具参考价值。

怎样读书

一、把握作者的逻辑脉络

如何把握作者的逻辑脉络呢？需要做到三个明了：一是事理逻辑与推理；二是作者安排各个观点的顺序的意图；三是作者写这本书的深层次意图。通常比较重要的书，第二次读的时候考察后两者。至于第一点，如果逻辑脉络复杂，则要做阶段性的梳理，画画图，这也构成了读书笔记的主要内容。读书的顺序应当顺应逻辑的构建。

他山之石

爱因斯坦的读书方法

伟大的物理学家爱因斯坦总结出了"一总、二分、三合"读书法。

一总：先浏览书的前言、后记、序等总述性部分，然后认真地读目录，以便概括性地了解全书的结构、内容、要点和体系等，对全书有个总体印象。

二分：略读正文，无须要逐字读，要着重对大小标题、画线、加点、黑体字或有特殊标记的句段进行阅读。

三合：在翻阅略读全书的基础上，再回过头来细读一遍目录和全书内容，并加以思考、综合，使其条理化、系统化，以弄清其内在联系，进一步深入领会初读时所不能理解的东西。

二、提高阅读速度

读书之前，事先根据书本题目构想一下内容，想象着如果我要阐述这个题目，我该怎么阐述。然后再对比书的目录，根据相同与差异进行选择性阅读。那些一眼看上去就懂的，就不必细读了。如果一本书对你而言信息密度比较高，且是经典（众人说好），那么这是最应该花你的精华时间来读的（长时间段，工作效率高的时间）。一般的杂志与网络论坛可只读其中一两篇，信息密度低且杂芜的可以进行无目的性阅读，或许能够有所收获。

他山之石

怎样练就"一目十行"的阅读速度

1.把手或笔放在每行中间点，一行行由上往下推着看，请不要由左向右一个字一个字地看。

2.一篇文章要看三遍，每次阅读都需计时，一次比一次稍快一些，尽量做到心中不默念。

3.读完一遍以后养成闭目回想的习惯。

4.练习可从6个字一行的排行逐渐增加至正常书籍的每行数。

三、学会做读书笔记

读书笔记一般分为摘录、提纲、批注、心得几种。常用的形式有三种：一是摘要式读书笔记，即将书中或文章中的一些重要观点、精彩精辟语句、有用的数据和材料摘抄下来，可按原书或原文系统摘录；也可摘录重要论点和段落；还可摘录重要数字，目的是积累各种资料，为科研、教学、学习和工作做好准备。可分为：索引读书笔记、抄录原文读书笔记。二是评注式读书笔记，要把自己对读物内容的主要观点、对材料的看法写出来，其中自然也包括表达出笔记作者的感情，有时对摘录的要点可做概括的说明。常用方法有书头批注、提纲、提要、补充原文等。三是心得式读书笔记，即读后感，是读书或读文章后写出的自己的认识、感想、体会和启发。常用方法有札记、心得、综合读书笔记等。

他山之石

阅读的四层境界

第一层境界——基础阅读。就是认识字，能知道作者的每一句话究竟在说什么。这在小学的时候就已经学会了。

第二层境界——检视阅读。就是用最少的时间了解这本书在说什么。与第一层境界相比，区别在于你需要了解一本书的"结构""包含的部分"以及"分类"。

第三层境界——分析阅读。重点在于如何把一本书吃透。但请注意，并不是所有的书都值得仔细去精读的。

第四层境界——主题式阅读。主题式阅读也叫比较阅读，这时候要读的不是一本书，而是同时阅读某个主题的多本书，这种阅读方式非常复杂但也非常有效。

【寄语广场】

快节奏的时代，书籍或许是一个放慢自己灵魂的庇护所，你钟爱的书籍给你的是一种人生的享受。正如那句格言："如果有天堂，天堂应该是图书馆的模样。"

读书是一种品质，读书是一种责任，读书是一种情怀，读书是一种境界。读书，不仅可以使我们摆脱愚昧，洗去心灵的尘埃，走向文明；她更加赋予人才识和智慧，给人以信念与力量，指明通向成功、走向快乐的阶梯，那么我们还有什么理由来懈怠自己，疏远读书之心呢？让我们静心用心读书，提升自身的素质，净化灵魂，驱心魔，斩恶魔，戒浮躁，祛贪欲，让蓝天更蓝，让自然更绿，让社会更忧，让人心更纯，让世界更美……

坚持阅读，跳出专业书籍束缚，放眼未来的人生，将生命的意义和理想寄托给书籍，沉下来，潜进去，领略属于自己的阅读乐趣，并将这种快乐分享给身边的人。阅读，感悟，践行，并为之重新塑造自我，不断提升自我，影响他人，改变世界！

【分享园地】

从老师和同学们推荐的书单中选取自己最喜欢的一本或多本进行阅读，并以自己的视角解读你对这本书的理解，书写读书心得，与大家分享、学习、探讨。

【邀约成长】

资源共享

【目的】

1. 认识彼此交换信息、共享资源的重要性。

2. 让学生在共享资源的过程中体会助人与被助的快乐。

【时间】

约30分钟。

【操作】

准备展示板一个、16开白纸八张、剪刀八把、固体胶八个、直尺八把、钢笔八把、半圆八个、大信封（每人一个）。

1. 把学生分成8人小组。根据设计，给学生每人分发一个装有物品的信封，每个信封里头装着一模一样的任务说明，但物品各不相同（见《任务说明书》）；

2. 任务说明书：剪一个(8.2×14.3)cm²的长方形纸片，上面粘上一个圆形纸片，并用铅笔在圆上写上你的姓名与小组名称，然后将它粘在展示板上，最后，把空信封交到主持人的手中。你们每个人的信封里，里面有一些东西，如固体胶、铅笔、尺子、剪刀或半圆，因为你的信封里没有装着足够你完成任务的材料。你可以与其他成员协商，但只能以非语言的方式去做，也就是说，不可以说话。看谁最先完成任务。

3.学生打开信封，按照《任务说明书》的要求完成任务。在完成任务的过程中，主持人要让学生保持安静，一切沟通交流活动都不能使用语言。

【分享】

1.活动过程中你有什么感受？

2.在这个游戏中你体会到了什么？

第二十三章

奋斗的青春最美丽

【学习地图】

2016 年 12 月 7 日至 8 日，全国高校思想政治工作会议在北京举行。中共中央总书记、国家主席、中央军委主席习近平出席会议并发表重要讲话。会上，习总书记指出，高校要更加注重以文化人、以文育人，广泛开展文明校园创建，开展形式多样、健康向上、格调高雅的校园文化活动，广泛开展各类社会实践。当代的大学生，在知识和信息量的累计上已经远远超越了他们的前辈，但与此同时他们的动手能力和服务意识、助人为乐意识等方面依旧有所欠缺。因此，通过社会实践活动在历练中弥补不足就成为当代大学生的一项重要任务。人生是一首诗，起、承、转、合，每一个片段，都有很多东西值得我们去回味，去品尝。如果说大学是一个人生命中承接少年和青年的美丽时光，那么暑期社会实践则是这段美丽时光的真情展示。本章主要介绍社会实践的基本知识，引导大家正确认识社会实践，积极参与社会实践，在实践中增长才干，健康成长。

【案例分享】

剪纸剪出一个大世界

朱海鹏，某校环境艺术设计系 08 级学生，曾任学院红磨坊剪纸协会会长，还是湖南省民间文艺家协会剪纸艺术委员会会员。

上大学之前，朱海鹏几乎没接触过剪纸。新生开学不久，学校内的各个学生社团开始招兵买马。朱海鹏被剪纸艺术巨大的魅力深深吸引，加入了红磨坊剪纸协会。在协会指导老师和会员的指导与帮助下，朱海鹏凭着刻苦与灵慧，剪纸技艺从零起点突飞猛进，不断地更上一层楼。2009 年 12 月，他的作品《和谐中国》在湖南省第四届剪纸大赛中荣获金奖。为献礼建党 90 周年，朱海鹏耗时三个月精心裁剪出了一幅长 21 米、宽 15 米、总面积达 315 平方米的巨幅"寿"字，该幅"寿"字被世界纪录协会鉴定为"目前世界最大的寿字剪纸"，并为其颁发了证书。2010 年 5 月，他还成功策划举办了"益阳市首届大学生剪纸作品巡回展"，引起了社会各界的广泛关注。在接受红网等媒体采访时，朱海鹏谈到，进入大学才知道社团活动是校园文化的重要组成部分，加入剪纸协会后，他有意识地将自己的专业知识与剪纸艺术互融互通，专业水平和剪纸水平都获得了质的飞跃；在协会活动中，他的管理、组织、协调等其他方面的能力也得到了很好的锻炼。这些都为他后来毕业时成功进入世界500强企业就职奠定了基础。他由衷感慨，"剪纸协会点亮了我，校园社团活动成就了我"！

"最美支教女孩"胡巧萍

胡巧萍，女，中共预备党员，湖南工艺美术职业学院环艺0802班学生。

2010年暑假，胡巧萍同学积极响应湖南省大中专学生志愿者暑期文化、科技、卫生"三下乡"社会实践活动，赶往湖南凤凰县禾库镇雀儿寨小学展开支教及献爱心活动，她认真负责的工作态度和科学有效的教学方法得到了学生的一致肯定和喜爱，更受到了当地老师和家长的称赞。回到学校，胡巧萍同学多方宣传发动，更多的同学加入帮扶助学行动中来。2011年年初，胡巧萍在母亲的支持下，再次用自己积攒的压岁钱、零花钱购买了71个书包，连同其他同学捐赠的各类书籍等累计2000余元的学习用品，赶往该校"雪中送炭"，为当地孩子的学习送去"及时雨"。胡巧萍同学还将自己每月从生活费中节省的50元捐给该校学生，解决学生的日常生活困难。胡巧萍同学无私助人不留名，当地老师和家长经过多方渠道打听查找，才得知"真相"，之后给学院寄来了厚厚的感谢信，她的爱心事迹才为大家所知晓。

胡巧萍同学在投身公益的同时，日常的学习和工作也丝毫没落下。她的学业成绩名列前茅，工作也卓有成效。先后荣获学院"优秀青年志愿者""优秀团干""三好学生""三好学生标兵"湖南省"大学生暑期'三下乡'社会实践先进个人"和"湖南省优秀大学生党员"等称号。

【知识之窗】

认识社会实践

一、什么是大学生社会实践

社会实践从广义上是指人类能动地改造自然和社会的全部活动。一般而言，大学生社会实践是从狭义上来界定的，主要指高校学生走出校园，有目的、有计划、有组织地走入社会、认识社会、服务社会，使学生在接触社会环境过程中受教育、长才干、做贡献的一系列物质和精神活动的总称。它是引导学生走出校门、接触社会、了解国情，使理论与实践相结合、知识分子与工农群众相结合的良好形式；是大学生投身改革开放，向群众学习，培养锻炼才干的重要渠道；是提高思想觉悟、增强大学生服务社会的意识、促进大学生健康成长的有效途径。

社会实践活动概念的外延随着社会发展而有所变化，由原来的"百村调查"、勤工助学、参观访问、科技咨询、技术服务等拓展为以深入学习实践科学发展观为核心，以服务地方经济发展、服务青年成长成才为主线，引导青年理论联系实际的系列活动，主要内容包含理论及成就宣讲、教育帮扶、医疗服务、科技支农、文艺演出、法律援助、社会调查等活动。

二、大学生社会实践的缘起

我国大学生社会实践活动开始于20世纪80年代。在改革开放大潮的推动下，新一代大学生投身社会，参与实践，兴起了社会实践的热潮。1983年10月，团中央、全国学联发出《关于纪念"一二·九"运动四十八周年开展"社会实践周"活动的通知》，第一次提出了"大学生社会实践活动"的概念，得到了各地和高校团组织、学生会的积极响应。1984年5月，团中央确定了社会实践要坚持"受教育、长才干、做贡献"的指导方针，此后社会实践活动得到了广泛的开展。1993年12月，共青团十三届二中全会通过的《在建立社会主义市场经济体制进程中我国青年工作战略发展规划》，提出实施"跨世纪青年文明工程"和"跨世纪青年人才工程"，作为实施两个重点工程的"青年志愿者"活动和"大学生科技文化服务"活动成为大学生社会实践活动的主要形式。1997年开始，大学生社会实践活动开始走向常规化，每年暑期，数以百万计的大学生以志愿者的身份组成实践服务团队，深入农村特别是贫困落后和欠发达地区开展文化、科技、卫生服务，在实践中受教育、长才干、做贡献，这就是中国大中专学生志愿者暑期文化科技卫生"三下乡"社会实践活动。这项由共青团中央会同中央宣传部、教育部、全国学联共同组织的活动，其目的在于引导青年学生认识国情、了解社会，在服务农村经济建设和社会发展中，提高全面素质。

三、大学生社会实践的种类

1. 组织形式

主要有两种形式：

第一种是分散活动：其内容丰富多彩，涉及社会的方方面面。从区域划分，有农村的、城市的、内地的、沿海的；从形式上分，有个人实践和团队实践。

第二种是集体组织：组成社会实践小分队，如"三下乡"、支教、志愿者活动、公益活动等形式。

2. 社会实践的类型

主要有以下几种：

暑期社会实践活动，科技、文化、卫生"三下乡"活动，"青年志愿者"活动，社会调查和考察，社会服务，公益劳动和环境保护活动，课外科技活动和课外创业活动，勤工助学活动，军训，专业实习，较长时间的专业性社会实践，挂职锻炼等。

在体验中快乐成长

一、大学生参加社会实践的意义

1. 有利于大学生了解国情、了解社会，增强社会责任感和使命感

现代大学生，大多是在书本知识中成长起来的，对我国的国情、民情知之甚少，而社会的复杂程度，远不是读几本书、听几次讲座、看几条新闻就能了解的，社会实践活动则为他们打开了一扇窗口。

2. 有利于大学生正确认识自己，对自身成长产生紧迫感

通过广泛的社会实践活动，能让学生看到自己和市场需求之间的差距，看到自身知识和能力上存在的不足，从而比较客观地重新认识、评价自我，逐渐摆正个人与社会、个人与人民群众的位置。

3. 有利于大学生对理论知识的转化和拓展，增强运用知识解决实际问题的能力

大学生以课堂学习为主要接受方式，这对大学生来说非常重要，但这些理论知识并不代表大学生的实际技能，往往难以直接运用于现实生活之中。社会实践能使大学生接近社会和自然，获得大量的感性认识和许多有价值的新知识，同时使他们能够把自己所学的理论知识与接触的实际现象进行对照、比较，把抽象的理论知识逐渐转化为认识和解决实际问题的能力。

4. 有利于增强大学生适应社会、服务社会的能力

社会实践活动使大学生广泛地接触社会，了解社会，不断地参与社会实践活动，在实践中不断动手、动脑、动嘴，直接和社会各阶层、各部门的人员打交道，培养和锻炼实际的工作能力，并且在工作中发现不足，及时改进和提高，使之及时更新知识结构，获取新的知识信息，以适应社会的需要。

5. 有利于发展大学生的组织协调能力和创新意识

社会实践活动没有课堂教学太多的束缚和校园生活的限制，学生们的积极性被充分调动起来，兴趣高涨，思维也空前地活跃起来，往往会产生一些创造性火花，在实践中勇于开拓、敢于创新。

6. 有利于提高大学生个人素养，完善个性品质

社会实践活动现场是考验大学生修养品性的好环境。在那些平凡而伟大的人民群众面前，大学生养成的"娇、骄"二气会得到克服；在实践的困难和危险面前，要求大学生们具有一定的牺牲精神和坚强的品质。这种实践活动多了，并且能深入下去，大学生在积极参与的过程中，就会逐渐养成坚韧、顽强的优良品性，养成务实的学习态度和生活作风，不断提高自己、完善自己。

二、大学生社会实践活动存在的问题

1. 部分实践活动流于形式

众所周知，社会实践活动有助于克服学校德育流于空洞说教、脱离客观实际的弊端，但目前中学生开展的实践活动一定程度上在走形式，而忘记了开展社会实践的真正目的和意义。许多学生把社会实践理解为盖章。暑假、寒假的社会实践，不少学生为了在实践表上盖上参加实践单位的公章，到处找居委会、公司、物业等，可实际上他们根本没有亲自参加社会实践。在学校收来的社会实践表上，学生的表格五花八门，自我鉴定一栏几乎是空白，实践单位的鉴定也是空白，只有一个醒目的公章。甚至有些学生是先盖公章，然后自己编造实践内容。本身意义重大的社会实践活动就变成了造假活动。

成长故事

大学生社会实践怎么了？

1. "浮在表面、流于形式"导致基层反感

一些大学生社会实践活动多是重视"表面工作"，如送科技下乡、宣传咨询，或做一两件象征义务服务的事情，或到一些红色旅游景点、旅游线路去走走看看。这样的社会实践不仅不能使大学生得到锻炼，反而助长了弄虚作假、形式主义之风，对大学生的成长和社会风气会产生不良影响。

2."疏于管理、指导缺位"导致实践活动质量不高

部分高校对大学生社会实践缺乏管理和指导，没有纳入教学工作计划中，不能发挥教师的指导作用。学生数量多，教师人手少，很难有效组织和管理，更难进行专业指导，无法达到社会实践的效果。

3."缺乏评价、缺乏监督"导致社会实践弄虚作假

导致弄虚作假现象的一个重要原因就是缺乏评价。部分高校评价机制不健全，很多假期社会实践活动无法进行定性定量的考评，评价条目没有针对性，不但影响教师参与和指导的积极性，也严重影响了学生参加社会实践的实际成效。

2.社会实践活动缺乏有效引导和组织

一些学生曾经反映，其实他们很想真正做一些有意义的实践活动，但没有人组织，也缺乏引导。有些学校仅仅是实践活动表格的发放者，却没有成为活动的组织者和引导者。有些家长由于缺乏对社会实践活动的了解，从而对学生的实践活动不闻不问。因此，学生不知道该通过什么渠道，什么方式去做，只能在自己身边的一个小圈子里开展一些小活动。而所谓的"实践报告"，很多人都是从网上摘抄一些东西应付了事。

3.形式还比较单一，缺乏自主性和创新意识

社会实践活动虽逐渐得到了社会、学校、家长和学生的认同，但学生个体参与社会实践的范围还不够广泛，形式主要还是局限于志愿者服务、爱心捐助等少数几项常规性的活动，其他形式和途径较少。在开展社会实践的过程中，学生缺乏自主实践的空间和时间，许多实践活动的开展形式被框在一定的模式里，学生的创新、创造能力受到抑制，不符合学生个性的发展。

成长故事

重庆交通大学三下乡积极参与"美丽中国"建设

2018年7月12日~7月18日，重庆交通大学河海学院"美丽中国"社会实践服务团，精心组织开展"甘当河小青，助力河长制"大学生志愿者主题活动，奔赴重庆开州、万州、两江新区，实地进行河道垃圾清理、生态环境保护、污染治理探讨、节水爱水宣讲等，积极发挥大学生生力军和突击队的作用，积极维护河库健康生命、实现河库功能永续利用，主动服务长江经济带发展，紧扣专业积极贯彻河长制，有效推动了"美丽中国"建设。

三、大学生进行社会实践的原则与途径

为了更好地贯彻"受教育，长才干，做贡献"的指导方针，大学生在开展社会实践时，还应遵循以下几个原则：

1.同思想教育相结合的原则

在社会实践中，青年学子们看到了改革开放和现代化建设取得的成就，感受到了在党领导下我国物质文明、精神文明、政治文明取得的巨大进步，青年们在实践中认识、把握规律，分析、解决问题的能力进一步加强。社会实践成为大学生思想政治教育的生动课堂，应当根据不同时期、不同年级、不同专业学生的思想特点和思想政治教育的要求，有针对性地确定

社会实践的思想主题、内容和形式，使学生能够通过参加社会实践更好地在思想政治方面受到教育。

2. 同专业学习相结合的原则

一是要根据不同专业、不同年级学生的专业特点和专业水平，精心安排社会实践内容。二是要发挥专业教师在社会实践中的指导作用。三是尽可能地把社会实践同专业学习结合起来。坚持理论联系实际，在服务人民群众生产生活的过程中，检验课堂知识，提高动手能力，使社会实践成为课堂教学的补充。坚持社会实践同专业学习相结合的原则，进一步缩短专业学习与社会要求之间的差距，为学生走出校门就业创业打下坚实基础。

3. 坚持"双赢"原则

社会实践不仅要使学校和学生受益，也要尽可能使活动接收单位受益。在进行社会实践前，要充分考虑学生的专业，同时也要考虑地方和活动接收单位"三个文明"建设的需要，在进行充分的调研后再组织实施。

4. "就近就便"原则

由于经费、交通、活动接收单位能力等方面的限制，社会实践应"就近就便"安排。一是多数学生愿意回到家乡，就近开展社会实践。二是参与社会实践的成员应精心选拔，实践地点、活动内容与活动目的一致。三是实践中的吃、住、行安排应从简，不应增加接收单位负担，削弱社会实践效果；而在艰苦环境下磨炼学生的意志品质，也有利于学生的成长成才，应当防止和杜绝以社会实践为名观光旅游。

5. 精心组织的原则

社会实践活动的精心组织一是要积极建立社会实践制度，确定社会实践的内容和形式、参加人员、接收单位、经费来源等，形成制度保障；二是在活动开展过程中，带队领导、老师和学生骨干及地方接收单位干部要精心指导、帮助学生解决实践中遇到的各类问题，排除消极因素；三是活动后，要及时对活动成果进行总结、提升，推广好的做法与经验。

6. 与就业创业相结合的原则

以学生为本，以"了解自我，了解社会，了解国情，适应社会"为目的，充分利用有限的资源，力争效益最大化。在实践中了解社会各个领域各个阶层的生活现状，提高自己适应社会的能力，并通过创业活动使自己的人生观、价值观、道德品行受到无形的、潜移默化的影响。

四、大学生参加社会实践的途径方式

大学生暑假社会实践一般可分为两种：有偿和无偿。有偿性包括商品促销，家教，翻译员，家政员，商业贸易，校园代理人，文化演出，打杂工，文化宣传员，广告张贴发布等；无偿性包括义务工作者，志愿者，社区义务劳动者等。

1. 兼职

现在大学暑假一般都有两个月左右，这么长的时间找些零工做做既能锻炼自己，又能赚些学费钱，减轻父母压力，不失为一种很受欢迎的社会实践方式。对于大多数大学生来说，选择与自己所学专业相似的职业是最优的，比如学习旅游管理专业的学生，可以在旅游区做义务讲解员；法律专业的学生在社区做法律宣传，法律调解员；师范生最好是家教工作。但是，对口自己专业的一般还是少数，大多数同学都是打杂工，这也是最危险的一种社会实践方式，因为很多大学生在急切地找工作时，胡乱投简历，或者轻信招工人，往往是打了工但拿不到钱，或者是被骗报名费材料费等。更有甚者，陷入传销的陷阱，得不偿失。

2. 实习和志愿者

一般大学生能经过学校的介绍信或者通过自身努力，找一些政府机关或企事业单位，通常采取无偿的方式，对在学校学习的知识进行锻炼。作为志愿者的大学生，他们可以是公路上维护交通秩序的协管同志，可以是义务到农村、到西部边疆执教的人民教师，可以是到基层当村主任的干部。这种实践方式，是伟大的，是有智慧、有志向、有勇气的青年大学生所青睐的。

3. 特色的"三下乡"活动

这个活动由团委发起，学生能够参与这个实践活动的人数较少，但其目的是为了支援农村的教育事业，同时给农民带去相应的指导，本着为人民服务的宗旨，同时把自己在学校学到的知识与劳动实践相结合，并从群众中学到做人做事的道理，用于自己将来的学习生活工作，影响较深远而广泛。随着社会实践的逐渐深入发展，参加社会实践的大学生得到了很多帮助。虽然很多高校在不断扩大社会实践的规模，但从总体上看，目前社会实践还存在诸多问题。

他山之石

社会实践"安全须知"

1. 防范意识重于泰山

树立人身安全高于一切的观念；

行前必须学习防火、地震逃生、基本急救等安全知识；

行前必须考虑到所有可能发生的意外情况并制定合理的对策。

2. 人身安全高于一切

禁止夜间开展实践活动；

随身携带个人有效证件；

事先查询并牢记实践地各类应急电话号码，必要时报警求助；

遇到涉及安全的问题或困难时及时求助并联系校团委实践部。

3. 交通安全牢记于心

禁止搭乘非法营运车辆(黑车)并遵守其他相关交通法规。

若遇交通事故必须依法通过交通安全管理部门处理；

4. 住宿餐饮安全高度重视

5. 财物安全谨记于心

外出调研不要携带贵重物品，如必须携带则应将贵重物品放置在隐秘安全的位置，锁好住所门窗，拴好门链，谨防被盗。

6. 交往安全切莫忽视

牢记要面子、耍脾气是很肤浅的；

保持谦虚，发生冲突时学会退让，采访交流时不能傲慢；

事先了解实践地风俗习惯，必要时可找当地居民咨询。

【寄语广场】

实践是理想的足，理想是实践的魂。品过实践的美丽，看过实践的风景，我们亦会与它共赏人生的绚烂之花！也许时光会匆匆如水，也许世事会淡淡如烟，但我们知道，社会实践不会，它将是我们青春记忆的天空里永远的一朵云，它将以其独特的风情与魅力将我们征服，让我们没有翅膀却可以腾翔万里！

在大学，我们要有意识地培养自己的专业兴趣和人生志趣。寻找兴趣点的方法是开阔自己的视野，接触众多的领域。社会实践顾名思义是给大学生提供实践的舞台，给大学生提供锻炼的机会。在忙碌的理论学习中，我们需要实践这个舞台来锻炼自己。大学是人生最后在校学习的阶段，是把零碎的知识点系统化、实践化最好的时间，是学校与社会的交接面，走出大学校园我们就是社会的一员，急需把理论用于实践，拥有实践的经验。在社会活动中，我们要坚持将学习雷锋、社会实践和志愿服务这三者有机结合，高举"团结、友爱、互助、进步"的志愿者旗帜，怀着"爱心献社会，真情暖人间"的崇高信念，积极主动参与学校的各项实践活动，参加社会的各种公益服务。

在大学里，无论学习何种专业、何种课程，如果能将理论知识与实践紧密结合，就可以更深入地理解所学知识，建构更全面的知识体系，并将所学真正转化为所用。同学们，让我们在青春的名义下，在社会实践的大旗下，把握时代大潮，在实践中锻炼，把知识转化成能力，从实践中提升自我。我们会永远记住这汇集成长经历的美好时光，作为送给未来的纪念永远珍藏。

【分享园地】

展示红旗手绘、红磨坊剪纸协会、爱馨心理健康协会、玛雅之森动漫协会等学院一些优秀社团的活动成果以及先进社团工作者的事迹，并请部分学生回顾自己的校园文化活动经历，跟大家分享体会和感受。

【邀约成长】

1. 头脑风暴：华中科技大学涂又光教授曾提出校园文化"泡菜理论"：泡菜水的味道决定了泡出来的萝卜、白菜的味道，学校全部工作就是调整好这个泡菜水，营造高品位的文化氛围，让学生在这个氛围中去思考、理解、感悟，净化灵魂，升华人格，完善自己。你怎么看待涂又光教授这段话，你认为我院"泡菜水"的工作做得怎么样？有何建议？

2. 暑期抉择：每年暑假团中央都会下发暑期"三下乡"的社会实践活动。部分学生想利用暑假去打暑假工，赚取一定的生活费；部分学生选择参加学校组织的暑期三下乡支教，锻炼自己的能力；还有学生选择回家陪父母，增进亲子关系。对于暑假不同的计划，你怎么看？

第二十四章

低碳生活我倡导

【学习地图】

气候变暖、海平面上升、极端天气频繁……这一切不仅直接影响到灾害发生地的人，而且最终会影响到地球上的每一个人。

收回视线，看看我们所处的这一方校园，干净、美丽，但若拿着放大镜细细地逐一查看每个角落，你会发觉校园并没有乍见的那般美丽，它长了不少的"黑斑"：水龙头的水长流，人走灯依旧亮着，电脑似乎永不关机，寝室里的热得快、电热壶、电饭煲、电磁炉等如韭菜一样割了一茬又一茬，复印纸使用了一面就当废纸扔了，一次性餐具总是能占据大半个垃圾桶……总以为自己只是"地球人"这个汪洋中小小的一滴水，掀不起巨浪，可如果每个"地球人"都这样呢？一方校园会慢慢溃烂，整个地球也会慢慢溃烂。本章将一同引导学生关注社会热点话题，体验、反思生活实际，正确践行低碳消费，环保生活，履行每位大学生的责任和担当。

【案例分享】

复印机中"不起眼"的惊人数字

80%以上的人在平时的学习生活中会经常使用复印纸。大约15%的人复印纸使用一面就当废纸了。中国有13亿多人口，如果每人每天浪费一张白纸：一天即浪费13亿张；一月浪费 $13 \times 30 = 390$ 亿张；一年浪费 $13 \times 30 \times 12 = 4680$ 亿张；每张复印纸的厚度为0.01cm，$4680 \times 0.01 \text{cm} = 46800 \text{km}$，赤道长为4万km，一年浪费的纸张的厚度可以绕赤道一圈多。

10000张纸大约有40kg，一棵树大约能造60kg纸，每人每天浪费一张白纸，一年全国人浪费纸张的重量为 $4680 \times 40 / 10000 = 1872000000 \text{kg}$，需要的大树数量为 $1872000000 / 60 = 31200000$ 棵；而回收1吨废纸可少砍17棵大树，可生产800kg纸，可减少35%的水污染，如果每人每天使用5张再生纸，10个人一年就可以保护一棵树。

不一样的"民间环保杰出人物"

由新华网等单位举办的首届"中国十大民间环保杰出人物"评选结果中，有一个很特别的女孩成功当选。说她"特别"是因为她是当选者中年龄最小的一位，只有15岁；说她"特别"

是因为她是一个只有两根手指的女孩；就是这样一个小女孩，从 10 岁到 15 岁的 5 年时间里，利用业余时间捡了 6000 多枚废旧电池。她就是潘娜威，营口的一个中学生，是她以自己真诚的环保行为为辽宁争得了唯一的"十杰"称号。

环保就在身边，环保需要每个人的积极参与，青年大学生更是环境保护和可持续发展的重要力量。读完上面的两个案例，你知道环保该怎么做了吗？

【知识之窗】

低碳生活与高碳生活

一、低碳与低碳生活

随着世界工业经济的发展、人口的剧增、人类欲望的无限上升和生产生活方式的无节制，环境污染由一地一城一国而扩大为全球性问题，已经严重危害到人类自身的生存环境和健康安全。高速增长的 GDP（Gross Domestic Product，国内生产总值）曾是一个国家、一个民族引以为豪的，然而现在的高 GDP 却因为伴随它而来的高污染为世人所诟病，人们开始反思一味追求 GDP 数字的片面性与短视性。尤其是二氧化碳的肆意排放给全球带来的危机，扣动了人们忧患意识的扳机，为了能有一个健康的生存和生活环境，世界上越来越多的国家、组织、个人呼吁和倡导"绿色 GDP""低碳"和"低碳生活"等，"低碳""绿色"日趋成为一种流行、时尚的生活观念和生活方式。

低碳，英文为 lowcarbon，意指较低（更低）的温室气体（二氧化碳为主）排放。低碳旨在倡导一种以低能耗、低污染、低排放为基础的经济模式，减少有害气体的排放。所谓"低碳生活（low – carbon life）"，就是把生活作息时间中所耗用的能量尽量减少，从而减低二氧化碳的排放量。低碳生活可以理解为：减少二氧化碳的排放，就是低能量、低消耗、低开支的生活。低碳生活代表着更健康、更自然、更安全，返璞归真地去进行人与自然的活动。中国环境科学学会秘书长任官平曾在《生命时报》撰文指出："节能就是最大的减碳。"首先，减碳主要落实在生产上，如大力开发水能、核电、风能和太阳能等清洁能源。减碳是每个人的责任。

"低碳生活"，对于我们普通人来说是一种生活态度，我们应该积极提倡并去实践低碳生活，崇尚简约的生活方式，注意节电、节水、节油、节气，从点滴做起，从我做起。"低碳生活"，也是一种生活习惯，是一种自然而然地去节约身边各种资源的习惯，只要你愿意主动去约束自己，改善自己的生活习惯，你就可以加入进来。作为一种经济、健康、幸福的生活方式，"低碳生活"并不会降低人们的幸福指数，相反会使我们的生活更加幸福。当然，低碳并不意味着就要刻意节俭，刻意放弃一些生活的享受，只要你能从生活的点点滴滴做到多节约、不浪费，同样能过上舒适的"低碳生活"。

他山之石

"绿十条"

"绿十条"是西安世园会推荐的绿色生活十条理念：

①安全无害、简约装修；②节能减排、低碳出行；

③省电节电、珍惜能源；④珍惜粮食、绿色饮食；
⑤按需定量、理性消费；⑥惜水节水、循环利用；
⑦低耗高效、无纸办公；⑧提倡有机、减少污染；
⑨勤俭节约、拒绝奢侈；⑩植树种花、美化生活。

二、高碳与高碳之害

200多年来，随着工业化进程的加快，环境污染问题日益恶化。在对环境构成危害的污染物中，二氧化碳因全球排放量大，增温效应高，生命周期长，成为对环境问题影响最为深远的温室气体，造成全球气温升高、气候发生变化，这已是不争的事实。世界气象组织公布的《2009年全球气候状况》报告指出，近10年是有记录以来全球最热的10年。高碳生活排放的二氧化碳加剧了全球变暖的趋势，而产生了一系列的危害。而美国橡树岭实验室研究报告显示，自1750年以来，全球累计排放了1万多亿吨二氧化碳，其中发达国家的排放约占80%。以二氧化碳为主的温室气体的大量排放，带来了温室效应的连锁反应，由此而引发的全球性气候灾难频频发生。

(一)气候

首先，全球气候变暖导致海平面上升、降水重新分布，改变了当前的世界气候格局，如降水的分布，全球气候变暖使大陆地区，尤其是中高纬度地区降水增加，非洲等一些地区则降水减少；其次，随着全球气温的上升，海洋中蒸发的水蒸气量大幅度提高，加剧了变暖现象；再次，全球范围内极端天气气候事件(厄尔尼诺、干旱、洪涝、雷暴、冰雹、风暴、高温天气和沙尘暴等)出现的频率与强度大大增加；另外，全球气候变暖也影响和破坏了生物链、食物链，带来了更为严重的自然恶果。

(二)政治

限制二氧化碳的排放量就等于是限制了对能源的消耗，必将对世界各国产生制约性的影响。应在发展中国家"减排"，还是在发达国家"减排"成为各国讨论的焦点问题。发展中国家的温室气体排放量不断增加，2013年后的"减排"问题必然会集中在发展中国家。有关阻止全球气候变暖的科学问题必然引发"南北关系"问题，从而使气候问题成为一个国际性政治问题。

他山之石

温室效应加剧贫富悬殊

麻省理工学院16日发布的新闻公报说，该校研究人员对1950年至2003年间的世界气候数据和经济数据进行分析，发现气温每上升1摄氏度，会使贫穷国家的经济增长率平均下降1.1个百分点，但对发达国家却没有明显影响。

这项研究显示，全球变暖对贫穷国家的伤害比以往估计的要大得多。研究人员说，虽然历史数据不一定能准确揭示未来走向，但气候变暖对贫穷国家的冲击应当得到更多关注。

(三)农作物

全球气候变暖对农作物生长的影响有利有弊。其一，全球气温变化直接影响全球的水循环，使某些地区出现旱灾或洪灾，导致农作物减产，且温度过高也不利于种子生长。其二，降水量增加尤其在干旱地区会积极促进农作物生长。全球气候变暖伴随的二氧化碳含量升高也会促进农作物的光合作用，从而提高产量。

（四）人体健康

1. 全球气候变暖直接导致部分地区夏天出现超高温，超高温引发的心脏病及各种呼吸系统疾病，每年都会夺去很多人的生命，其中又以新生儿和老人的危险性最大。

2. 全球气候变暖导致臭氧浓度增加，低空中的臭氧是非常危险的污染物，会破坏人的肺部组织，引发哮喘或其他肺病。

3. 全球气候变暖还会造成某些传染性疾病传播。

高碳生活所引发的温室效应正威胁着地球的环境安全，正威胁着每个地球人的健康与生命，已引起大多数国家的高度重视。研发温室气体减排技术，建设低碳社会，维护生态平衡已迫在眉睫；倡导低碳生活成为一场涉及生产方式、生活方式、价值观念、国家权益和人类命运的全球性革命，需要你我每一个人的共同参与。

他山之石

过度消费之害

过度消费作为高碳生活的主要表现形式，是一种超出一定界限，与经济发展水平不相适应的消费水平。

为什么要遏制过度消费？因为过度消费虽然满足了短时期的享受，却阻碍了经济的长期和持续发展，也不利于居民消费水平的渐进式提高，更为严重的是过度消费造成了财富、资源的浪费，破坏了自然资源和生态环境。

过分地、习惯性地超前消费，一味追求物质享受，长此以往，这种"拜物教"式的消费方式会给人们的精神世界带来不利影响。长期的过度消费、物欲追求膨胀很容易使人迷失自我，成为"精神的矮子"。

当代大学生高碳之殇

低碳生活的构建本质上是一场群众运动，而教育是提高公众低碳环保意识最重要的手段之一。相对于中小学生，大学生具有更大的社会影响力、更强的社会责任感和更好的行动能力，其意识和行动对于中国低碳社会的构建具有极其重要的意义。

但是我们不得不承认，在我们的大学生中间还有一些高碳的行为习惯，这些行为习惯将直接关系到低碳、健康、文明、和谐校园的建设，而且也会对国家环保战略的实施和可持续发展大计产生影响。大学生中的高碳行为习惯，具体说来包括不节约的行为习惯和非理性的消费行为两大方面。

一、不节约的行为习惯

大学生不节约的行为习惯主要概括为四种情况：

1. 水电浪费

在校园里时常可见：水龙头细水长流或飞流直下；破裂水管水柱四射；澡堂里淋浴喷头

水空流；洗衣服不用手搓只用水冲；开水房里将管道中的凉水任意放掉；教室电灯通宵达旦地亮着、电风扇不知疲倦地飞速旋转；大白天路灯亮着幽光；明亮的教室里开着日光灯；电脑不工作了却长时间不关机等。

2. 食物浪费

在大学食堂，餐桌上总是杯盘狼藉，不少盘碗中剩着或多或少的饭菜；馒头仅吃了一小半就当垃圾扔了；饮料只喝了一点就进了垃圾桶等。2016 年，中国青年网针对全国 740 名大学生就食物浪费及节约意识进行调查，结果显示：有 70% 的学生表示"在食堂就餐时浪费过食物"，67.03% 的学生认为"影响自己浪费食物原因是食物不合胃口"，超八成学生表示"浪费食物太可惜，应该节约，支持光盘行动"，超七成学生认为"应该根据自己饭量选择食物量，可以最大限度地减少浪费"。

我国的食物浪费现象到底有多严重？据中国科学院地理科学与资源研究所课题组 2013 年至 2015 年的调查结果显示，我国餐饮食物浪费量约为每年 1700 万吨至 1800 万吨，相当于 3000 万到 5000 万人一年的口粮。约有 13 亿吨粮食在整个食物供应链的各个环节中被浪费掉了，这相当于每年投入农业生产的 14 亿公顷土地和 2500 亿立方米的地表水和地下水被白白浪费。触目惊心的数据足以引起每个人的反思。

他山之石

时尚低碳生活

只要"俭"一点，就能"减"一点。

"低碳"生活，"高尚"水准。

节约应成习惯，减排当是共识。

可以消费，少点浪费。

3. 纸笔浪费

发给学生的作业本和记录本，每学期几次作业或者记录之后就不用了，或当作废物扔了，或当作废品卖掉了；需要上交的正式文字材料排版不合理、打印不用双面，造成很大的纸张浪费；有些学生草稿纸也是用崭新的打印纸，使用一面后就丢掉；各种招聘会上毕业生们带着一份份少则十几页、多则几十页的制作精美的简历册子撒网式地投递简历，据统计一名大学生求职平均用掉 500 张 A4 纸。现在我们日常使用的基本都是中性笔，中性笔使用完后就直接丢弃，这样会造成塑料笔管和金属笔尖的浪费。

4. 一次性物品浪费

部分学生在就餐时大量使用一次性餐具，不仅造成资源的浪费，而且大多数一次性餐具释放出来的物质会危害到学生自身的身体；购买物品时基本上都是由商家或者卖家提供一次性塑料袋，这造成了资源的极大浪费，而塑料袋的随意丢弃更是"白色污染"的重要源头。

二、非理性的消费行为

非理性消费与理性消费相对应，是指对自己的需求和欲购买的商品或劳务没有清楚的了解，不能合理地确定消费水平、消费结构和消费方式。非理性消费行为表现为：不能理智地判断自己的消费需求，理性认识消费对象；不能根据自己的经济状况确定消费水平、消费结构和消费方式；体现为冲动、攀比、炫耀消费。

"购物狂""月光族""负翁"早已成为使用频率非常高的名词，使用的高频率也就意味着这些词背后所指向的现象已在社会中普遍存在，这些词反映了很多人在生活中不能正确、理性地对待自己的消费行为。这股非理性的消费之风近些年来已刮进了大学校园。

分析大学生的消费行为，其非理性主要表现在以下几个方面：

1. 盲目跟从消费

大学生的消费心理还不成熟，处于可塑阶段，同时，他们也是接触消费宣传媒介最多的群体之一，有较强的追求个性和猎奇心理，很容易成为盲目跟从消费的群体。比如在购买物品时，他们不根据自己的经济实力，而是盲目模仿消费。手机、平板电脑等频繁更换最新款式；电脑从台式变成笔记本；购买衣服时讲名牌、时尚等。

2. 过分攀比消费

"一月五百贫困户，千儿八百刚够用，两千三千才算酷，四千五千真大户"，这个顺口溜看似离谱，却真实地反映了大学生在消费时互相攀比的现象。许多大学生在消费时，不是从自己的需要出发，而是看多数同学的情况来决定，存在着严重的攀比心理。有些大学生虽然家庭很困难，但为了不落后于他人，通过省吃俭用、贷款借债等方式也要购买。大学生之间的过分攀比，使他们吃饭讲究地点、档次和排场，穿衣讲究品牌。为了所谓的"面子"可以一掷千金，不懂得量入而出；为了标新立异、比别人有个性，可以变卖家当、节衣缩食；为了追求恋爱中不切实际的浪漫，可以举债度日等。虚荣心造就大学生之间无休止的攀比，而相互之间的攀比又使他们的虚荣心进一步膨胀，进而带来非理性消费的恶性循环。

3. 过度浪费消费

一些大学生为了免去洗碗筷的"麻烦"，常使用一次性餐具，随用随扔；衣服觉得不时尚了，还很新就当破衣服、旧衣服处理了；在食堂吃饭，不合口味就直接倒掉；在餐馆和朋友聚会，为显阔气大方，点一堆的菜，出于面子吃不完也不打包；一个电话打几十分钟，"煲"个没完，没事也闲聊；有的学生名义上交了住宿费在学校住宿，而实际上却是在外租房过小日子等。

心的对话

大学生应忌盲目网购

许多高校收发处的快递堆积如山，学生们就像排雷一样在地上一件一件地搜寻着属于自己的包裹。近些年，网购已经成为人们生活中不可分割的一部分，尤其是作为新生代的大学生，网购不仅方便快捷，更因其物美价廉而备受青睐。但是在这繁荣的场面中，你是否又做到了理性消费？

"快乐三天，艰苦三年。"许多同学网购"血战"以后，在自我陶醉中才发现买的东西太多，严重超支。还有看见喜欢的疯狂购买，但消费了却没有真正享受的浪费现象。其实理性消费，还是有很多小诀窍的。

首先就是找个理性的好友当参谋，朋友的帮助往往是最直接的。同时做到专款专用，用于购物的卡里面不宜存放大量的钱，这样既安全，也能限制消费。而买东西时要制订购物规划，列详细的购物清单。最重要的是要把更多的精力投入学习，自然会更理性地选择自己想要的。

4."近视"畸形消费

大学生"近视"畸形消费主要是指大学生在消费时只追求短期消费效应，而没有从长远消费考虑，无计划性地消费。大学生消费心理不成熟，在消费时，他们缺少必备的消费知识和理财意识，不能有计划性地支配整学期的生活费，往往只追求即兴消费。消费结构方面表现出畸形消费，服饰消费、恋爱与交友消费、通讯消费、旅游消费和购买品牌手机、电脑、化妆护肤品消费等占很大比例，而在学习培训等方面的消费比例很低。更有甚者沉迷一些网络游戏，为了所谓的积分和升级，就花大量的钱买游戏卡。许多大学生每学年和每学期的生活费用支出往往是前松后紧，手中有钱就乱花，几乎没有预算可言，有些大学生就因为过度购物而需借债度日。

5.情绪化消费

一些大学生受到情绪的影响而把对消费品的占有、享乐作为弥补精神空虚的手段。有些女大学生有购物逛街的爱好，尤其是心情不好时，就把疯狂购物当成发泄情绪、伤财不伤身的最好方式。

6.享乐主义消费

一些大学生不是根据自己的需要和实际承受能力来决定自己的消费行为，而是赶时髦、图享受，养成了花钱大手大脚的习惯，他们把对物质欲望和感官欲望的追求和满足作为人生幸福和快乐的唯一目标，信奉"今朝有酒今朝醉""有钱不花是傻瓜"的理念，把幸福等同于尽可能多的消费，他们的消费已然成为一种对物质的无度索取和占有，他们还把这种占有看作是自己地位和身份的象征。

争做环保达人

现实生活中，也许每个人都曾经历过高碳行为，非理性消费往往会造成社会资源的浪费，也不符合我们中华民族勤俭节约的传统美德。随着社会经济的不断发展和科技的不断进步，人们的生活方式也在不断地发生变化，推动着消费观念的更新，也不可避免地带来了不同消费观念的激烈碰撞。大学生应该自觉抵制不良消费行为，做一个低碳生活的倡导者和理性消费的执行者。

一、树立新型节约观

勤俭节约是中华民族的传统美德，它不仅具有使人淡化物质欲望、修身养性，养成良好品德的道德价值，还具有降低成本、提高效率，增强市场竞争力以及节约资源，促进经济可持续发展的经济价值。勤俭节约的传统美德应长期地传承下去，同时也应顺应时代发展赋予其现代特征，构建低碳经济下的新型节约观。

新型节约观是一种充分肯定现代人正当合理消费需求的一种适度简约的消费观，它既不同于消费主义因过分强调物欲享受而给人感官刺激的幸福感的消费观念，也不同于禁欲主义所倡导的过度限制人的基本消费欲望的消费观念，它所体现的是一种理性的生活态度，是一种对生活的合理计划和生活方式的明智选择。同时，新型节约观所强调的节约并不仅指生活领域，而且将这种节约扩展到了生产领域，以减少生产过程中对资源的过度浪费和对环境的污染，从而缓解资源和环境的巨大压力。培养新型的节约观，能使大学生增强自身消费的理性选择，使其消费决策和消费行为符合社会公德。只有树立新型的节约观，理性安排个人的消费选择，才能真正促进大学生的健康成长，并使其在低碳社会建设中发挥勤俭节约的示范作用。

成长故事

今天，你低碳了吗？

★衣：少买不必要的衣服。

少买一件不必要的衣服就可以减少 2.5 kg 二氧化碳的排放。另外，棉质衣服比化纤衣服排碳量少，多穿棉质衣服也是低碳生活的一部分。

★食：多吃素。

生产 1 kg 牛肉会排放 36.5 kg 二氧化碳，而果蔬所排放的二氧化碳量仅为该数值的 1/9。另外本地的果蔬和水也比外地运输来的二氧化碳排放量小。

★住：选择小户型，不过度装修。

减少 1 kg 装修用钢材，可减排二氧化碳 1.9 kg；装修用木材，可减排二氧化碳 64.3 kg。

★行：少开车，选小排量车。

每月少开一天，每车每年可减排二氧化碳 98 kg，如果出行可选择公共交通工具或自行车，减速少二氧化碳排放。

二、树立绿色消费观

消费是人类生存和发展最基本的条件，消费活动与人类社会和自然有着密切的联系。人们的消费过程实际是自然资源的消耗过程，消费活动发生后，消费最终物又会直接或间接地影响周围的自然环境。自然环境作为人类生存的前提条件，有其客观发展规律，如果违背其规律，将会受到自然的惩处。绿色消费是人类在经历了人口膨胀、自然资源耗竭、能源危机、环境恶化等现实危机后，深刻反思传统发展模式和消费活动之后而提出的一种崭新的消费理念。

绿色消费观就是一种倡导人们在与自然协调发展的基础上，从事科学合理的生活消费，提倡健康适度的消费心理，张扬高尚的消费道德及行为规范，并通过改变消费方式来引导生产模式发生重大变革，进而调整产业经济结构，促进生态产业发展的消费理念。

绿色消费观是低碳经济社会的客观现实要求。在当前形势下，大学生要树立绿色消费观，首先，要有绿色消费意识和消费习惯，不购买对自身和环境有害的商品，关注生命安全以及自觉维护人与自然的和谐发展；其次，要尽可能地充分利用物质消费品，减少一次性物品的使用；最后，要注重消费品的分类处理，以实现其循环利用，减少资源的消耗和浪费。

他山之石

匪夷所思的垃圾分解时间

生态文明是文明城市的社会常态，而垃圾分类则是大力推进生态文明的重要一环。能有垃圾分类观念才能使垃圾分类真正成为一种自觉的生活方式和习惯。你知道垃圾的分解时间吗？

- 苹果核——两周

虽然它的降解时间算是较短的，但果核或水果的其他部分会引来鼠类生物。

- 纸巾、纸袋、报纸等——一个月左右

这些物品的降解速度很大程度上取决于它们的降解方式。例如，被埋进土中的纸巾的分解时间纸巾比暴露在空气中的长得多。

- 果汁纸盒、硬纸板等——两到三个月

其降解速度取决于纸板的厚度。园艺爱好者应当记住，硬纸板可以用来制成堆肥。

- 胶合板和烟头等——两年

有一些研究指出，烟头可能过了10年依然不会分解。香烟中含有600多种成分，其中最难分解的当属醋酸纤维素，而95％的香烟滤嘴中都含有这种塑料。

- 塑料袋等——20年

有些塑料能过1000年仍不腐烂。

- 塑料瓶——500年左右

事实上，这些石油化学制品也许永远都无法被生物降解，它们含有的化学物质会就这么原封不动地保留在土壤中。因此，PET制品必须得进行循环利用才行。

- 电池——更久以后

在电池外面薄薄的金属外皮分解掉之后，内部的化学物质就会外泄，如氯化锌、铅、水银和镉等毒性物质，且会长期留存在土壤中。因此电池不该和其他垃圾一起扔掉。

三、树立发展消费观

人的全面发展是马克思对人的本质的深刻揭示，人的全面发展涉及社会的经济、政治、思想文化等各个方面，而消费作为人类生存和发展最重要、最基本的条件，对个人的身心健康发展具有极其重要的作用。这就要求我们要以人的全面发展理论作为价值导向，大力培养大学生的发展消费观。

发展消费观作为一种以人的智力开发为核心的消费观念，客观要求大学生明确物质消费虽决定着人的生命存在，但支撑人的精神存在、决定人的智力水平与人格发展的却是精神消费，作为低碳经济社会建设的主力军和实现国家现代化的建设者，大学生必须将自己的消费重点放在学习和提高自己的精神素质上，增加精神消费的比重，提升自己的精神品位。因此，大学生要着眼于个人的长远发展，科学合理地安排和处理学习消费、生活消费、发展消费、娱乐消费的关系，确保以学习和发展为前提，不断提高消费结构中精神文化的含量，以满足和实现自我的全面发展，成为低碳经济和低碳生活的理性社会人。

他山之石

香港巨富李嘉诚的消费观

李嘉诚有次在乘坐汽车的时候，把一枚两分钱的硬币掉在了地上，硬币滚向阴沟，他便蹲下来准备去捡，旁边一位印度籍的保安员便过来帮他拾起，然后交到他的手上。李嘉诚把硬币放进口袋，然后从口袋中取出一张100元作为酬谢交给他。

有记者曾问起这件事，李的解释是，"若我不去捡那枚硬币，它就会滚到阴沟里，在这个世界上消失。而我给保安员100元，他便可以用之消费。我觉得钱可以去用，但不能浪费"。

四、树立法制消费观

低碳经济强调社会消费应建立在合理适度、社会自然和谐发展的基础之上，但追逐利益的心态会驱使人们采取非理性消费行为，造成对社会、自然或他人的损害，故低碳经济条件下不仅要求生产者具有良好的法律素养，而且也要求消费者具有更高的法律意识，因此，每个公民都应具备法制消费观。

当代大学生要树立法制消费观，首先就要增强法律意识，了解国家法律法规，特别是消费方面的政策法规，自觉形成遵守消费法律的意识，通过进一步明确作为公民所享受的权利与所应履行的义务，严格要求自己做符合公民社会要求的社会公民。

他山之石

向"潜规则"说不

2013年5月，消费者曾女士在龙游县某摄影楼订了价值为4899元的摄影套餐，当时摄影师给消费者共拍相片80张，选用了47张，还有33张底片不洗，消费者要求摄影店免费归还不洗的底片33张，可摄影店要求支付每张5元，合计165元钱后再归还底片。摄影店收取底片费的行为在行业内已存在多年，这样的"潜规则"不仅在龙游摄影业有，而且在全省乃至全国都有。为此，曾女士向工商部门投诉。

工商部门根据《浙江省实施〈中华人民共和国消费者权益保护法〉办法》第22条"摄影业经营者应当将全部照片、底片（包括数码相机的数据资料）交付消费者，不得自行保留，不得因此收取费用"的规定，责令该影楼将不入册的底片33张免费交还给消费者。

【寄语广场】

低碳生活，是一种生活态度。当你把低碳当成一种生活习惯时，我们在生活中自然而然地就会去节约身边的各种资源。

低碳生活，是一种生活方式。它呼唤人们从生活的各个细节出发，节约地球上的有限资源，保护地球环境，关心地球健康。

低碳生活，是一种时尚。它不仅是一种行为、义务和责任，也应是一种符合时代潮流、时尚的生活方式。

低碳生活，是一种社会责任。它在环境问题日益凸显的新形势下，已经被赋予了全新的时代含义，这种利人利己的生活方式不仅应该作为时尚而且实惠的生活理念受到提倡，而且应该成为全社会的共同价值取向和社会责任。

1. 组织或者参加一次低碳环保方面的活动，并把活动过程和结果放在个人学习空间进行展示。

2. 认真做一份个人理性消费的计划，并晒到自己的个人学习空间。

【邀约成长】

"蜈蚣"翻身

【目的】

1. 训练学生身体的灵活性、柔韧性、协调性。

2. 提升学生团体合作度和个人的责任心。

3. 让学生体验竞争与合作带来的压力与快乐。

【时间】

约 20 分钟。

【操作】

1. 将全班学生分成两大组，推荐产生两位组长，两路纵队排好。

2. 全组学生把双手搭在前面同学的双肩上组成一条"大蜈蚣"，开始练习一下"大蜈蚣"跑动，看看彼此是否协调。

3. 接下来开始做"蜈蚣"翻身比赛，要求第一位组员依次从第二、三人拉手处，第三、四人拉手处……一直到队伍最后两位的拉手处钻过去，第二位组员、第三位组员……跟随前面的组员一直钻完所有的拉手孔。

4. 完成"蜈蚣"翻身用时最少的小组为胜。

5. 为了增强合作与竞争的体验，可以按多元分组法分组，开展组与组之间的竞赛。如男女组对抗赛、随机组对抗赛、自愿组合组对抗赛等。从对抗赛的结果中分析成员结构、合作程度、主动性与输赢的关系，找出取得游戏成功的关键因素。

【分享】

1. 游戏中如果出现翻不了身而相互指责和嘲讽时你有怎样的感受？

2. 如何在团队中形成相互理解、相互认同、相互学习的氛围？

第二十五章

匠心匠德养匠艺

【学习地图】

国务院总理李克强在 2017 年政府工作报告中明确提出，要大力弘扬工匠精神，厚植工匠文化，恪尽职业操守，崇尚精益求精，完善激励机制，培育众多"中国工匠"，打造更多享誉世界的"中国品牌"，推动中国经济发展进入质量时代。党的十九大报告强调，"建设知识型、技能型、创新型劳动者大军，弘扬劳模精神和工匠精神，营造劳动光荣的社会风尚和精益求精的敬业风气"。改革开放以来，我国已成为名副其实的制造大国。然而，中国制造业的结构不均衡，以工匠精神为特色的中高端制造业严重不足，中高端市场长期被欧美、日韩等国所垄断。竞争加剧，外需萎缩，内需不足，成本上升，中国制造业正面临着严峻的生死挑战。当前，我国经济已由高速增长阶段转为高质量发展阶段，尤其需要传承和培育工匠精神。高职院校是培养技术人才以及能工巧匠的摇篮和主阵地，肩负着为国家经济发展培养专业技能人才的责任。本文介绍了"工匠精神"的缘起及本质内涵，旨在引导学生有意识地培养自身能工巧匠的素质和能力，从而为我国的经济建设做出更大的贡献。

【案例分享】

工艺美术师孟剑锋的大国工匠之路

孟剑锋是北京工美集团的一名錾刻工艺师，他用纯银精雕细琢錾刻的"和美"纯银丝巾，在 2014 年北京 APEC 会议上，作为国礼之一赠送给了外国领导人及夫人。从业二十年来，他追求极致，对作品负责，对口碑负责，对自己的良心负责，将诚实劳动内化于心，这是大国工匠的立身之本，是中国制造的品质保障。

錾刻是我国一项有近 3000 年历史的传统工艺，它使用的工具叫錾子，上面有圆形、细纹、半月行等不同形状的花纹，工匠敲击錾子，就会在金、银、铜等金属上錾刻出千变万化的浮雕图案。在一个 80 年代的老厂房里，孟剑锋和其他技工一起，熔炼、掐丝、整形、錾刻，敲击不同的錾子，在金属上留下不同的花纹，一件件精美的作品就这样在他们手里诞生了。北京 APEC 会议上送给外国领导人和夫人的国礼中有一件看起来是草藤编织的果盘，里面有一条柔软的银色丝巾，丝巾上的图案清晰自然，赏心悦目。为了分别做出果盘的粗糙感和丝巾的光感，孟剑锋反复琢磨、试验，亲手制作了近 30 把錾子，最小的一把在放大镜下做了 5 天。

开好錾子仅仅完成了制作国礼的第一步，最难的是，在这个厚度只有 0.6 毫米的银片上，有无数条细密的经纬线相互交错，在光的折射下才会形成图案，而这需要进行上百万次的錾刻敲击。孟剑锋说，下手时要稳准狠，同时又要特别留神，不能錾透了。上百万次的錾刻，只要有一次失误，就前功尽弃。"赏心悦目这东西，所以说得把它做到极致，如果说做得不好，那干脆就不用做工艺美术行业了。"孟剑锋认真地说。上百万次錾刻，无一疏漏，他做到了。

追求极致，这是孟剑锋给自己提的标准。支撑果盘还需要 4 个中国结作为托儿，工艺标准并没有规定它们必须是手工加工。技师们准备用机械铸造出来，再焊接到果盘上，但是，铸造出来的银丝上会有砂眼，尽管极其微小，孟剑锋心里却怎么也过不去这道坎。在他心目中，没有瑕疵，并且是纯手工，这才配得上做国礼。倔强的他决定用银丝手工编织中国结，为此他的手上起了一层又一层大泡。"第二天（水泡）干了以后提溜起来用剪刀咔咔一绞，可能第二天又起一个泡。"孟剑锋对记者轻松地说，妻子却在一旁悄悄抹眼泪。

如今，已经是国家高级工艺美术技师的孟剑锋，对自己还有更高的要求，他觉得要干好工艺美术这行还应该懂绘画，现在有时间就和爱人一起出去写生、练素描。孟剑锋说，有一天，他一定会拿出一件像样的绘画作品，就像做錾刻那样，他就是要超越自己，追求极致。

舍近求远买的马桶盖，到底哪里好？

在东京著名的电器街秋叶原，日元持续贬值和外国人免税商品范围扩大等措施，吸引了大量海外游客来这里购物。

备受青睐的日本马桶盖兼具抗菌、可冲洗和座圈瞬间加热等贴心功能。最重要的一点是，它适合在所有款式的马桶上安装使用，售价 2000 元人民币左右。有日本营业员称，只要有中国游客团来，每天都会断货。

事实上，这样的景象不仅发生在马桶盖上：采用独特的材料技术，煮饭晶莹不粘锅的电饭锅，售价上万元人民币；通过纳米水离子技术，让头发干爽柔滑的电吹风；举刀轻便，材料比普通钢耐磨 60 倍的陶瓷刀；不容易附着污垢，杯盖有安全锁扣，密封效果极佳的保温杯……

其实，日本的智能马桶盖，国内最早生产的就是台州星星集团旗下的便洁宝公司，其产品不仅国内畅销，还出口国外，部分款式的智能马桶盖，其售价远远低于日本。那国人为什么不惜高价舍近求远呢？在一些专业人士看来，这一现象是酸楚且沉重的。一方面，这与国人的崇洋心理作祟不无关系；另一方面，在这抢购背后，也凸显出中国企业研发创新的不足。

我国要实现从制造大国向制造强国的转变，真正实现中国智造、中国创造，就特别迫切地需要培养劳动者的"工匠精神"。大学生要把自己锻造成为高素质高技能的应用创新型人才，试问你有这种"工匠精神"吗？

【知识之窗】

工匠之源

"工匠"在《辞海·工部》中解释为："工，匠也。凡执艺事成器物以利用者，皆谓之工。"古代工匠精神主要表现为工匠对技艺的执着追求，《诗经·卫风·淇奥》曰："如切如磋，如琢如磨"；朱熹道："言治骨角者，既切之而复磨之；治玉石者，既琢之而复磨之；治之已精，而益求其精也。"这些描述性的文字都体现了工匠在进行工艺产品制作时反复雕琢、一丝不苟、精益求精的专业精神。

中国古代工艺制品之所以享誉世界，正是由于工匠对于技艺及产品品质制定了严格到近乎苛责的标准。从古至今，中国从不缺少工匠精神。中国曾经是世界上最大的原创之国、匠品出口国、匠人之国，它早已深深根植于我们民族的土壤之中，成为中华民族文化的有机组成部分。

从公元前200年至公元18世纪，2000多年的农耕经济时代，中国一直是全世界最大的产品输出国，中国的丝绸、瓷器、茶叶、漆器、金银器、壁纸等精美产品是世界各国王宫贵族和富裕阶层的宠儿。在马王堆汉墓出土的丝绸距今2200年，其薄如蝉翼，用料2.6平方米仅重49克。中国书法、中国画、中国雕塑、中国手工艺术品等至今仍是世界各大博物馆引以为傲的镇馆宝藏，并且还在不断刷新当代全球拍卖纪录。《梦溪笔谈》《天工开物》、鲁班技艺，中国古代的能工巧匠无数，一直都在影响着世界！

自1840～1949年，世界各国相继开展了工业革命，而中国则经历了100多年的灰暗时代。中华人民共和国成立后，中国人用60年时间追赶着世界工业化的步伐，发展成为世界第二大经济体，并在众多领域创造出新的世界第一。今天的中国，不仅能在载人飞船、嫦娥探月飞行器、高铁、大飞机等尖端科技实现领先，中国企业如华为、联想、海尔、格力等也在其领域内位于世界前沿。这些成就的取得，同样是现代中国人专注走心、追求极致匠人精神的体现。

因此，工匠精神不是舶来品。在中国古代，有手艺的劳动者，古语谓之"匠"，他们在劳动中所表现出的才能，则被称作"技"。匠，乃罕见之人才；技，乃稀有之能力。"匠"与"技"自古以来，一直是伴随着劳动者的光荣称谓，代表着"能人所不能"的自豪，支撑它的是知识，是经验，是长久的训练乃至独一无二的传承。更为难能可贵的是，他们在创造丰富而精美的物质财富的同时，也在孕育、厚植和传承着一种精神，即"工匠精神"——工匠们对产品精雕细琢、精益求精，对细节高要求，追求完美和极致的精神。

他山之石

庖丁解牛

厨师给梁惠王宰牛。他的手所接触的地方，肩膀所依靠的地方，脚所踩的地方，膝盖所顶的地方，均哗哗作响，进刀时霍霍地，没有不和音律的。

梁惠王问："你解牛的技术怎么竟会高超到这种程度啊？"

厨师回答说，他凭精神和牛进行接触，而不用眼睛去看，依照牛体本来的构建，用很薄的刀刃插入有空隙的骨节。十九年了，他的刀刃还像刚从磨刀石上磨出来的一样锋利。每当碰到筋骨交错很难下刀的地方，他就小心翼翼地提高注意力，视力集中到一点，动作缓慢下来，动起刀来非常轻，霍啦一声，牛的骨和肉一下子就解开了。

庖丁解牛的故事告诉人们一个道理，对任何事做到心到、神到，就能达到登峰造极、出神入化的境界。

工匠之道

一、从原初内涵到现代之义

无论国内还是国外，"工匠精神"均起源于手工业时代。手工业者在经历学徒教育和培训后从事某一行业，以提供新颖、优质的产品或服务作为谋生手段。"工匠精神"体现着对职业的热爱、对美德和传统的敬重、对生产过程的一丝不苟和对质量的精益求精，也体现着贯穿整个职业生涯的锐意创新和知行合一的实践精神。囿于历史条件的局限性，当时工匠数量较少，提供的产品或服务价格昂贵，"工匠精神"是其生存和发展的必备条件。工匠一般一生只从事一个行业，甚至是一个工作，能够掌控全部生产资料，负责全部的生产过程，有充足的时间和条件发展"工匠精神"。

在工业化时代，大多数劳动者只是生产、管理或服务系统的一环，是可被替换的"被雇佣者"，难以窥见系统的全貌。而且，劳动者一生可以从事多种工作，与具体的生产过程、产品或服务的联系较为松散。立足于生产组织和社会现实，新时代的"工匠精神"首先要具备较高的思想政治素质和人文素养，树立远大理想以继承和发扬优秀传统文化与道德，这是成为新时代工匠的前提和基础。其次要有规则意识和标准意识。任何工作都需要具备专业能力的人才。专业性集中表现为对规则的遵守和对标准的坚持，这是"工匠精神"的核心要求。最后是精益求精与知行合一的实践精神。精益求精代表着劳动者立足本职工作，对极致、完美的不懈追求，是新时代"工匠精神"的最高体现。同时，在工作中反思、将反思结果应用于生产和服务创新，实现"知行合一"则是精益求精的实现路径。

二、工匠精神的具体内涵

1. 工匠精神意味着精雕细琢、追求极致

工匠精神是指工匠对自己的产品精雕细琢，追求完美和极致，对产品有着执着的坚持和追求，有着精益求精的精神理念。工匠们喜欢不断雕琢自己的产品，不断改善自己的工艺，享受着产品在双手中不断升华的过程。工匠精神的目标是打造本行业最优质的产品和其他同行无法匹敌的卓越产品。

"工匠精神"最突出的特点是精益求精的工作态度。为什么工人和工匠不同主要就是他们的态度不同，一个敷衍了事，一个则精雕细琢，追求极致，透露出对质量的求精，对手艺的珍视，对名誉的尊重，对匠心精神的传承！

成长故事

大国工匠　匠心筑梦

今天这个时代，人们追求速度、效率和捷径，用机器取代技艺。然而依然有为数不多的具有匠心精神的大师们保有着对品质的坚守。

央视曾推出五一特别节目《大国工匠》，节目中展示了不同岗位上的劳动者心有理想、身怀绝技、爱岗敬业，用智慧的双手，匠心筑梦的事迹。这群普通劳动者心无旁骛，默默坚守在平凡岗位上，追求着职业技能的完美和极致，最终脱颖而出，跻身于"国宝级"技工行列，成为业界不可或缺的人才。有的上百万次錾刻却无一次失误，有的密封精度控制在头发丝的1/50，有的在如纸薄的钢板上焊接而无一丝漏点，有的检测手感比 X 光更精准。

他们之所以能够匠心筑梦，靠的是专注与磨砺，凭的是传承和钻研！

2. 工匠精神意味着坚持不懈、执着专一

大名鼎鼎的齐白石早已是家喻户晓了。但一提起他，我们总会不约而同地想到他画的活灵活现的虾。灵动而呈半透明质感的虾在水中嬉戏，或急或缓，时聚时散，疏密有致，浓淡相宜，情态各异，着实惹人喜爱。然而白石老人取得这样前无古人的成就却是来之不易的。据说他画虾先后历经八十六年，真是千锤百炼才打造了"白石虾"。

年轻时，齐白石开始学习郑板桥等人画虾，但因时代关系，那些古人画虾并不成熟，所以白石的虾只是略似的阶段，到四十岁左右还没有自己的特色。但他不满足于现状，反复研讨笔墨技法，同时，对活虾进行观察、写生。六十岁时，他案头水碗里还养着活虾，供自己写生之用，功夫不负有心人，到六十六岁时，他已悟到要把虾胸腹部几个不相连的墨点，画成透明的硬壳，十条腿太乱，减为八条，还嫌太多又减为六条，最后改为五条才满意为止。后来，他又采用铁线篆描笔法画虾的两只长钳，把眼睛由两个墨点变为短条，再画上在水中漂拂的触须。到八十岁以后，他的虾真正达到了炉火纯青的境界：精确的体态，富于弹力的透明体，在水中浮游的动势。艺术造型中讲求的"形、质、动"三要素都臻于完美的境界。

齐白石曾说："余画虾数十年始得其神"，齐白石画虾三变作为艺术给人们留下的启示是多样的，但最重要的应是一种活到老学到老，不断探索、持之以恒、厚积薄发的工匠精神。

3. 工匠精神意味着坚守传承、勇于创新

当越来越多的人选择西式婚纱，有一个人始终坚信：最美的婚纱，正是中国嫁衣。她就是知名服装设计师郭培。她被称为"中国高级定制第一人"、春晚和北京奥运会颁奖礼服设计师、《时代周刊》2016 年度"全球最具影响力人物"，被誉为"中国的香奈儿"。随着中国时尚业飞速发展，国外时尚力量纷纷涌入中国，瞬息万变的时尚空间交织着光荣与梦想。而服装设计师郭培在她的时装王国中编织着独特的中国文化故事。

90 年代的国内"设计"大多照搬国外。简单的复制，大量的生产，千篇一律，没有任何个性可言。而郭培一直是个有傲骨的人，不愿一味拷贝国外。在郭培的心里，一直有一个关于"中国嫁衣"的梦想：让中国新娘在出嫁时有一件属于自己的、可以当成一生珍藏的服装——嫁衣。秉承着对中华传统文化的热爱，郭培把传播嫁衣文化看成自己的使命。用 30 多年时间，带领 300 绣工，不断地推陈出新，将中国传统的刺绣技艺发挥得淋漓尽致，打造出了具有时代精神的中国嫁衣。从此，高级定制领域不再只是西方的专属，中国也有了一席之地。在郭培的《中国新娘》系列里，刺绣是最大的亮点。牡丹象征富贵、龙凤寓意吉祥、花草代表高洁，一件嫁衣上不但满载着家人对新人的祝福，也展现着一个民族的文化传承和创新！因此，工匠精神并不是因循守旧，而是在传统工艺的基础上不断创造新工艺、新技术的过程。

他山之石

盘点中国古代工匠行业的各大祖师爷

《周礼·考工记》中讲"知者创物，巧者述之，守之世谓之工。百工之事，皆圣人作也"。各行各业都有它们的创始人——祖师爷。古时，各行业都很重视行业祖师崇拜，视其为本行业的保护神。祖师爷们都是些很有名望的人，直接或间接地开创、扶持过本行业。民间就有"三百六十行，无祖不立"的说法。中国各地各行业千古流传，均有供奉"祖师爷"的习俗。

- 木匠尊鲁班为祖师爷
- 印染业奉东晋葛洪为祖师爷
- 火腿业尊宋朝宗泽为祖师爷
- 皮匠和鞋匠以孙膑为祖师爷
- 中医业尊扁鹊为祖师爷
- 丝绸业尊嫘祖为祖师爷
- 造纸业尊蔡伦为祖师爷
- 醋坊奉姜子牙为祖师爷
- 酒坊尊奉杜康为祖师爷
- 屠宰业尊张飞为祖师爷
- 缝纫业以黄帝为祖师爷
- 厨师尊易牙为祖师爷
- 制笔匠尊蒙恬为祖师爷
- 铁匠等奉太上老君为祖师爷

工匠之行

一、培养高职学生"工匠精神"的重要性

工匠精神是中华民族传统文化中蕴藏的一块瑰宝，是推动国家产业转型升级、实现民族振兴的精神动力，是打造大国工匠、塑造卓越职业人才的道德基石。高等职业院校是培养大国工匠的摇篮，必须把培育以爱岗敬业、精益求精、创新进取、德技双馨为主要内涵的工匠精神作为立德树人的重要载体，不断探索具有高职特色的工匠精神培养路径，增强高职思想政治教育的实效性，为社会输送大批复合型创新型卓越职业人才，以满足国家产业转型升级，打造制造强国、创造大国对卓越职业人才的迫切需求。

1. "工匠精神"培养是时代的诉求

很多人认为工匠是机械重复的工作者，其实工匠有着更深远的意思，他代表着一个时代的气质，坚定、踏实、精益求精，工匠不一定都能成为企业家，但大多数成功企业家身上都有工匠精神。瑞士制表商对每一个零件、每一道工序、每一块手表都精心打磨、专心雕琢，他们用心制造产品的态度就是工匠精神的思维和理念，在工匠们眼里，只有对质量的精益求精、对制造的一丝不苟、对完美的孜孜追求，除此之外，没有其他。正是凭着这种凝神专一的工匠精神，瑞士手表才得以誉满天下、畅销世界、成为经典。

中国是名副其实的消费品制造、消费和出口大国。但却难称制造强国，品种结构、产品

品质、品牌培育等方面与发达国家的差距不容回避。老百姓出国购买电饭煲、马桶盖，崇拜苹果手机、怀疑国产等事例，其中所含的隐忧不难理解。现在从量变为质的追求，尤其需要"工匠精神"，需要打造一流的品质和品牌，需要一代代工匠们潜心钻研和不断实践。

2."工匠精神"是高职学生成长和成才必备的素质

全国总工会党组成员李守镇指出，在日本，产业工人队伍的高级技工占总比40%，德国达到50%，而我国这一比例仅为5%左右。高技能人才是我国人才队伍的重要组成部分，是工人队伍的核心骨干和优秀代表，是创新技术技能、创造社会财富的重要力量，在推动技术创新、经济发展和社会进步中发挥着重要作用。

高职院校是培养技术技能型人才的阵地，其培养的学生是工匠人才的重要来源。如何培养大批具有"工匠精神"的人才，也将逐渐成为国家和社会关注的重点，"工匠精神"培养也必然会成为高等职业教育改革和发展的突破口，是高职教育发展的必然趋势。

高职院校的学生不是追求高学历、科学研究的群体，"工匠人才"才应是高职学生对自身的定位。只有具备"工匠精神"的高职学生，才能在学校认真学习，踏踏实实、不怕吃苦辛劳地学得一门技能。而具有"工匠精神"的有技能基础的毕业生，无疑是企业最欢迎的，将有着宝贵的就业机会。

二、当代大学生如何弘扬"工匠精神"

中国有2000多年的匠人精神传承史，由于历史原因，在近代，中国的匠人精神没有全面的传承。近年来，经济的高速发展也使得商业伦理问题突显，部分企业为了获取短期利益缺少商业道德，假冒伪劣、粗制滥造还时有发生。在规模化的工业制造冲击下，中国的传统文化与手艺传承将更加艰难。未来的中国，无论是工业强国战略下的精工制造，还是对传统匠艺的保护，都更加需要全面传承、发扬中国的匠人精神。在许多人，尤其是一线劳动者看来，工匠精神代表着一个时代的气质，是一个大国制造业从大到强所必需的一种精神。因为"一个拥有工匠精神、推崇工匠精神的国家和民族，必然会少一些浮躁，多一些纯粹；少一些投机取巧，多一些脚踏实地；少一些急功近利，多一些专注持久；少一些粗制滥造，多一些优品精品"。

作为我们高职院校未来的匠人，我们是否具有工匠精神呢？我们应该如何更好地弘扬工匠精神呢？

1.精益求精、严谨专注

《尚书·大禹谟》有云："人心惟危，道心惟微；唯精唯一，允执厥中。"艺术的创作或产品的生产是一种追求更高境界的创造性劳动。一件好的艺术作品，既需要精湛熟练的技艺，也需要下功夫在思想内涵之深度、表现形式之新颖、艺术风格之鲜明、技术语言之独特等方面反复磨砺完善。

在技术竞争、人才竞争白热化的当下，想要谋求更辉煌的成果，"差不得"思维是不行的，它会让自己流于庸俗，止于轻薄、肤浅和粗糙。发展思想不精细，产品就上不了档次。所有我们要有"人有我优"的技术追求，选定一个目标，努力用一生的时间和更多的精力，不遗余力，精益求精，在技术和产品从"99%到99.99%"的过程当中，不厌其烦，努力坚守，把每一个生产的产品或作品都当成工艺品一样精雕细刻、耐心打磨。这是一个厚积薄发的过程，也是一个从量变到质变的过程。久而久之，就能创造出与众不同的发展奇迹、震撼效应。

正如汤姆·罗宾斯所说："无论从事何种活动，献身于何种艺术或学习何种技能，你都要尽可能精益求精，将这份事业推向尽可能地高峰，一旦冲破现实的樊篱，你就会进入魔幻神奇的世界。"

2. 持之以恒、厚积薄发

荀况在《劝学》中说道："九层之台，起于累土；千里之行，始于足下。""不积跬步无以至千里，不积小流无以成江河。"要想有所成功就必须从小事做起，展开持之以恒的积累。厚积才能薄发，"厚积"就如同"蜂之酿蜜，蚕之吐丝"，是山之峰、刀之刃，没有厚积，怎能薄发？因此，做任何事情，都必须要有"锲而不舍"的精神，绝对不能半途而废。

成长故事

湘绣大师刘爱云

湘绣是国家级非物质文化遗产，是指尖上的芭蕾。国家级工艺美术大师、湘绣传承人刘爱云则当之无愧是一名出色的指尖芭蕾舞者。

刘爱云十多岁拿起绣针，随着家里的姨妈和表姐们学绣花。1956 年进入黄兴镇清凉寺的一个湘绣厂绣花。刘爱云大师对狮虎刺绣情有独钟，为了准确捕捉狮子老虎的神态举止，一连半个月，她天天跑到长沙动物园，趴在狮虎山前观察。因为喜上进、爱挑战，刘爱云大师将湘绣中难度最大、变化最多的鬅毛针法与其他多种针法结合，完善和创新了鬅毛针法体系，被喻为"鬅毛针二代佳人"。

刘大师从事湘绣工作六十年如一日。2016 年荣获了"第三届亚太地区手工艺大师"的殊荣。

3. 推陈出新，追求卓越

众所周知，任何人要想在事业上有所成就，都必须要学习前人，继承前人，借鉴前人，并站在前人的肩膀之上，开拓出自己的前进道路，以超越前人，不断发展，从而能青出于蓝而胜于蓝，雏凤清于老凤声。这样，也才能长江后浪推前浪，一代新人换旧人，使得历史能不断发展，社会能够不断前进。

二十世纪中国画坛最具传奇色彩的国画大师张大千常说："继承传统，不能亦步亦趋。只限于摹拟为足，则无画矣。"张大千在绘画、书法、篆刻、诗词等方面无所不通。他早期专心研习古人书画，特别是在山水画方面卓有成就。后旅居海外，画风工写结合，重彩、水墨融为一体，尤其是泼墨与泼彩，开创了新的艺术风格。他的绘画历程是一临摹，二写生，三创作。即先师古人，再师造化，最后以师心为己心，以求独创为最高宗旨。他曾说："要成为一个真正的画家，不仅需要在绘画上勤学苦练，在书法、文学、理论、生活等多方面都必须要下功夫，而且必须要终生学而不厌，老而不辍。"同时，张大千在取得了很大的成就之后，从不自满，他曾说："学无止境，多改以求精进。我的每一幅画，我总觉得还能改，而我也常有改它的冲动。如果一个艺术家对自己的作品感到完全满意，那也就是他的艺术生命走下坡的时候。"因此张大千在一生中，使自己不断地达到了一个个新的高度，同时也推动与繁荣着中国美术事业，使其不断地丰富、发展与前进。

对于设计专业的同学而言，创新是设计永恒的主题，容不得设计师原地踏步。近年来，设计行业竞争激烈。如果你不学习，不进步，不创新，你就只能落个"长江后浪推前浪，前浪拍死在沙滩上"的结局。那设计师的创意、创新是怎么来的呢？创新不是天马行空，也不是无源之水、无本之木。它需要我们观察生活，读万卷书，行万里路，从生活之中寻找设计灵感；它也需要我们跳出常规的思维，敢于跨界试验；它更需要我们关注时事，开阔视野，做新时代的弄潮儿！

他山之石

溯源德日两国的工匠精神

德国、日本的制造都经历过学习他国技术、仿造假冒、不断升级、自主创新的过程。

德国的匠人精神也就是最近100多年的事。

1830年，德国还是一个农业国；1871年，德国制造处在假货和仿冒横行时代；1887年，英国发布新《商标法》，规定从德国进口的商品必须标注"Made in Germany"，以此区分劣质的德国货和优质的英国货。知耻而后勇，德国从此开始了精工制造的征程。用了100多年时间，德国人持续不断地在各个行业坚持和传承精益求精的工作作风，终于使德国制造成为世界上高品质的代名词。

日本的匠人精神起源于中国。自唐朝贞观四年开始后的260多年，日本派出十余批、数千名遣唐使在中国学习。大到参照唐朝进行政治、教育改革，再到学习围棋、茶道、花道等生活方式，小到制豆腐、榨酱油、榨糖、缝纫等工艺，遣唐使们几乎带走了唐朝各行各业的技艺。

日本的工业制造则从学习欧美国家的技术并进行仿造开始。1950年，日本还只能生产廉价而简单的商品。此后的20年，将传统手工业者的匠人精神传承于规模化制造后，日本制造的品质大大提升。

"只有民族的才是世界的！"传承匠人精神固然要借鉴他人的经验，但既不能妄自菲薄，更不能盲目崇拜，我们应该从中华民族的文化中寻找根和魂，坚守民族情怀，传承中华匠心。

【寄语广场】

重塑中国工匠精神，重振中国工匠雄风，这既是时代的呼唤，更是我辈人的责任。我们当树立起对职业的敬畏、对工作的执着、对产品的重视，不断追求完美和极致，将一丝不苟、精益求精的工匠精神融入每一个环节，拼尽全力树立起中国制品的良好形象，努力将每一个"MADE IN CHINA"都打造成世界同行业里的"NO 1"。最后借韩愈的话送给各位共勉："业精于勤而荒于嬉，行成于思而毁于随。"希望大家弘扬工匠精神，绘制自己的精彩人生！

【分享园地】

结合自己的大学生活做好三年的学业规划，阐述如何身体力行地弘扬工匠精神？

【邀约成长】

高空飞蛋

【目的】

1. 体现小组成员的团队合作精神。

2. 帮助学生克服思维定式，在探究中寻找快乐，在创造中体验成就感。

【时间】

约 25 分钟。

【操作】

准备鲜鸡蛋两只、报纸两张、塑料袋、胶带纸、细绳子等活动道具，活动地点建议在室外而且有三层楼以上高处。

1. 以 4~5 人一组为宜；

2. 主持人把上述材料分发给每组，让同学们在 15 分钟之内用所给的材料设计完成保护装置，每组留一位同学在 3 层楼高的地方放鸡蛋，其他同学可以在楼下空地上观赏并检查落下的鸡蛋是否完好；强调用材的统一，以示竞争的公平性。

3. 鸡蛋完好的小组是优胜组，可以进入决赛，决赛可以提高难度，如从 4 楼或 5 楼放下鸡蛋。强调探索的过程，在实践中不断改进、创新和突破。鼓励学生总结成功的经验和失败的教训。

【分享】

1. 游戏过程中遇到的最大的困难是什么？

2. 游戏给了你哪些经验教训？